尋找生命的定位
星盤四軸點與月亮南北交點

殿堂級占星大師、凱龍星研究權威

Melanie Reinhart

梅蘭妮·瑞哈特 著

INCARNATION
The Four Angles and The Moon's Nodes

星盤是一張藍圖，由四軸點和月亮南北交點定位。
四軸點帶你思考：你是誰？從哪兒來？你要去哪裡？你想成為什麼模樣？
南北交點則訴說著輪迴的故事，你的天賦和課題，指引生命獲得平衡的方向。
現在的你是否已經站在合適的位置上？或者還未摸索出定點，尚未確定前行的目標？

這本書是一把鑰匙，讓我們一起尋找生命的定位，活出屬於自己獨特的模樣。

陳燕慧／蔣琳
譯

AOA國際占星研究院創辦人 魯道夫／《命運好好玩》專業占星師 Amanda 專業推薦

編輯室的話
站在巨人的肩膀上，
我們看見更廣闊的星空

　　對占星愛好者來說，梅蘭妮‧瑞哈特（Melanie Reinhart）老師的大名肯定不會陌生，她任教於世界各地頂尖的占星學校，她也是凱龍星研究權威，占星諮詢執業經驗已超過 40 年，她對於占星學的鑽研、理解、經驗，都是現代占星師中的權威，稱她為占星學殿堂級大師，實不為過。

　　約莫三年前，我們得知梅蘭妮老師這本 *INCARNATION* 版權已經回到她手上，旋即便透過 AOA（國際占星研究院）的引介，順利取得本書授權。坦白說，剛開始曾一度思考這本以研討會對話形式的風格，是否會讓讀者感到不適應、不容易閱讀，但全文看過後，疑慮盡消，書中所談的兩個主題：星盤四軸點、月亮南北交點，本就是相當吸引人的主題，而研討會又是精華的濃縮，把這兩個主題做更深入的討論，以及更多案例的解說，這種研討會的形式，反而可讓讀者依循書中學員們的發問，一同思考，也從梅蘭妮老師的回應中，得到更多的啟發。

　　我們常說，學習占星，學的不只是知識，更重要的是學習用更寬廣的視野，來面對每一個來到面前的人生課題。如果你有興趣，不妨備好星盤，跟著梅蘭妮老師的指引，一同探索遼闊的星空。

推薦序
我從何而來？我要前往哪裡？

　　在許多占星諮詢的過程當中，雖然占星師面對的是金錢、事業、婚姻、愛情議題，在所有的問題當中都包含了一個期待獲得的答案，我該往哪裡走？我該做什麼決定？然而如果你不知道自己正在什麼地方？正處於什麼狀況？如果你不知道自己從哪裡來，哪些經歷帶你來到目前的處境，那麼你就無法更清晰的看見那些影響自己決定未來的因素。

　　梅蘭妮老師根據多年的占星研究經驗，寫下了許多經典的著作，這一本《尋找生命的定位》，是將她在心理占星學院授課的內容集結而成。內容深入的討論了四軸點與南北月亮交點的意涵，將我們所熟悉的行星符號更深入的演繹。在占星學當中，上升、下降、天底、天頂、南北交都多少有著人生路途指引的意涵。天底暗示著你的根源、你從哪來？天頂象徵著社會成就與個人的發展方向；上升／下降則是我與他人的探究。南交點在近代的意涵當中包含了根源與熟悉的事物，以及那些我們能夠應用的；北交點象徵著成長與學習探索的特質。

　　星盤中四軸點的計算需要出生時間與地點，強調著你與出生時刻出生地點的緊密關聯，從靈性成長的角度來說，四軸點是靈魂來到人間與肉身結合時刻的重要標記，靈魂被賦予肉身，也是這一本書的原文書名 INCARNATION 的中文意涵。出生的那一個當下的星盤，記錄下了你為何而來，你的根源、你的習性與過去，藉此我們

才知道你面前的那麼多疑惑的分岔道路是怎麼建構出來的，也因為這樣能更清楚哪一條路，是你現下願意去選擇經歷適合你當下人生的道路。

AOA 國際占星研究院創辦人

魯道夫

謝辭

　　我要將此書獻給出現於本書中那些與我相識或不相識的占星師，其中有些人已經踏上輪迴轉世之路，但他們的奉獻幫助了我們建立傳統的實質內涵。

　　我還要特別感謝以下諸位，我很榮幸能與之學習、私下交往，他們的畢生所學浩瀚無限，豐富了我在占星學及相關領域的研究。

丹恩・魯依爾（Dane Rudhyar）

約翰・阿迪（John Addey）

霍華・薩司波塔斯（Howard Sasportas）

理查・艾斯比特（Richard Aisbitt）

查爾斯・哈維（Charles Harvey）

麗茲・格林（Liz Greene）

羅伯・漢（Rob Hand）

傑佛瑞・科爾內利烏斯（Geoflrey Cornelius）

吉姆・劉易斯（Jim Lewis）

喬伊斯・科林─史密斯（Joyce Collin─Smith）

海蒂・朗曼（Heidi Langmann）

克莉絲緹娜・蘿絲（Christina Rose）

伊恩・戈登・布朗（Ian Gordon─Brown）

芭芭拉・索默斯（Barbara Somers）

法扎・艾內亞・汗（Fazal Inayat Khan）

芙烈達 · 克羅格（Frieda Kroeger）
帕蒂 · 根娜（Paddy Genner）
司塔若 · 布魯特尼爾（Sitara Brutnell）
貝蒂 · 修斯（Betty Hughes）

前言

　　占星學這門古代科學，是建立在天體運動與人類經驗之間的關聯上，將宇宙視爲一個不可分割的整體，其中所有部分都是相互聯繫的。現代物理學家爲了對應這種生命一體的概念，已經揭露出潛藏於萬物之下的關係網絡。雖然當舊有典範過時，無可避免的將產生強烈反彈，但我們現在正在進入科學解釋與宇宙模型更符合占星學原理的時代，在這樣的氛圍之下，占星學從相對晦澀不明之中展露頭角，再度成爲一門嚴肅的研究，更深入理解我們的眞實本質，讓我們成爲充滿神聖奧祕、生機勃勃宇宙中的一分子。

　　本書於 1997 年由倫敦心理占星學院出版社首次出版，作爲其研討會記錄系列的一部分，這本新修訂版包含更多資料，而最近的工作坊和研討會，皆已編入這本書中，並保留極大部分的口語風格，以便讓資料維持初版的清新精神。

目錄

第一部
星盤的四個軸點

此研討會是1996年4月24日心理占星學院（Centre for Psychological Astrology）於倫敦攝政學院（Regent's College）舉辦的文憑學分課程；此上課記錄已經過編輯，2014年的修訂版增加了各地後續課程和研討會的資料，皆編入初版的內容中。

介紹

　　首先我想要讓你們知道今天我希望涵蓋的課程內容：一開始我我會說明星盤上四個軸點在技巧及象徵上的普遍概念，然後我們將從幾個觀點（包括模式、元素及守護星）分別討論每個軸點。之後，我們也將納入經過這些軸點的行運；我確定，大多數人已經知道這些在人們的生命中可能是非常重要的，特別是如果涉及到外行星的行運。最後一段課程，我想試著進行一些引導式冥想，讓這些教材與你們及你們的星盤產生連結。

　　和往常一樣，我將邀請你們提出與之相關的例子加入討論，包括你們自己的星盤或熟悉的人皆可，如果你們願意的話，請將它們加進來。融入你們本身的生活細節及軼事總是讓人受益良多，例如：天底落在牡羊座是什麼感覺，或是其他的一切，所以請不要猶豫、隨時提出。

以身體定位

　　話不多說，讓我們開始看軸點。坐在前面的人可能會想知道我正在做什麼，把這個奇怪的東西放在桌子上，事實上它是一個指南針，因為軸點是運用一些非常具體的天文因素所計算出來的。我要涵蓋一些基本技術性的資料，但是我認為試著以直接、身體的方式找出定位的實驗可能也是有趣的。

　　首先，讓我們簡單回顧一下黃道帶（Zodiac）與宮位之輪的區

別，這當然是由四個軸點定位。

　　我喜歡將「黃道帶」想像是太陽**每年的**「英雄循環之旅」，也就是太陽圍繞地球的明顯路徑；當然在占星學中，主要參考和描述要點是**地心**，或是**以地球為中心**。而且，不要忘記，整個太陽系是以驚人的速度在太空旅行！但是因為黃道帶是藉由與地球相關的坐標而定位，而地球事實上是繞著太陽轉，**當我們思考黃道帶時，總是暗示著地球**。因此，黃道帶提供了一種定錨以及描述行星相對於「地球」的運動方式，因此也與我們以及我們在此的生活相對應。

　　然而，四個軸點是完全不同的，它們特別涉及我們出生時間及地點，也與地球每日以地軸作自轉有關，它們同樣象徵著我們在地球上的定位，因此使之更為特殊。幸運的是，這些軸點始終一致，但是如你所知，有各式宮位制可以劃分空間或時間，使用不同的宮位制，結果也就不同；然而，它們的共同之處是，在某種程度上經由計算測量、落於黃道之上。

　　首先，如果你想到星盤（在黑板畫星盤），很容易認為上升／下降（Asc／Desc）軸線是地平線，對此我沒有任何意見；但是，記得學校上過的地理課、看過地球儀的同學會記得北極通常在地球儀的頂端，雖然有時它是傾斜的。因此，我們便很容易想像天頂就在上方（手指向頭頂）、北方也在上面。然而，它們是完全不同的**概念**，但是當我們看星盤時，對於我們來說「上方」與「北方」是一樣的。

　　在我們所在的北半球，**天頂實際上是在南方，完全不在垂直向上的天空中**。因此，這個實驗，要有心理準備 —— 可能會造成混

亂——我現在請你們站起來[1]。

卯酉圈

　　根據指南針的指示，北方是在那一邊（指向北方），請面向南方，往兩側伸直你的雙臂，以你的身體形成一個平面（plane），不是一架飛機，而是幾何上的平面！事實上，你的身體所伸直的手臂正形成一條東／西方的直線，而你面朝南方，而北方則在你身後。定住、調整、給自己一點時間感受一下。

卯酉圈。

　　明白了嗎？所以東方就在你的左邊，西方在你的右邊。可以嗎？

1　請讀者參考這些練習，按照書中指示，藉以體驗此實驗所產生的身體定位和直線感。在課堂上，這個練習是以緩慢且冥想的方式進行，目的是讓身體有時間去感受探索線性的能量，以及掌握此概念模式的心理時間。

現在，這不是腦筋急轉彎——誰記得我們正做出的這一條線的名字？你的身體正在垂直面，以你伸直的雙臂確實垂直畫出一個卯酉圈——也就是**東西向的大圓圈**。

子午線

如果你覺得累，最好放下雙臂休息一下，因爲還有另一個姿勢要做：接下來，轉向面對西方……那邊（指向西方）。可以嗎？現在，同樣的，伸出你的雙臂，以你的身體形成另一個平面，有人知道這個平面稱爲什麼嗎？這是南／北平面，這個**大圓圈經過南／北方**；你可能想用你的手臂畫出那個圈子，實際上你畫出的正是**子午線**。我們稍後可以看一些圖，但現在只要感受一下：你正站在地球的表面，以你身體爲平面畫出這條南北線；你幾乎可以想像，你將宇宙切一半、成爲兩個半球，以你的身體形成南北線。

現在，如果你願意，可以實驗一下從第一個動作變到另外一個動作，先畫出卯酉圈，再畫出子午線。如果你喜歡，也可以試著閉上眼睛，這可能會幫助你將這兩條軸線融入於身體中，而不只是從一邊到另一邊的拋物狀視線。感受一下，從東向西、然後由北到南，被你身體畫出的線所切割的地球。

理論地平線

還有一個實驗！接下來，感受一個平行於地面、高度及腰的虛擬平面，你可以用手臂畫一下，以便更清楚地了解。現在，將這個

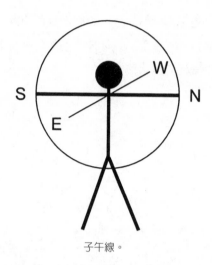

子午線。

平面想像成一塊非常薄、圍繞著你的光碟；想像這塊光碟一直向下沉，直到地球的中心，你甚至可以實際地用手將它往下壓，感覺這個圓圈一路向下沉，這就是所謂的理論地平線，也就是我們將在圖上看到的地平線。你是否感覺到自己正處於被切成四分的球體中？

同學：是的。

梅蘭妮：感覺如何？

同學：我感到一種直接的空間感。

同學：我感覺自己像是進入了一間房間。

梅蘭妮：生活在城市裡，或者帶著你的倫敦地圖在高速公路上駕駛，是非常有趣的，可能很多人不知道東南西北的實際方位。我以爲我今天會帶指南針，因爲當我準備今天的課程時，我發現我不

知道我們日常工作的這個房間的方向！當然，在古代、甚至是現在
某些時候，人們都是靠星星導航，這是一個理解四個軸點非常有用
的想像——也就是我們的生命導航點。這兩條軸線定出了我們生命
的四個方向，代表了我們出生化爲肉體的定位點，描述並界定了我
們投身於宇宙中的空間，也就是在象徵意義上我們的東南西北。做
完這些實驗之後，現在我要讓你們看一些圖，我希望剛剛做的身體
定位練習會讓你們更容易理解這些圖。

地平線系統

　　這是一個非常簡單的天體球圖，你們知道中間那一顆小球體是
什麼嗎？那是地球，而這張圖畫就是由地球周圍的延伸空間所形成
的鳥瞰球體。這種三度空間的概念一開始可能會讓人搞不清楚，但
是先放在那邊！這幅圖簡單地展示了地平線系統，也就是我們用我
們身體的平面所作的呈現。所以這裡的水平橢圓線——就是理論地
平——其實就是一個圓，也就是我們上面所描述的、感覺向下壓的
圓。

　　這一條垂直線是卯酉圈；因此，當我們面對南方，用我們的身
體和伸出的雙臂劃分了東／西半球時，也就是我們畫出的線——
卯酉圈。而環繞邊緣的這條線——子午線，也就是當我們面朝西
方，用身體連接南北軸線時所畫出的線。這兩條線皆與地平線垂
直。

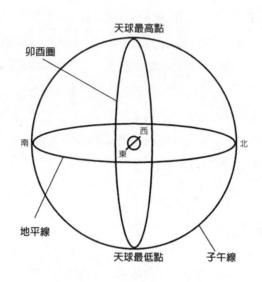

黃道

　　現在這裡是另外一張同樣的圖，但多加了一個圓圈。這是卯酉圈和地平線、這是繞著邊緣的子午線，這一條額外的橢圓形就是**黃道**，它被標示在這裡。這一條線是行星、包括：太陽環繞地球的明顯路徑；它是一條大約 16° 寬的帶子，所有的古典行星都在這一條帶狀的範圍之內運行，除了冥王星、凱龍星和半人馬座是例外，因為它們的軌道比黃道的南北邊緣更遠。

　　回到我們的身體定位，換句話說，如果你像我們一樣面向南方，那麼天球**最高點**總是在你站立位置的正上方、也就是頭頂往上指的方向；相反的，天球**最低點**則是穿過地球、直到另一邊的一個點，也就是你所站位置的正下方。我提到這一點，因為當我們提到軸點時，有時候你會看到天球**最低點**（Nadir）這個詞取代了天

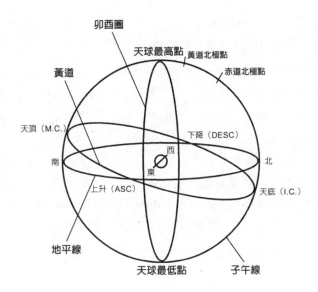

底（I.C.），這是不正確的；同樣的，天頂（Midheaven）也與天球最高點（Zenith）不同。除非你住在熱帶地區，太陽正午時在頭頂的正上方；當你越往北或南走，分歧就越大。

　　再回到我們站立的位置，這是天球最高點——在我們頭頂正上方。現在，如果我要如此的話，可能就會跌倒；但是，如果我像這樣傾斜，雙臂指向軸點，在那裡也許能在正中午看到太陽……那麼我便是傾斜於黃道平面；這樣一來，我與行星實際行經天空及黃道星座的軌跡呈同一直線。也這就是第二張圖上所顯示的；換句話說，這就是地平線和黃道的區別。

　　好的，這是否可以讓你們的身體感覺到這些運作？

天頂／天底以及上升／下降

看看這裡有兩個角度——天頂和上升（Ascendant），是否相對於天底／下降？因此，上升點和天頂出現在地平線／子午線分別與黃道相交的地方，我希望這是清楚的。

再看看黃道，是否看到上升點？那麼，相對於此，黃道帶十二星座是按照十二個相同等分，沿著黃道順序標出。那麼，簡單舉例來說，如果這是一張上升牡羊座的星盤，這個人的太陽假設在巨蟹座，那麼太陽會落在這條黃道的哪個位置？

同學：往右邊，在天底附近。

梅蘭妮：是的，確實是。

所以我希望你喜歡這樣的練習，我承認如此這般親身體驗是我學會這些東西的唯一方式，否則這一切對我來說都太抽象了；當然，它們絕非是抽象概念，而是反映了我們在地球及宇宙中定位的基本物理。我認為記住它們如何劃分球體的實際感覺是有用的；我們一直仰望這個星空（天體球），你可以在任何一本天文學好書中讀到一切。

但是，藉由身體的親身體驗，**你也可以感受此一天體，如同是象徵意義上的「生命天體」一般。**我們甚至用這個英文詞彙去描述某人的專長或專注領域為「他們自己的天體」。

象徵性定位

四個半球

我們已經看了這些圖，也親身體驗了將三度空間轉成二度空間平面圖的困難，現在，我想提出星盤上的四個半球（在黑板上畫星盤）。如果你很有三度空間的概念，可以想像將一張平面星盤插入由第二張圖上的黃道線所畫出的空間；那麼，你會像我們一樣上升點在左邊，而其他的點都在正確的位置上，你現在可能會覺得更熟悉了！

我只是覺得感興趣，當我們做地平線的練習、提到平面、理論地平線降落於地球中心時，你們有什麼樣的想法或感受呢？這是什麼感覺：覺得自己身處於某物體之上及之下──雖然看不見，因為在地平線之下，它也代表夜晚？

同學：你這麼說很有趣，因為我有這樣一種感覺，就是當這個圓圈往下時，在我的冥想中，我看到了我的雙腿、有腳踏實地之感。

梅蘭妮：你的天底有什麼？

同學：我的天底落在巨蟹座，但附近沒有行星。

梅蘭妮：我知道巨蟹座是水象星座，但它是由與地球緊密相連的月亮所守護；這個星座也具備良好保護特質，這是地球上的生命

所需要的：如安全、滋養和照護。正如我們將看到的，天底與根源
有關，而其「自然」守護星就是月亮。

同學：我有相反的感覺，因為當它在我的周圍時，我被包容
了。

梅蘭妮：你的天底有什麼？

同學：海王星。

梅蘭妮：海王星是一種無限的能量，水性而不受約束。

同學：確實當我們站起來的時候，天球最高點在正頭頂上；而
在我們的正下方是天體最低點、不是天底？

梅蘭妮：是的，這是正確的。這就是我所說的從三度空間轉成
紙張上平面圖的困惑！如果我們知道它們事實上是不同的，那麼我
們可以從這種重疊中得到相關符號，並想到**天底（IC）**就是「在底
部」，就像**天球最低點（Nadir）**一樣。占星學裡就是有許多這種
「似乎」的概念。

同學：我想知道為什麼被稱之為「理論地平線」。

梅蘭妮：這個詞與所謂的「地面點」（Topocentric）或「當
地地平線」（Local Horizon）不同。我站在倫敦現在這個位置，
北緯 51 度 32 分，圍繞著我的地平線實際上是這樣的……（畫在
黑板上），這是一個軸點，這是一個**小圓圈**，也就是「當地地平
線」。然而，「理論地平線」是一個所謂的「**大圓圈**」，之所以稱
之為大圓圈是因為它們通過地球中心；所以，只有小圓圈可以稱
為當地地平線，這就是為什麼另一種大圓圈被稱之為「理論地平

線」的原因。

讓我們回到星盤：地平線將上／下半部分開；因此，它區分了生命的白天與黑夜，這很容易記住，但它可以有更多理解。這並不意味著當某人出生盤中所有行星都在下半部時，他們就不被看見或是極端內向；它的意思是內在及主觀性功能屬於這個下半部分。代表白天的另外一半則屬於所謂客觀、明顯、可用的層次；所以，例如：如果某人有很多行星落在代表白天的上半部，那麼即使他們本性是內向的人，也會非常忙碌，可能也會從外在吸引很多緊張狀況。因為從這裡、第七宮開始，我們一直與他人及他人的感受、外在狀況、其他信仰、外在世界交流。行星運作確實是根據其所落的半球有所不同，而可以想像地平線為意識之軸，這很有用。

同學：我覺得很奇怪，我更覺得自己像一條穿過地球中心的垂直軸線，一部分是在地球的中心，另一極端則延伸至太空、朝著星星而去。

梅蘭妮：等我們談論天頂的時候，我們會再多討論一下這個，如果我忘記了，請提醒我。現在，請記住，天頂和天球最高點並不相同，儘管天頂也帶有烈日當頭的象徵。像我們這樣站著，頭直指著天球最高點，指向的是黃道之外的星星！

那麼星盤上的東／西半球呢？它如何將你的宇宙分成兩半呢？不一樣的感覺嗎？有人非常肯定地點頭，你想形容一下嗎？

同學：當我望向西方時，有一種極大的平和感。

梅蘭妮：你的下降附近有行星嗎？

同學：沒有。其實我的大部分行星都在另一半球。

梅蘭妮：那麼你能找出這種感覺與你的星盤的關係嗎？

同學：那是我唯一的土象軸點。

梅蘭妮：這很有趣，我將在後面分別提到這個主題，說明每一個軸點的元素為其增添實質內涵與重要意義。現在，再度發揮你的想像力，回想一下你曾經見過的日出；如果可以的話，同時想像日落，看看你是否能夠感受到光線質感、能量和感覺的差異等等。如果你無法在同一個畫面中想像，那就一個一個來。

同學：更為光亮。

梅蘭妮：哪一個？

同學：日出、燃燒的橘紅色。

梅蘭妮：對於我來說，黎明總有一種向前看的特質就像上升一樣。相反的，下降如同夕陽一般，在經過一整個白天的循環之後，慢慢沉寂，也許是忙碌一天的結束，也許帶著很多工作或許多刺激、壓力、責任。上半部分是太陽經過白天的旅程，而每一件事皆有意義；你在那一天所經歷的一切，都會在下降安歇。這是關於日落的反思：也就是當你停下來、轉身、看看那一天的衝動導向何方，它帶來了什麼。大多數的我們可能每天都沒有注意到日落；但是，如果我們仔細觀察，這可能是一種降臨到我們身上的氛圍：太陽**升起**、但夜幕**降臨**，就像一種釋放。

因此，就星盤而言，我會將它放在這裡——下降點，也就是「適應性」、「回應」和「結果」這些詞；這些詞是為了提醒你想

像及過程，所以不要過於拘泥在字面上的解釋。

在上升這邊，我會寫上「自由」和「創始」，黎明就是開始，那裡有一種難以置信的自由，它充滿了各種可能性。你不知道會發生什麼事情，即使你知道自己有這個或那個職責必須完成，但是你不知道今天會是怎樣的一天，或者會發生什麼事，自由及其結果。

同學：上升是否是力量之處，下降是我們放棄力量的地方，或是拒絕的地方？

梅蘭妮：可以這麼說，但是我不確定「拒絕」的聯想。當我們逐一討論軸點時，對此，我們將有更多討論，很快我便會提到；但首先，還有一些深入探討軸點的角度。（寫在黑板上）

還有一件事是關於星盤上的這個兩半球，你會在有些書上看到東半球被形容為自由意志，而西半球則是命運。當我們將這兩個特定的詞並置時，它變成了一種非常封閉和極端的概念：自由意志與命運，你可能注意到我正想要避免這種情況。當然，認知事情的影響及結果的藝術，以及接收、並給予回應的能力都屬於西半球的特質；如果你有很多行星落在這一個半球，對於學習如何去進入是很有用的利器。同樣的道理，東半球對於個人意志、主動性和自由的意識發展是非常重要的，但我不會認為他們是完全相反，**它們是互補、一體兩面。**

神聖的空間

在大多數神奇的傳統、全世界以及本土宗教中，基本方位的定位可能是儀典中重要的序幕。雖然它們以各種不同方式去標記東、南、西、北，卻具有將普通空間轉化為神聖空間的目的和實際效用；此外，基督教教堂、清真寺、寺廟和其他宗教場所通常是參照地平線系統的地上坐標[2]、以這種地理方式去定位。

許多古老聖地的方位都是以天空、通常以特定恆星或星座定位[3]；同樣的，在星盤中，四個軸點及其衍生的宮位向我們展示了潛能、能量、模式、天賦，蘊含生命故事的困難之所在，顯示了這一切具體成形……進入我們生命的神聖空間和時間的地方及方式；因此，**它們與靈魂的化身有關，並以黃道系統的天體坐標定位**。

如果你以一種黃道方式繪製你的星盤——也就是說，畫出所有黃道帶度數並沿著黃道之輪標示行星與宮首——你不會得到相同的視覺提示以及這種象徵印記，雖然它能夠更精確地描述所涉及的天文學。不過，我個人總是用兩條軸線（天頂／天底和上升／下降）來繪製星盤，它們彼此成為直角，然後每當我拿起一張星

2　請參閱〈太陽王之眼〉（*Vision of the Sun King*），羅賓‧惠特洛克（Robin Whitlock）在《探祕》（*Quest*）雜誌第 1 卷第 3 期第 66 頁。基督教堂的大門通常面向西方，也就是領洗池的方位所在，傳統上是八角形的設計。

3　請參閱例如：《*The Orion Mystery: Unlocking the Secrets of the Pyramids*》（獵戶座之謎：解開金字塔的祕密），Robert Bauval and Adrian Gilbert（William Heinemann, London, 1994），關於大金字塔與獵戶座星座的對應位置，據說是代表伊西斯（Isis）和奧西里斯（Osiris）；此外，眾所周知巨石陣與太陽和月亮的對齊，請參閱 Robin Heath 的著作：《*Sun，Moon & Stonelienge*》，Bluestone Press，Cardigan，1998。

盤，都會不由地想起它真正的本質——也就是我們的化身。物質的部分（十字架）受到精神（大圓圈）的圈限與供養，在中點相遇，也就是個人的精神衝動。生命中的每件事物——就是四個軸點以象徵方式所描述的事物。

想一想你自己的星盤，將它當成是——你生命的神聖空間的描述。

這是你的神聖空間，以特定方式人格化這四個定位方向。在許多傳統中，如果你祈求治療、如果你遇到麻煩需要做特殊祈禱以尋求指引、如果你想要膜拜或者慶祝，那麼你首先要創造一個神聖空間——就像祭壇一樣。除此之外，你的星盤並不是你屈膝而跪的祭壇，而是包圍著你並以你為中心的神聖空間。如果這個想法吸引你，那麼這就是你可以用來自我表達的方式；去尋找、製作、從別人那裡得到、或購買那些可以提醒自己的四個軸點的東西，將它們放在特別的地方，這樣你就可以在你需要的時候，創造自己的神聖空間。如果你有一些與你的星盤四個軸點有關的小東西，可以隨身攜帶，並隨時隨地使用它們，例如：代表你個人神聖空間的藥袋或祈禱地毯。我希望這個建議能夠多少傳達我認為的軸點所蘊含的象徵意義，它們是交錯的經緯線，其中我們生活故事的線索被編織成具體、進入時空的三度空間。

元素

有趣的是，基本定位（即東西南北）的地理地平線系統的確與四大元素的象徵有連結，不同的文化對東、西、南、北賦予不同的

含義，也代表不同的元素、顏色、動物或超自然事物，關於這一點有很多不同的傳統，我認為這可能與地理位置和氣候有部分關係；但是這四個元素所代表的能量確實象徵著大多數體系中創造或表現的過程，除了在遠東地區，它們使用了五種稍微不同的元素。

我們有四個「開創星座」，每一個代表一種元素。在黃道十二宮之輪中，它們代表了太陽在穿過春分、夏至、秋分、冬至點時的位置，這是指黃道系統，順序是火象（牡羊座），水象（巨蟹座），風象（天秤座）和土象（摩羯座）。

有一種有趣的「第五元素」曾經是西方體系的一部分，它如今仍然是西藏體系的一部分，也就是以太或太空。在中世紀醫學，它直接與占星學相關，以太或太空元素有時與水星相關；然而，它並不直接由黃道帶上的任何星座代表。

但想一想「太空」的元素……是什麼？它在哪裡？有它的位置嗎？

同學：無所不在？

梅蘭妮：「無所不在」是在哪裡？

同學：可能是不知在何處？

梅蘭妮：很好！可能有趣的是這個……以此去想一想你自己的星盤或者任何星盤，當你將「空間」包括在內時會發生什麼？是「無所不在」或是「不知何處」？

同學：我感覺更輕鬆，更加開放……

梅蘭妮：多說一點。

同學：就像我可以只是欣賞，並不眞的了解這張星盤是什麼，這一生、終究就是這個「我」……

梅蘭妮：當我看星盤時，我喜歡先模糊焦點，然後看著它是列印、或是手繪出來的這張白紙，並邀請「空間」中無形的元素出現，並從那裡出發。我們所發現及探索的故事情節是蘊含在空間（內在和外在）的神祕中……

當你剛開始檢視星盤的四個軸點時，檢查一下它們是否包含了所有元素，如果不是，那缺少哪些元素？然後看看缺少的元素是否在星盤中以其他方式表現；因爲如果缺乏的元素沒有在其他地方表現的話，這可能是一種元素上的不平衡，而這種不平衡將會顯現在個人的生活中。就像任何缺乏的元素一樣，它必須從其他地方：一段關係、群體或能夠提供它的工作中得到，而行運也可能將它帶來。例如：如果所有的軸點宮首都是風或火元素星座，那麼你想看看土及水元素落在何處？如果有的話。例如：如果這個人有幾顆土元素行星或許多水元素行星，那麼這是一個莫大的祝福，但是也可能沒有；那麼你必須檢視星盤的其他地方，看看它們落定何處，這些元素的能量又在哪裡。在這個例子中，你會留意並探索土星、作爲最具有土象特質的行星能量；另外，看看是否有行星落在其他土象宮位──第二宮及第六宮；當然，除非你使用等宮制（Equal House），還有天頂的第十宮都是土象宮位。

在這個例子中，如果四個軸點都不是水元素星座，也沒有行星落在水象星座，那麼必須考慮月亮和海王星的狀況，它們都與水元素相關；並且檢視水象宮位──第四宮、第八宮和第十二宮。同

樣的，當四個軸點都不是火元素星座時，也沒有行星落於火象星座，你會去看看太陽、火星、木星及其他兩個火象宮位——第五宮和第九宮。與此類推，在缺乏風元素的軸點及行星時，去看看水星、木星和天王星，其他的第三宮和第十一宮。你們有概念了嗎？

極端的緯度

如果我們將四個軸點與東南西北的基本定位平行，當然，上升點是東方，下降是西方，天底是北方，天頂是南方；而在南半球則相反，天頂爲北，天底爲南。原則上，每一個軸點上皆有一種元素作爲代表；但實際上並不總是如此，特別是在北極或南極更極端的緯度，當出生地離赤道越遠時，你就越可能看見軸點只包含兩種元素的星盤。當然，南北 60° 以上，星盤看起來更扭曲不平衡，有時還會有一組對向宮位之中覆蓋數個星座。

同學：你如何解讀這樣的星盤？

梅蘭妮：好問題，有很多地方，例如在俄羅斯、阿拉斯加，你會看到這個議題的出現；不過，無論如何我找到了占星學象徵上的意義，我們看起來「扭曲不平衡」之處可能會準確地描述那個人生活中的重點。我記得一個很好的例子是一位出生於俄羅斯的女性，她的所有行星都落在第三宮和第九宮的軸線上，她能夠說多國語言，正如同許多行星落在代表溝通的第三宮所表現的那樣，她還在其居住國爲俄羅斯移民子女開辦了一所學校，以「外國人」來說，這是第九宮的主題！非常有趣的是，她還熱衷於在共產主義的

無神論、或者我們應該稱之為「國家崇拜」的壓迫之後，讓人們可以重新獲得個人的精神生活，因此，她想要貢獻一己去改變過去的信仰和教條，這更是第九宮的主題！

　　你也可以用其他方式來解讀這些星盤，簡單地使用等宮制便不會出現這個問題，因為等宮制宮位的產生是由上升的度數、沿著黃道帶平均測量、區分成十二個相同等分。當我為出生於極高緯度的人們解盤時，通常會繪製三張星盤——以科赫宮位制（Koch House System）（這是我使用的宮位制）繪製的本命盤、等宮制的本命盤、以及如果個案已經搬離出生地，便將本命盤重置至個案目前居住的地方，也就是重置星盤。將這三張星盤前後參照，用個案的生命中最明顯的事物為基礎，這將會給你充分訊息去解讀星盤。

　　相反，出生地越靠近赤道，四種元素皆出現在軸點上的可能性就越大，軸點上各個星座的實際度數也會差不多，這意味著它們更可能相互形成 90° 左右，就像圓圈內的十字架原型一樣。以某個地方的集體心理來看，我經常想到的問題是：在某個特定地區，大多數人的星盤中軸點皆相互形成 90°，這意味著什麼呢？或是你認為軸線並不被包括在重要的相位關係中？你可以看到一個軸點相互形成 90° 的人生活中的某種活力，因為每當某個行運碰觸、合相到其中一個軸點時，四個軸點都會以四分相或對分相的方式受到影響，產生成許多能量、強度和活動。

模式

　　同樣，檢視哪一種模式是主導也是有用的。如果軸點大致相互

形成四分相，則只會呈現出一種模式，那麼這種模式顯然會受到強調；但是，正如以上所述，也可能會產生兩種模式，當緯度離赤道愈遠，這種可能性便愈大。開創星座——牡羊座、巨蟹座、天秤座和摩羯座是特別的元素能量產生者，它們自己就是強大的發動者；因此，開創星座的軸點可以帶來創造充滿個人活力、動力、創造力的生活，以及想要表現和成就的渴望。如果星盤的其餘部分不支持這種模式，便可能會產生衝突。

學生：你能舉個例子嗎？

梅蘭妮：這裡有人的星盤是這樣嗎？

學生：是的，我是。我的上升是摩羯座；但是太陽、金星和水星在十二宮。我不覺得自己很世俗，而在職業上，我似乎必須遭遇無止盡的挑戰，而且我經常感到負擔很重。我喜歡獨處和閱讀，特別是心靈或哲學方面的東西，但我似乎被拉離我真正喜歡的世界！

梅蘭妮：你的土星在哪裡？

學生：在第十宮，與第九宮的海王星有非常寬鬆的合相，有時候感覺生活太快、太忙了。

梅蘭妮：我認為這個例子清楚的說明上述的情況。謝謝。

固定模式的軸點所傾向的創造模式就如同這個詞——固定！改變是困難的，但是可以有很大的力量和堅持。同樣的，如果星盤的其餘部分包含許多變動模式、甚至是開創模式的行星，這可能會讓人感覺非常緩慢、困難和沮喪。變動模式的軸點給人靈活彈性並隨

遇而安的能力，但是如果星盤的其餘部分再次與此形成對比，則可能難以落實，並且傾向於隨波逐流，並且容易受到環境、情緒和其他人的影響。

同學：我的軸點是變動星座，但固定星座在我的星盤其餘部分占主導地位。生活讓我覺得，我要比我所能付出的更為靈活多變！

梅蘭妮：那你怎麼做？

同學：我以前總是很固執並充滿怨恨，但是我發現如果我能夠想辦法放慢節奏，那會有幫助。這並不容易做到，但我可以嘗試。

同學：以我來說，我的四個軸點都是固定星座，但是有很多行星落在變動星座。

梅蘭妮：那是怎樣呢？

同學：如你所說，有時候變動的能量會變得激動不安，因為固定軸點的穩定性似乎太慢了；但是對我來說它還有另外一面：我感覺如此流暢和無形，大多數的時候我都感謝這些固定軸點，因為他們絕對穩定了我的生活，就像風中的帳篷！

梅蘭妮：很好，謝謝你提醒我們，在本命占星中，星盤本身並沒有「好」或「壞」。這些話大都是根據人們是否感到愉悅，心情投射於事物的描述。

守護星、原始與個體

讓我們來探索一下「自然」守護軸點的行星序列，爲了好玩我稱之爲「原始」守護星！如果我們以宮位之輪對比黃道十二星座，就會出現一些有趣的主題：

✦ 上升是牡羊座，由火星守護。
✦ 天底是巨蟹座，由月亮守護。
✦ 下降是天秤座，由金星守護。
✦ 天頂是摩羯座，由土星守護。

你看到其中的故事嗎？

原始衝動（火星）受到滋養，孕育（月亮），然後社會化（金星），以便有益於世界（土星）。或是精子（火星）穿透卵子（月亮），在寶寶降生於世、進入時間領域（土星）之前，此結合產生九個月的關係（金星）。前三顆守護星都是個人行星，然後天頂由土星（內在太陽體系之外的邊界）守護。注意一下這裡沒有包含超個人守護關係的星座，我覺得這很有道理，就好像我們皆由軸點定位而化身爲肉體一般。

另外還要注意，這四個星座描述了火星尊旺弱陷的「領域」，當我注意到這個時，感到非常震驚；就好像我們化身於此（地球）是爲了了解火星的能量……，它的有益潛能以及它的危險。

✦ 火星在牡羊座爲尊（Dignity）。

✦ 在巨蟹座為弱（Fall）。

✦ 在天秤座為陷（Detriment）。

✦ 在摩羯座為旺（Exaltation）。

同學：「超個人守護關係的星座」是什麼意思？

梅蘭妮：也就是天蠍座、水瓶座和雙魚座，如果你使用新的守護關係，則分別是由冥王星、天王星和海王星守護；它們都是外行星，它們的關心主題是大於個人的。然而，軸點卻是非常具體特殊、極為個人化的；同樣的，想一想你自己軸點守護星的排序是很有趣的，但是除非你的上升是牡羊座並且天頂是摩羯座，否則你實際上的守護星將會不同。只是我認為這種「試圖發生」的順序是不變的，你的守護星的推序可能會告訴你，你的過程是如何吻合上述「自然」守護星所描述的原型順序。

你個人從衝動到展現的故事情節是怎樣？你的軸點如何描述這個過程？

✦ 你如何開始一件事（上升點）？

✦ 你需要什麼來滋養和孕育創造性衝動（天底）？

✦ 在關係中你尋求或者發現什麼樣的特質（下降）？

✦ 世界要求你什麼（天頂）？

舉個例子，如果你的本命天王星與天底合相，或者因為天底是水瓶座，天王星守護天底，那麼你可能經常搬家，或者家庭因為離婚或突發事件而破碎，讓你的家庭生活可能給你一種不安全感，這可能與你的父親有關。這也可能意味著你可能很難有足夠的時間去創造一個孕育空間來醞釀思考，為生活的新階段做準備等等。從積

極的方面來說，這也可能意味著，當事情讓情緒過度糾結，或者對你的要求太多的時候，你會毫不猶豫地連根拔起並繼續前進；在你的內心深處就像蝸牛一樣，你也習慣背著你的家到處移動。

上升 / 天頂中點

如果你將上升點與天頂之間的距離切分為二，你將得到直接上升 / 天頂中點；如果你進一步將所有與此中點產生的強硬相位納入，你會找到所謂的「間接」中點，這些都是非常有趣的點，顯示了一些非常強烈的主題。落在這裡、特別是直接中點的行星，往往會在個人的生活中被強調出來，雖然它在星盤中可能不是那麼顯而易見；它通常會落在第十一宮，我們的理想之地、改善社會的期望等等，這是我們的存在——上升點的深層主動性，並結合天頂的抱負和期望。

另外，這一條象徵上升 / 天頂的中點軸線，伴隨著落在其他象限、與之形成四分相的軸線是相當可愛的，因為它們將圓分成了八等分。在傳統基督教會裡，一日有八次禱告，當然，日出、日落、中午和午夜以及這些時段的中間時間皆以祈禱作為標示，雖然我懷疑這些時間可能已經與時鐘同步，而不是觀測天體的時間，它們都有其名，被稱之為「時辰」（hours）或「守護」（watches）。中世紀的時辰書籍中這些時刻都有祈禱文，所以它是理解時光流逝之神聖的一種方式。它們與數字八和太陽、或是神和英雄也有很強的關聯；在吠陀占星術（Vedic astrology）中，據說太陽之神蘇利亞（Surya）乘坐八匹馬的戰車橫越天際，這些馬常常與太陽產生聯繫，我們也看到與其他神祇有關的相同意象。顯

然，太陽的光也需要八分鐘左右才能到達我們的地球上 4 ！因此，就像太陽象徵著光源，也就是我們在此反映、體現的個人核心；你們也可以看見同樣以軸點及上升／天頂中點為基礎的八重體系。

不過請記住，在運用中點時你會使用極小的容許度，因此只有在你十分確定出生時間之下使用上升／天頂中點才有意義。

關於存在的問題

你也可能根據問題去探索軸點，做為一種觀想工具去檢視自己的軸點特別有用，但針對客戶星盤，它也是一種有用的方法。它們是半修辭性的問題，這些問題意味著探索的焦點，而不是任何簡單的答案或定義。以下是關於存在的四個基本問題：

✦ 關於上升的問題是：我是誰？

✦ 關於天底的問題是：我從哪裡來？

✦ 關於下降的問題是：你是誰？

✦ 關於天頂的問題是：我要去哪裡？

最後一個問題我不完全確定，所以如果你能想到更好的，請讓我知道。我喜歡的另一個是：「世界對我的期待是什麼？」當然，你可以提出自己的問題，這些只是目前為止我發現最有用的，它們的部分靈感來自丹恩‧魯依爾的著作 5 。

與軸點有關的這些「存在議題」是以密集的方式呈現，還記得

4　Robin Whitlock, *op.cit.*, p.66. See also *The Sun*, Richard Moeschl, in *The Mountain Astrologer*, Aug-Sept 1995, p.32ff.

5　*The Astrological Houses*, Dane Rudhyar, Doubleday and Co., New York, 1972.

那個圓圈內的十字架的象徵表現嗎？你會發現，行星距離軸點越近，就越容易在個人的生活中，化身為一個人或一種情況表現出來。這不是一種「接受它，要不放棄它，不容討價還價」的背景主題，而是具有強而有力的力量；有時是一種麻煩，有時是有益的，密切關注它是有用的。有了這種表現意象，我們要不讓事情發生，要不就會顯露出來；作為一種「天賜」或必要發展，有時候是以一種讓人覺得有益的方式，有時則不是。

同學：第一個問題如果是「我的連結是什麼？」如何？

梅蘭妮：這個我喜歡，謝謝。

軸點的前／後宮位

在考慮軸點本身時，靈活思考它們可能是有用的，也就是同時考慮角宮，以及之前的宮位、也就是降宮，特別是如果出生時間不確定時，這一點特別有用；同時也因為合軸星可以被視為具有「軸點特質」，它們落在軸點兩側，容許度可以到 12° 左右。在本命盤中，當檢視行星的位置時，我覺得考慮軸點的「領域」是有用的。

最後，大致上還有一個圖形象徵。

匡圓為方

在煉金術中，有一個它們稱之為「匡圓為方」的過程，這是一

個特別的煉金術意象，在榮格的著作中經常被提起，它是關於靈性整體性以及如何「匡正」；數字四與具體表現、土元素、讓事物成形、賦予形式、賦予它一個真實命運有關。這個「匡圓為方」的意象，如果出現在夢中，是非常重要的，因為它是賦予潛在、正在分娩的事物一個世俗形體的階段。這個子宮般存在之「圓」就像是具有流動與直覺的含尾蛇一樣，在這俗世中化為生命之「方」，具有極性、衝突和動力。

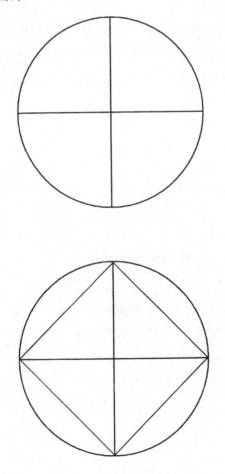

在占星學中，十字架的象徵被認爲代表物質，而圓圈的象徵被認爲代表了精神的整體性；因此，在星盤上也是如此，在圓形的星盤中，包含四個軸點所構成的兩軸相互交叉成爲十字架，四個點合起來又成爲一個正方形。

上升：我是誰？

現在讓我們專注於上升。當我們檢視四個軸點時，我會關注它們所表達的不同層次。首先是外在、環境和物質層面；其次是關係或心理層面，然後是最深層的內在，隱喻或精神層面。

誕生與超越

現在因爲這些軸點與出生的確切位置和時間有關，因此這個開始、我們的上升，從字面上來說就是 —— 出生。它將「之前」和「之後」、第十二宮的結束與第一宮開始分開。我們稍後會回到第十二宮的主題，但是我們先將上升看成是第一宮的開始，黃道帶的上升度數與你一起產生，此時在上升附近的行星、也隨著你的身體降臨地球而升起。上升、上升的相位，以及守護星的位置，往往可以提供很多與出生實際的身體情況有關的訊息，有時候它的眞實性令人吃驚。它可以讓你了解一個人的星盤中所暗示的開始方式，你聽過「既已開始，只能繼續」這句話嗎？這似乎描繪了上升的氛圍，這是我們從第十二宮的子宮狀態進入世界、化身爲肉體的方式。

　　這就是我們開始事情的方式，我們如何開創事物，如何開始一件事情，這些可能是小事情，例如你早上的第一個感覺是什麼？上升射手座與上升摩羯座對於「一日之始」可能有極為不同的感覺。上升射手座的人可能一起床便立刻打開收音機，從床上爬起來，然後做了五十個伏立挺身！這是一種希望和樂觀以及展開新事物的喜悅。但是，如果上升守護星是土星的話，那麼可能會不想起床，如果仔細的想，可能會產生強烈的恐懼感：「哦，不，又是一天！唉，我今天又必須承受什麼重擔？」或許起床後立即執行義務和責任、著手手頭上的工作、吃早餐之前拆開帳單！上升雙子座的人可能是講電話、上網、或在早上第一件事是聽談話節目。

　　我的描述有些滑稽，但我認為你們已經有一些概念了。上升與新的開端以及跨越大型門檻有關：個人成長和發展的新階段、新的關係、大型新計畫。儘管直到死亡之前，出生才是最大的事件，但我們不能簡單地說，出生是為生命定型、不可逆轉的隱藏基礎，這種說法支持某種唯物主義形式，並不符合「靈性層次的正確性」，我們需要擴展因果關係的概念！但是，了解我們出生的情況可能是有用的，因為當我們「賦予某些事物新生命」時，可能會重演這一切。這可能是一個身體上的懷孕，但也是象徵性的，就像開始這個課程並為你的未來成為占星師的工作催生。

　　因此，上升點是一個主動、啟動的地方，是一種朝向尚未成形的目的、但卻發自內心深處的衝動；幾乎越符合自己的衝動，就越有可能喚起與出生相關的題材，如果這是你之前沒有想過的事情，我可以向你保證這是值得的。若是你們想再深入研究，那麼可以閱讀斯坦尼斯拉夫・格羅夫（Stanislav Grof）的書，他寫了一些獨特又富原創性的書，我推薦一本書《超越智能》（*Beyond*

Brain）[6]，格羅夫將懷孕、分娩和剛生產完的過程稱之爲「出生前後的母體」。最初這本著作是在迷幻藥發明（LSD）之初、尚未列爲非法藥物、作爲一種研究計畫之下完成的；斯坦尼斯拉夫·格羅夫是當時一名精神科醫生，在捷克斯洛伐克（Czechoslovakia）工作，他們在臨床試驗中以醫院的精神病患者爲對象，測試迷幻藥的樣本。他當時主要接受的是弗洛伊德學派的訓練，但是他完全無法理解實驗的結果；最後，他必須徹底重建並重塑對於心理的整體理解方式，並結合所有與出生有關的題材。他概述了出生的不同階段以及各種與之相關的意識，這也被占星家視爲是與外行星以及土星相關的主題。重要的是，斯坦尼斯拉夫·格羅夫研究占星學，是理查·塔馬斯（Richard Tarnas）的密友和同事，他的作品許多人都知道。

我們通過「生死攸關」之際來到世上，也就是誕生。即使是相對簡單的出生，有時候對母親與新生兒也可能充滿危險性，這種脆弱性被深刻烙印下來，停留在上升；因此，這是我們開始在想要在世界上留下痕跡之旅的起點，它可以是我們推自己出去，或者也可能被推了出去。

如果有人的行運經過上升，你可能會發現這是與此相關的，我們將在今天稍後再談。任何經過這一點的行運就像是一次微型出生，從一個極爲快速與短暫的經歷，到一個永遠改變生命的事物；如果是火星或金星，它可能在一個星期內就結束了，但如果它是一顆移動速度較慢的行星——任何一顆土星以外的行星，這可能就是一段非常漫長的行運，幾個月甚至幾年，特別是海王星和冥王

6　《超越智能》（*Beyond the Brain: Birth, Death and Transcendence in Psychotherapy*），Stanislav Grof, SUNY Press, 1985.

星。

了解這種連結可能會非常有幫助，因爲這也是一種能夠融入我們的經驗的方式；因爲經驗不僅是物質的，也是一種適用於上升的隱喻──它刻畫著我們最初的印記。你從電腦世界中理解以下這句話（儘管它是來自於別處！）「你所看到的、就是你得到的東西」，我也將此句話與上升做連結。因爲你看待人生的方式先是由你如何來到這世上決定的；換句話說，這是一個仇恨的世界嗎？你必須努力求生存嗎？你是否受歡迎？它有趣嗎？還是令人覺得沉重、壓迫？你會得到你所需要的嗎？這些都深刻模仿你實際出生的狀況之後隨之而來的基本問題。

然而，從占星學的角度來看，我們的降臨本身可能被當成反映了上升；所以，這產生了何者爲先的雙向問題，是先有雞還是先有蛋？

先有雞還是先有蛋？

同學：你說的「擴展因果關係的概念」是什麼意思？

梅蘭妮：謝謝你提出這個問題，我本來想跳過它！因果關係的問題確實啓發了更大的思考，我會盡量濃縮，我指的是一般思維和特殊治療領域中的「因果關係」。如果你在事故中傷了腿而走路一跛一跛，這似乎是相當簡單的因果關係；但是，如果你反省一下，你可能會發現事故的「原因」是你及周遭的一些無形壓力，也許，如果你挖掘得夠深的話，這實際上是深不可測的。在表面上，你會發現這是個人問題；但是當你挖得越深，它們就越不只是

關乎個人；我們心裡想要得到事情發生的理由，但問題的某方面是，因果關係附帶了內疚和自責，一旦被坐實了，我們就會陷入困境。

另一種危險是我們在療癒過程中，腦袋一直思考，找到更大的體悟——也就是我們痛苦的原因，它一旦消解了，就會讓我們得到自由。但是我認爲想要尋求「解決之道」，但複雜縝密的精神層面難以理解這種更深層的因果關係；牛頓的思想描述著機械過程，在外在現實中最具效用；然而，我們的心靈層面會不斷地打亂我們的機械思維！

那麼⋯⋯上升描述出生是怎麼發生的？出生以其模式塑造上升，還是上升塑造出生？換句話說，是經驗塑造我們的樣貌；還是我們內在無形的「樣貌」——也就是生成我們的種子，以出生的方式表現出來？這就像是「誰先」的難題——先有雞還是先有雞蛋！你可以看到，如果這種想法再加上評斷，那麼它會變得多麼危險。那麼「壞」的經驗都是「我的錯」；不只是我必須處理的困難、或是我必須調整的行爲、或者發生的過程，而是指出了我的「錯誤」。

那麼，你如何進入生命的旅程呢？你是歡喜的來，還是又踢又叫的被拖出來？我提到了「雞與蛋」主題，而霍華・薩司波塔斯曾經說過，基本上如果我們都是雞，那麼上升就是你破殼而出的方式！他有一些令人捧腹的例子，其中有幾個我忍不住一直重覆。例如他會說，如果你的上升是天蠍座，那麼破殼而出的方式是一齣生死攸關的戲劇；如果你的上升是獅子座，那麼你必須是最好的那隻小雞並且除非有欣賞的觀眾正在觀看，不然你不會冒出來；如果你

的上升是雙子座，你會嘰嘰喳喳好奇地走出來，四處張望；如果你的上升是摩羯座，這是一段漫長又艱難的過程；這種故事可以繼續……你可以從你的上升出發，為自己編一個「蛋的故事」！

所以這是我們孵化的方式，也許這就是它如何訴說！上升說明了我們對世界的最初影響以及它如何影響我們；回想我們的誕生，這是關於世界在你脫離母體時、最初如何影響你的故事。

因此，在這層意義的上升是我們如何處理最初的印記，讓我們回到上升天蠍座，如果你覺得這個世界是不安全的，或是這是讓你差一點死掉的難產，你可能會帶著「這是一個非常危險的地方」的印記，那麼你會如何面對這個問題呢？有誰可以回答？

同學：自我保護。

同學：隱藏自己、心存懷疑。

同學：不要相信別人、而且要有強大的力量。

梅蘭妮：是的，的確是這樣；另外，還有某種程度相信自己逆境求生的能力。

上升點可能帶著一種補償性特質，它就像是一種面具人格，掩飾我們刻意的行為，有時甚至是我們無意識的動作；這通常保護了我們的脆弱，而上升星座是顯示這張面具或心理術語上稱之為「防衛」的本質及特質。

由於上升是你帶來的，因此，它也是當你在那個位置時所看到的東西，包括他人以及社會：「你所看到的就是你所得到的」。所以，你也會有意或無意的遇到、甚至尋求那些反映上升的經驗，我

認為這可能就是為什麼上升被某些作者描述為靈魂或靈魂之旅。它不是一顆行星，它也不像是太陽星座或月亮星座；然而上升星座向我們展現關於生命之旅的基礎；例如：如果你的上升在金牛座，無論你的行星在做什麼，你都踏在金牛座的旅程中。我想你可以了解我的意思，它描述了你的第一道門檻、你展開追求的方式、而且的確也是你的旅途。如果你在內心持續的自我詢問「是誰在安排這段旅程」這類問題，你將意外的看見深層的生存領域。

身體的外表

也有人說，上升是外表，有時候你會在舊教科書中看到：上升是身體本身，我不認為這種說法完全正確，因為明顯的身體特徵也可能表現在主要行星的主題上，不一定與上升有關。也許上升的意義更多是關於想要體現的衝動；但是，有些人的確非常清楚的將上升表現在身體和行為方面。

有時候我為客戶畫星盤，上升點落在某個星座的零度或是末尾幾度，並且無法確定出生時間。有時候他們來的時候，觀其整體行為舉止明顯是某個星座或者是另一個星座的上升無誤；但是有時候，卻完全不明顯。熟悉你自己上升星座的身體描述是非常有用的，儘管沒有太多現代教科書注重這一點，你必須去研究舊的著作，我在薇薇安・羅伯森（Vivian Robson）的《占星學生的教科書》（*A Student's Text-Book of Astrology*）中發現了一些非常好的簡述，你可能可以在占星協會圖書館（the Astrological Association Library）找到，它也由艾斯拉出版社（Ascella Publications）再

版 [7]。

　　我想到一個上升是落在雙子座 29 度的男性個案，這是根據他給我的出生時間；然而，他到的時候，整張臉與體型都很明顯與月亮有關：他的頭髮是淺銀色，蒼白而濕潤的皮膚，他的臉和整個體態都很肉肉的；這好像還不夠，當我在門口迎接他時，他說的第一件事就是：「我帶了一些三明治當午餐」、「我希望你別介意我一邊吃一邊聽你說」；因此，他想要確定他會得到滋養，並且土星還落在第一宮的巨蟹座！一個人可能會認為，他所進入的世界並沒有讓他感到足夠的滋養；因此，在他後來的成長過程中學到：一定要帶上自己的三明治。在更深的層面上，他所迎接的人生，可能像一個不適任的母親，因此個人必須得到補償；甚至是一個必須避開及安撫、徹底的壞母親。有時候上升巨蟹座的人有一種必須照顧整個世界的強迫症，有時在他們的行為中會期待被照顧；在這種情況下上升星座便是毫無疑問了，但不幸的是，上升並非總是那麼明顯的被表現出來。

　　因此，以此三方面來總結上升：第一個層面就是出生；有時候也是形體或外表；在關係或心理層面上就像是開始的衝動、入世的渴望、激勵我們去創造事物的動機、展現、在生命中留下印記。因此，它也是我們從生命中接受的事物，或是我們如何看待它，以及對它的印象；我們的生活印記。在隱喻上，它是旅程的開始，或是從雞蛋裡孵出來的雞；然後，在內在層面上就是想要知道「我是誰？」的願望。

7　薇薇安・羅伯森（Vivian Robson）：《占星學生的教科書》（A Student's Text-Book of Astrology）B.Sc., Cecil Palmer, London, 1922, pp.68-84.

動機與動力

上升自然是第一個火象宮位的開始，透過身體的出生，我們得到自己的空氣和呼吸，火需要空氣以及一些易燃物才能燃燒；inspiration 這個字意味著「吸氣」，就像得以呼吸一樣。那麼你如何產生火能量呢？你用什麼燃料？是什麼讓你進入下一個階段？這些都將由上升星座顯示。在那裡，彷彿我們得到生命的氣息，點燃適合的火焰；因此，如果我們為軸點添加元素象徵，這裡就是火元素之地。上升是火象星座的人很明顯的以很純粹的方式產生、展示火能量，因為這裡是火象的自然之地，他們通常也很容易識別：上升牡羊座的人會以「挑戰」的方式開始一件事、一種征服，如果沒有事物能夠緩和這股能量，一旦最初的衝動被消耗完了，便不會想要停留；養育和責任不是「他們的事」，他們也可以將一些非常簡單的事情變成衝突情況，有一種「果斷行動」的特質。上升射手座以熱情、幽默和希望迎接生命；獅子座則是慷慨、熱誠並且需要成為舞台的中心。

不同元素表現出不同的動機，上升水元素的人透過感情走出去，這是他們驅動車子的燃料；人際關係或深刻感情促始一個人出國、換工作或開始新的生活；上升雙魚座的誘因，可能是出於對他人的同情，或是為了想要擺脫嚴峻世俗的欲望。土象星座是被推著出去的，或者非常實際地自願走出去；對於上升金牛座的人來說，與金星有關的好東西是他們動力——舒適、金錢、物質的豐盛，他們執著地、耐心地追求它們，也帶著歡愉與奉獻，一切都稱心如意。上升風象星座的人，透過好奇心、關係、想法和理

想──各式各樣的連結，「先探出頭」來。

單一元素

當上升星座是星盤中唯一的某種元素時，會出現一個特別有趣的情況，在其他軸點上可能也會發生，但最明顯的是上升與天頂。這可能是非常困難的，因為個人的人生之旅的特質似乎會是這樣的：你踏上一條你不覺得天生具備的道路；因此，可能總是感覺開著一台汽缸耗弱的車子，或者經常被迫臣服於更高層次的未知，這可能非常耗費精力。

同學：你能詳細說明一下嗎？我不明白所謂的臣服。

梅蘭妮：是的，如果你的行星是落在某元素，它們的作用就像是一種容器，也是此元素能量的代理人。如果你沒有，那麼你就不知道該如何體驗這種元素；因此，你相信更大、更不可知的事物的能力已經超過極限，因為，一般得到這些經驗的尋常方式，對於你來說並不容易獲得。

我想到一個上升摩羯座但是缺乏土元素的例子，她有一顆強大的海王星、與太陽形成對分相，幾顆行星落在雙魚座，你可以從她的眼睛和態度看到這種敏感度。但她工作非常努力，操持一個有三個孩子的家庭，不僅是對於她的直系親屬，也包括她所接觸的人們來說，她就像是「直布羅陀巨石」（Rock of Gibraltar）。她有強烈的責任感激勵著她：土星在第七宮，與丈夫的關係穩定，她還必須學習很多關於如何設限；權衡、比例分配和正確時機的特質也都是她必須學習的東西。因此，如果你以她的活動和生活來評判她，她

顯得是非常土象的人，但是如果你感受她的能量，則顯然不是。

同學：如果上升是水象，卻沒有行星落在水元素呢？

梅蘭妮：那麼這是一段非常情緒化的旅程，但是在這種情況下，水無法像是從家用水龍頭那樣平順的流出，而是有如大海或是潮汐般的力量，必須學會耐心地坐下來與混沌、噴濺、激烈變幻之水共處，直到你的感覺從水中蒸餾昇華出來爲止，讓你知道自己的感受，然後考慮必須採取什麼行動，如果有的話。這種危險是他們只會直接表現情感，甚少帶有自覺性或根本是在無意識之下展現；但是這種星象帶來的禮物是它可以激發一種自我反省的能力，讓人理解情感，因此它不僅是出自於本能並且是帶有覺知。

在開始之前

如果我們依次思考這些宮位，上升可以被看作是「結束的末端」以及「開始的起點」，而第十二宮則是爲第一宮作爲準備。

同學：有一些我一直困惑的問題：我知道，如果你在日出時分出生，太陽會落在上升，如果你是在中午出生，太陽會落到天頂；這意味著中間的時間應該是由這些宮位的活動來表現，我的意思是第十二宮、第十一宮和第十宮，但這似乎並不符合實際狀況。你能解說一下嗎？

梅蘭妮：首先，在象徵層面上，我可以看到一些共鳴。我知道，如果我在黎明之前起床，在這一天的前一兩個小時、進入世界之前，持續的自我觀照的話，我發現這段時間會產生一些非常奇妙

的東西：在我們進入白天活動的繁瑣之前，有一種寧靜感。

　　在修道士的傳統及其他的靈性修行也是如此；因此，人們有時會早在黎明之前就起床，如果你一天的開始之前便已經在此種連結感中得到安定，這可能會帶來很大的變化。其次，在技術層面上，如果你想像黃道帶是一個「時鐘」，那麼上升度數的確是往前依序前進的；因此，如果你有一張星盤，例如：早上 10 點 10 分左右，上升是在獅子座 10°，隨著時間的推移，你會看到上升的度數經過黃道十二星座往前推移，幾分鐘之後，它會變成 11°，以此類推一整天。記住軸點是根據地球的每日自轉而移動的。

　　同學：當你判定行星是否爲合軸星時，會用多少容許度？

　　梅蘭妮：剛開始大約是 7 或 8 度的範圍內，你可以預期這顆行星在此人的生命中的明顯表現；記得代表物質的十字架形象嗎？當行星合相軸點時，會使事物具體化成爲物質，當它們離軸點越接近，就越有可能如此。然而，在評估行星是否爲合軸星時，需要有彈性一點，特別是因爲出生時間可能不一定正確；即使距離上升點 12° 的行星也可能被視爲是上升合軸星，我認爲這也取決於行星的重要性。

　　例如：如果有人的火星合軸上升、並且落在牡羊座十二宮，即使它距離上升有 12° 之遠，你也可以看到火星合相上升的特質，儘管它會受到十二宮擴散、無界線和隱性的影響。因此，這顆火星可能會無法迅速採取行動而不斷地陷入困境而深藏怨恨，或者將主動權讓別人，結果感到困惑和憤怒。積極正面地說，這也可能是戰神馬爾斯之火，尙需等待、感覺當下、看見細微跡象，並從直覺或夢中得到訊息的能力。行星的位置愈往回溯至第十二宮，你越能看見

它涉及典型第十二宮的主題。

對於其他軸點行星來說，這也是一個普遍原則，但也許在上升點特別顯而易見，一顆十二宮行星相較於第一宮行星真的感覺不同、功能也不一樣。例如，當太陽落在十二宮時，即使離上升點只有 3°，也往往有這種擴散、界線薄弱以及個人身分認同的不確定，這相當不同於第一宮更確定、具表達性及明顯光芒四射的太陽；有時，這種差異甚至會讓你質疑得到的出生時間。

第十二宮就像子宮一樣，或代表子宮般的體驗，在傳統上稱之為「隱性影響的宮位」，也可能是一個未分化的領域，與其他所謂的「深刻的過去」有關。這是指家譜的更深層次，追往溯源，但包括前幾代的祖父母和曾祖父母。因此，落在十二宮的行星代表了我們的一部分，也就是衝動，皆與這些隱藏層息息相關。這裡有歷史悠久的禮物、問題、議題以及未竟之業；這也是你已經模糊成為歷史的家族母體；文化及人類經驗流動的「大圖像」，我有時把它想像是祖先的瓶頸或交通堵塞！

換句話說，如果有人在那裡有一顆合軸星，它將是一顆沉重的行星，除了出生的陣痛，由於它接近上升，所以會想要得到體現，尋求具體化，這顆行星的背後可能有一種祖傳的痕跡。有時候因為沒有意識，我們也不太可能知道其中的細節；然而，深層次的心靈知道，並可能試圖透過夢、症狀和其他直覺方式告訴我們。對於第十二宮的行星來說，一些冥想技巧或熟悉解夢、觀想及其他尊重深刻靈魂的過程是非常重要的；有一個具有禪意的問題是：「你出生前是怎樣的臉孔？」我認為這適用於這個領域。

在傳統的占星學中，這個宮位被稱之為「自我毀滅的宮

位」，是隱藏的敵人的所在；儘管有時候這個結果是真的，但是象徵性地看待這種描述也是有用的：「隱藏的敵人」也可能是我們自己的盲點，在那裡我們非常脆弱，或者以一種隱密方式強大，而這種方式在他人眼中卻是破壞性或看不見的威脅；而原始自我的古老餘燼也可能活在第十二宮中。這些內在的「敵人」也可能以「吸引而來的經驗」中顯露，從中我們必須學會將自己與集體區分開來；它是站在我們背後的東西——也就是開始的背後，這可能會深刻的影響我們的動力。另外，「自我毀滅」的過程是精神覺醒的必要的部分，因為隱藏我們真正本質、這些錯誤的自我形象必須「被解開」。

至於自我毀滅，再想一想「我是誰」的問題。在第十二宮，這個單獨的自我確實是在尋求「解開」本身，解開在俗世之中掙扎的死結、現實的狹隘觀點，並得到釋放。我們對於「我是誰？」這個問題的回答可能很不一樣，這取決於我們是將上升視為十二宮的結束、還是第一宮的開始！上升是我們的深層自我或本性呈現個人形態的地方。

行星在十二宮合相上升點可能會顯示一些特別的祖先主題，一個未完成的故事，需要注意的家裡那本難唸的經，或想要表達出來的創造天賦。這是我們更深層次的遺產，可能是指被壓抑或不被尊重的東西，因此需要恢復某種平衡或者被賦予某種形式；上升的合相會帶給這個主題緊迫感。星盤上的這個小角落，也就是第 12 宮的最後幾度，也是萬物擴散、尋求超越形式、超越界線、消融、釋放自我、放棄個人自我之處——這是一個神祕的地方。

所以如果這裡有一顆行星，就在上升點的背後但是合相上

升，這顆行星可能具有一種非常原型的特質。如果是金星，那麼這個人就會去尋找關係，而這也不是帶著意識的意圖，因為上升正背後的東西會從後面鞭策我們，我們看不到它們；它們就像被隱藏起來一樣，不讓我們看見。請記住，這裡是隱性影響之宮，而這並不必然是指任何邪惡的東西；可能會讓人感覺到不詳的是，意識到自己沸騰起來的力量，但是你不知道那是什麼或從哪裡來，有時候有可能發現其中的緣由，有時候可能找不到。再回到上升背後是金星的例子，就像有此金星位置的人可能會去追求和吸引極度共生和融合的情感關係，就像是涉世未深或是「回到子宮」的情節；在這種情況下，他們更強烈渴望融合在一起的關係而不是保持獨立，其結果往往非常複雜。它也可能是幻想和渴望的生活，在關係中喜歡幻想現實；或者是一種非常細膩的感受，一種崇拜和奉獻的能力，如果這僅僅是針對個人的伴侶，就會帶來巨大的痛苦。落在那裡的所有行星也可能真的吸收到別人的心靈，甚至是毫無意識的，特別是如果月亮落在那裡，但其他行星也是如此。所有落在上升背後的行星都有模糊的邊界、分裂的界線，並融入了原型。

十二宮的行星很難是普通平凡的——那是第六宮的領域。也許這就是為什麼這裡是高奎林（Gauquelin）研究的最大區域，因為行星如果從第十二宮展現的話，會以不尋常的方式表現，就好像有時候是出乎你的意料之外；他的研究是那些在其領域中出類拔萃的人，成為民眾的英雄或偶像，而不是像我們這樣的普通人。你是不是舉了手？

同學：我只是想知道，這是否包括所有落在十二宮的行星？

梅蘭妮：哪一方面？

同學：傾向以原型方式表現……

梅蘭妮：不，不一定。我主要是指落在第十二宮、合相上升點的行星。有些特質適用於位於第十二宮的行星；但是，如果沒有落定於上升，它們可能會潛伏在茫茫大海之下，除非或直到行運的發生。然後，行運就像是來自於宇宙的漁夫，而第十二宮的行星就像被鉤住或被捕獲的魚一樣，被撈上岸一陣子；突然之間冒上來一顆金星或火星，帶著這種完全陌生的特質，就像異類的海洋生物從海底深處冒出來一樣，有時也覆蓋著海藻或藤壺。

通常情況下，如果沒有行運或者推運去激活第十二宮的行星，它並沒有表現出來的壓力，但是這可以透過關係來發生，在這裡星盤比對（synastry）提供了釣魚線。但是與上升有關的行星卻天生帶著展現的壓力，它可以感覺像是嘗試用一個很小的茶壺在傾倒一股洪流：因為世界上有一個很大的原型領域正在成形，但是當它與第十二宮的觀點相比，又是如此的狹窄。

有時候你會發現由第十二宮最末端所描述、重要的子宮內在經驗，從「田野調查」研究來看，換句話說，從我實際解盤的個案中，我想你可以從出生前的經驗——這個角度來看待星盤上的許多事情。但是，第十二宮似乎可以包含與此領域有關、非常特別的訊息；比如說，當我們跨越這個分界時，可以顯示出我們是否是從和平、寧靜及相對安全之地到了另一處。或者我們很高興離開那裡、出來戰鬥並從此一路走向世界，有時候火星及／或冥王星落在十二宮，就是這樣。第十二宮、也就是子宮，是一個地獄般的地方，只為離開而戰，即使你在無形之中也要繼續戰鬥。

同學：是不是就像第十二宮的行星不想被人看見？

梅蘭妮：是的，有時候是這樣；相反的，第一宮的行星想要被看到，希望肉眼就可得見它們，它們只是正在被撈出來、正在上升。再想像一下日出景象，事實上，這是一幅美麗的意象，因爲在看到太陽之前，你首先看見的是光線；所以也許合相上升的第十二宮行星，看起來更像那些光線，它們正在宣布、預告，而不是被眞正看見，它們是在暗示而不是陳述。

如果上升點是你所散發的事物，那麼合相它的行星也想要被看見，而伸展到生命及環境中。因此如果這顆合軸星是金星，此人將以金星的方式跨越門檻，那麼這是一顆怎樣的金星？這很明顯的將取決於金星的星座，以及其支配星的星象。大家都知道「支配星」（dispositor）這個詞嗎？不知道？好。

假設金星在天蠍座，而冥王星和火星守護天蠍座，因此它們被稱之爲金星的「支配星」；而冥王星和火星的宮位和星座位置反過來說明這是一顆怎樣的金星。這是一顆戴著面紗的金星？還是一顆嚴陣以待的金星？等等。我想到一個例子，金星在天蠍座合相上升，但是在第十二宮，受到第十一宮的冥王星處女座支配；在這種情況下，你可以看到一些潛在困難，充滿團體之中（第十一宮）的暗自敵對、衝突和嫉妒。

想像一下這之中的差異，如果是金星合相上升巨蟹座落在第一宮，而月亮在第四宮的天秤座，這個人的旅程就具有樸素、審美、情感親密、滋養的特質；它也被錨定在第四宮，無論如何第四宮本身就是月亮的宮位。這裡的困難可能會圍繞在過於靈活或者猶豫不決，並且一直受人左右。明白了嗎？

同學：不管怎樣，金星皆被強烈的表現出來。

梅蘭妮：確實如此，也許甚至是形象化。剛剛我對這顆金星的描述，也適用於第一宮的任何金星，但如果它與上升是同一個星座的話，更是如此。但是當行星合相上升時，明顯的表現特質就會增加，但是如果行星與上升的星座不同時，似乎會降低一點。

同學：回到另一個例子，如果冥王星在第九宮的獅子座呢？

梅蘭妮：這段旅途的價值是深刻的遭遇、以及真理，可能會遇到極端的狀況。在天蠍座你死咬住金星，這不會是一顆輕鬆愉快，有趣的金星。由於冥王星在第九宮，因此，這種強度表現在追求意義的過程中，需要找到一種支撐個人價值觀的哲理，並且它必須涵蓋深層領域。

同學：如果上升是天秤座的呢？

梅蘭妮：你的意思是金星還是天蠍座嗎？

同學：是的。

梅蘭妮：那麼這顆合軸上升的天蠍座金星便會是上升的守護星，並會落在第一或第二宮。由於上升是天秤座，此人將踏上一條試圖體現、發現、並且喚起和諧、美麗、公平、正義的旅程。這種追求平衡的行為將被迫涵蓋沒有人想知道、與天蠍座有關的事物；由於上升是天秤座，人們也會想要透過生活來培養交際與和諧，因此需要很大的耐心、優雅以及真摯的情感，因為金星天蠍座的強度有時會打亂風象天秤座在上升的審美平衡。

同學：所有在第一宮的行星都想被看見，但是當它們合相上升點時，還有一種額外的強度與傾向去真正的表現出來。

　　梅蘭妮：確實如此，合相上升的第十二宮行星與能見度有關，某種程度上並非是第十二宮行星特性。

門檻邊的守護者

　　上升顯示了試圖被人格化及體現的東西。讓我想想一個真實的例子⋯⋯好，這張星盤上升雙子座、土星在第一宮、與上升有緊密合相、並且也合相第十二宮的天王星。她的水星在天秤座第五宮，你們能想像這張星盤嗎？事實上，第五宮的水星是落在一大星群之中，如此看來，什麼事物想要被人格化或體現？

　　同學：溝通。

　　同學：求知欲。

　　同學：人脈。

　　梅蘭妮：是的。以上皆是，但土星呢？

　　同學：結構需求與土星相結合。

　　梅蘭妮：是的，如你所料這個人的態度非常保守，土星實際上就在上升點上。事實上，她出生的過程很漫長，終其一生，土星守護的膝蓋和脊椎都有各種毛病；其他土星在雙子座的煩惱包括說話吞吞吐吐，生活中經歷了許多限制和負擔。因此，對於天生廣博的雙子座，特別是水星在第五宮，好玩、求知欲已經被壓抑了，這一切都被禁止、加深（這是土星的功能）以及內化；實際上這是一個從來不追求任何學術研究的人。但是，由於第十二宮天王星合相上

升點，她的思維非常內向、內省、非常具有直覺性。在她年輕的時候，做過許多演出——那就是第五宮星群的表現；休閒、創意、藝術表達，與其他人一起，幫助她釋放了一些能量。但是隨著時間的推移，她最強大的工具之一是心電感應，她就是那種在朋友遇到危機時會給朋友打電話，在對的時間、對的地方、說對的事情的人，雖然她平常很克制，但她也會爲了關係去冒巨大風險，這是雙子座上升的一種有趣的表達；而由直覺衍生的多重連結——那就是天王星在十二宮合相上升的表現。

另外一種思考行星合相上升的方式是：它們直接伴隨著我們的出生而存在，就像是開始那道門檻的守門人一樣，有時他們顯然有幫助，有時他們帶著一種可怕的態度，就像是必須遭遇到的惡魔一樣，爲了讓我們去學習超越表象。我剛才所舉的土星合相上升的例子表現出一種延遲及充滿障礙的生活模式，但是經過耐心的交流協商，久而久之也會學習到最深刻的一課。

因此，在第一宮合相上升的行星，就像是整段人生旅程中經常不變的旅行伴侶；就出生而言，它是此經驗的主要特質，也許是不完整的形態，或者是在你抵達時迎接你的事物。我認識一個人，她的冥王星距離上升點在 2° 之內，現在她知道，如果她真的要將精力投入於某件事，對於真的想要持續的事採取主動權，那麼第一件會發生的事情就是災難。當她年輕的時候，她曾經想：「天啊，我必定是走錯路了，因爲一切都錯了，這真的很糟糕。」現在她的想法是：「啊哈！又是冥王星，這次的課題是什麼呢？」就像冥王星在考驗你的意志：「你對這股衝動有多認真？這次你會持續下來嗎？你的意圖有多純粹？可以嗎？我們在測試你！」就是這種感覺。

同學：如果你沒有……我的意思是完成這項衝動？

梅蘭妮：如果你沒有完成，然後又縮回到內在，這就像是出生到一半的衝動，卡在產道的一半，然後又被推回去。如果這種情況發生的次數太多，那麼就會產生巨大的壓力，通常冥王星合相上升的人，行動和主動性都會在累積巨大壓力、然後釋放之後才會發生。

同學：……奮力打拚出去……

梅蘭妮：確實如此，你會被此推動。

同學：如果上升沒有行星呢？

梅蘭妮：在某種程度上，這個門檻守護者的形象可以適用於上升的守護星，儘管它不是那麼明顯，也不是那麼強烈。

同學：當上升在某一個星座，第一宮合軸上升的行星卻在另一個星座，會怎樣？

梅蘭妮：這就像我提到的金星例子，當然這取決於星座。我想起了另一個冥王星在處女座最初幾度合相上升的例子，儘管上升落在獅子座。此人描述，她總是在黑暗——極度的黑暗中開始一件事，而人生的新階段往往以重大損失、動亂或喪親之痛作為開端。在這種情況下，冥王星與太陽實際上是透過第十宮水星雙子座連結，因為太陽是上升的守護星、與水星合相、水星同時也是冥王星的支配星。這個主題在工作相關的議題上表現得非常強烈，獅子座上升希望能夠蹦蹦跳跳地進入生命、且發光發熱；但冥王星有時似乎會說：「不會是這樣的，你能夠通過這一關，然後依然保持

微笑嗎？」她明顯表現自我創造力的方法在於組織能力、細節管理、清晰溝通、忠誠和負責任，雖然她不輕易的以此爲傲。在工作上，她也成功地處理了各種行政上的噩夢，這使她感到壓力很大，而她也看到了痛苦的結局；其中包括商業夥伴的自殺，以及留給她去看穿所有複雜法律和財務交易直到結束，以及面對同事死亡的情緒過程，所有這些歷時好幾個月。

　　落在第一宮中合相上升的行星，將幫助或阻礙我們的展示或體現，相較於只是落在第一宮裡而沒有合相上升的行星更爲明顯。如果你將它想像成一段旅程，那麼合相上升的行星就像是生活伴侶，隨時隨地陪伴你，而且你總是得隨身攜帶；它們可能會幫助、阻礙、也可能欺騙你，但你必須以某種方式包容它們。

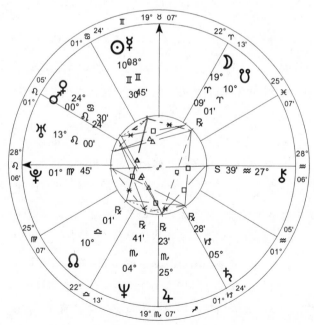

1959 年 6 月 1 日 10 點 38 分 PST；華盛頓州西雅圖（Seattle, Washington）。

同學：如果太陽和月亮產生互容呢？

梅蘭妮：那麼這就是月亮獅子座以及太陽巨蟹座，上升是獅子座嗎？

同學：是的，月亮在十二宮和太陽在十一宮。

梅蘭妮：所以上升是由太陽守護，太陽就是尋求體現，想要發光發熱。現在，當你們觀察這兩顆行星的互容關係，你會發現一個非常連結的主題：看一下太陽在第十一宮巨蟹座，所以這裡的重點強調社群、網絡、小團體、聚焦於共同理想、共同目標、尋求共同知識的人們；這是充滿理想的地方，也是「非血緣」的家庭，這裡是我們改善、貢獻社會之所，而它是在巨蟹座，所以是以任何形式與感情、培育及女性原則密切相關之地。

月亮在獅子座第十二宮，充分支持以上這一點；這顆月亮深入接觸各種看不見的潮流，當它落在獅子座時，就是想要表達這些。現在最糟糕的相關劇情可能是這樣一種人：他們將在團體中表面之下運作的所有事、所有無意識的滲透，私下地說出來，或者在團體中散播。即便我們都坐在這裡，專注於軸點，從第十二宮的角度來看，我們的能量場正在相互作用、甚至滲透和洩漏，以各式各樣的瑣碎事情——昨天發生了什麼事、我們昨晚做的夢、極度的焦慮和擔憂——在我們的能量場上隨時隨地帶著它們，而月亮落在第十二宮裡的人會感覺到這些。所以最糟糕的情況就是他們不得不說出來，結果受到傷害，因為這時你就是那個將沒人想要聽的事說出來的人。最好的狀況是在團體中，吸取直覺得來的訊息，以一種關懷和滋養的方式表達自我——這就是月亮，在無形中撿起來，透過關心、分享、提高團體意識的活動來表達。

同學：如果上升是處女座，加上同樣的互容呢？

梅蘭妮：如果上升是處女座？被太陽守護的上升，當然是一個想要表達自我、想成為火熱的焦點，並因此得到欣賞的星座；但處女座是一個處女，她想要隱藏、低調以便去辨別區分、更為超然；她是永恆的觀察者、評估判斷、仔細分析；因此，其方法是分析、實用、謹慎及合情合理的。現在在此，跟隨線索，我們需要知道水星落在哪裡。

同學：水星落在第九宮雙子座末尾度數，與天頂合相。

梅蘭妮：那麼這個人接觸他人及生命的方式可能與他的公共生活、職業生涯——也就是天頂密切相關，它也需要建立在哲學追求、意義和直覺正確的意義上；這是一個實用的理想主義者，收集實用訊息、溝通及其廣泛運用是重點。另外，月亮落在第十二宮往往對於過去深感興趣，可能從事考古學、醫院或監獄的慈善工作。

還有很多問題，今天的上升主題似乎非常熱絡！

同學：如果月亮南北交點或福點位於上升點呢？

梅蘭妮：我通常不會過於關注福點，因為它只是整個體系的一部分，而且就像所有運用準確上升所計算的東西一樣，如果出生時間不確定便會產生很大的誤差，因為你是以太陽、月亮和上升來計算福點的；如果它與第一宮的上升點合相，你會知道此人是出生於新月之後不久。因此，福點的確讓人聯想到了日月循環周期的階段；而且此循環週期是環繞著宮位而定，可以說，它還強調了人生經驗的領域。所以，如果它合相上升點，意味著此人大概是出生於

新月時期，這更強調了開始的主題、新的衝動及旅程開始的脆弱階段。如果福點落在第一宮，雖然這指出循環週期的新月階段，但它仍然是處於月亮的黑夜中，因為在此出生時刻月亮還尚未被看見（尚未走到上升點）。

　　星盤中另一個非常重要的軸線當然是月亮南北交點，我不想多談這個，因為今年下半年會有一整天的時間用來討論它們；但是可以說，如果月交點確實與任何軸點相合，那麼它們就會顯得更加重要。現在如果北交點與第一宮的上升點合相，當它與上升點的距離很小時，在其一生的推運中，它可能會一路推運、退回到第十二宮。這當然可能發生於任何軸點上，然而，當它發生在上升點時，會變得非常有趣，因為它所描述的生命，起初會非常強調我們一直談論、與上升有關的──主動、走出去、向前推動、衝動。然而，隨著時間的經過，個人似乎必須放棄，並將它釋放回十二宮；「我是誰？」問題的所在便會從個人角度轉移到超個人及宇宙全體中。因此，當月交點合相軸點時，感覺與更大的目的產生連結是非常重要的，它也可能意味著一種非常重要、帶著相關業力感的關係，或者說是包含著相同靈性道路的關係。

　　如果月交點在第十二宮與上升合相，它會賦予「我是誰？」這個問題一種冥思意味，因此，有一種需要、一種驅動，一種在那一生中去探索第十二宮深層內在的要求。這可能會透過夢、冥想、沉思、一些手段，藉由臣服與和釋放的過程，融入至更大的整體，進入無形的領域。這也可能透過藝術作品或服務，第六宮和第十二宮的軸線可以被視為是服務的軸線，如果北交點與上升點合相，人們可以找到積極的方式來發揮此星象，這似乎很重要，否則它可能會相當具有破壞性，因為它可能是一個不被接受的方向，除非星盤的

其餘部分支持它。

　　然後，感覺會是：「這與我努力前進並開始一些事情一樣艱難，我總覺得有些東西把我拉回來、我似乎搞不清楚、一整個糊塗、失去了鑰匙，變得亂七八糟、一切似乎都非常困難」，你陷入了混亂；換句話說，做爲出生過程的一部分，尋找合適的方式來擁抱混亂似乎是重要的。

天底：我從哪裡來？

　　在下降到天底之前，我想提出一些詞源，天頂（MC）和天底（IC）中的 C 是 Coeli，拉丁文中的「天堂」之意；而 M 是 Medium，意思是中間、大眾的關注、社群及共同利益，這對於天頂來說不是很有趣？這裏的 I 是 Imum 是，本身的意義是：最低、最底部、最深、結束；它也與其他的詞：來自下面、底層世界，南方的意義相關。

宇宙起源

　　我現在要討論天底，對於天底我有一個我喜歡的圖像，但是在我說出來之前，我必須提醒你們，這可能是天文學上的誤導！正如我今天上午提到的那樣，不分理論地平線和當地地平線所可能產生的混淆。所以讓我們再次參考這張圖，這是理論地平線，以及天底發生的地方，如標記的那樣，它在地平線以下。到現在爲止都很順利。因此，在象徵意義上，星盤的下半部分也在地平線之下——也

就是星盤中的夜晚部分，記住，天底也帶著最低點的象徵，相對於頭頂的最高點；它在「地球之下」，在很深的地方。

現在，如果我們仍然認爲地球是平坦的，那很好，你可能已經看過這種舊圖——地底之下描繪的是地獄。如果你知道你腳下也是實心的地球，再深入地底之下也是一樣，也許密度更大；然而，一旦你得到了圓形的概念，也就是地球是圓的，那麼「腳下」的想法就意味著「中心」的概念，因爲它實際上是進入地球的中心。

有一次，當我在準備宮位的課程時，我得到一個重要啓示，然後我發現了在丹恩・魯依爾著作中也有同樣的概念，當然我過去讀過但顯然沒有眞正掌握它的深遠意義[8]！無論如何，想像這是一顆地球儀，我們生活的小地球，（畫在黑板上）這是地球，站滿了人；我突然想到：「天啊！每個人的腳都指向同一個方向——也就是地球的中心。想像一下，所以這就像是當地地平線，但你的頭指向與其他人完全不同的地方，那就是象徵上的天頂。

因此，在你站立之處的下方是一個地底下、看不見，無法到達的集點，然後你朝向特別的星星、向上延伸至——最高點，也就是頭頂的正上方；這眞是令人驚奇，在象徵意義上，我們並非生來就是垂直站立的這個事實，象徵性地被供奉於天頂之上，我們朝向成就發展，部分是建立在我們被賦予的事物上（天底）。對我來說，這是一個令人難以置信、關於這一條垂直軸線的象徵，也是關於天底代表的「根源」主題的兩個不同層面：一個層面是關於我們的人類、陸地起源、我們的家庭、宗族及部落；另一個是關於我們未知的宇宙起源。

8　Dane Rudhyar, *op.cit.*, pp.121-2.

現在如果我們將天頂／天底軸線當成一組，那麼地球中心就是代表我們在天底所發展的人類起源及整合的一個無形點，而上方的天頂就是個人爲了「共同利益」眞實的自我表達；換句話說，它確實在此地成形——這是土星的宮位，我們貢獻給世界的東西。我認爲這就是命運觀念的來源，想一想，因爲你的頭指向上面那顆特定的星星！隱喻的說，它就像你個人的指導星。在許多層面，我們都是一樣的……我們的身體大致上都是相同結構，在我們的骨髓及血液中發現的相同元素也是構成星星本身的物質。

所以，在非常深層的意識中，天底是結合之處，在不同層次上，它就像子宮一樣，歸屬的母體。我已經從宇宙的層次說起，所以我會繼續再說一點。在我注意到自己某些經過天底的行運之後，我認爲天底眞的應該稱之爲「我看不見」，因爲這是星盤當中一個非常隱蔽的地方，與第十二宮不同。在第十二宮，至少你看得見或會產生內在混亂，或者是你崩潰或上癮的模式，或者你在洪流當中做了什麼；但是第四宮的主題可能是如此私密與個人化，以至於幾乎看不見，就像「魚會感覺濕嗎？」這類的事情。

那麼我們先來談談我之前提到的三個層次：外在和身體的、關係和心理的以及內在靈性。我們已經開始深入內心和靈性層次去探索天底——位於深層未知之中的形象；當你想到自己體內的一些化學成分也在最遙遠的星星上被發現的這個事實，那麼探測天底的深度幾乎是不可能的，因爲你必須讓你的意識飛躍，必須回到「大爆炸」之前。有些人認爲在其他星系或宇宙中還有其他的文明，順便提一下，著名的哲學家康德和伊曼紐·斯威登堡（Emanuel

Swedenborg）也這麼認為，雖然這也許不是眾所周知的 9。

　　因此，如果我們談論在天底的根源，我們可能需要為這種根源感留下一些空間；我偶爾看到客戶說：「我不是來自地球這裡」，如果你向錯的人提到這種事，你最後大概會待在醫院的病房裡，或是拿到鋰鹽的精神病藥物處方，但是誰說這不是真的？說真的，即便在現代科學中，在超弦理論（Super string theory）和萬物理論（the theory of everything）之外，他們現在正在研究的命題是：這個宇宙萬物都發生在十度空間中；我們大多數人都很難意識到正常的三度空間中所發生的事情，更不用說十度空間了！

　　這不是一個極度異常的想法，自古以來的傳統文化中，人們已經認識到現實的其他次元、其他的王國，而不只是在地球上明顯可見的這些例如：礦物、植物、動物和人類王國。但是我們的地球也是一個更大體系的一部分，誰知道在其他空間還有什麼其他的王國呢？我們可能不是位於進化階梯的頂端，但是如果我們自以為是的話，這是一種曲解，而這種想法至少已經縱橫於西方文化過去的二百年當中。

　　但是天底與情感有關，這可以讓你得到歸屬感，它既是歸屬於某個特定地方，也屬於宇宙。我自找麻煩的以最大的可能意象展開這個主題，我本來打算從另一觀點切入，但是算了、沒關係！那麼，「最終」我們屬於誰或是什麼事物？是什麼帶來這種更深層的參與感？記住天底是「事情的結束」，別在意這個雙關語，但是

9　伊曼紐‧斯威登堡（1688-1772）創立了新耶路撒冷教會，靈感來自於背離主流基督教的多元世界的構想。他的代表作《屬天的奧祕》（*Arcana Caelestia*）在 1787 年被譯成英文，直到 19 世紀，科學界的人們斷言了外星人的觀念，但是這種幻想卻是從這些人所思考的常識中逐漸被編輯出來的。

當看似重要的事情，變得不再重要或是沒有了，什麼事物會接替呢？

個人的根源

較爲傳統的天底解釋是代表父母的軸線、父親、姓氏宗親、部族。「誰是你的部族？」這是一個很好的天底的問題！你的家庭本質，包括你的大家族，無論你是否居住在同一個地方；因此，它也是家庭的安全基礎，或是缺乏這個基礎。在某種程度上，國家認同及種族認同等事物也都屬於第四宮；不過，這是一個「灰色地帶」，因爲這個主題確實會延伸到第十二宮的議題；但我覺得第四宮是更直接的，就像現在的國家及種族議題如何影響你這一生。第十二宮相對是關於深藏的過去，就像「是不是也許在一兩百年前，你們的父母或祖父母，曾經捲入土地交易或戰爭，或者還在流著血等待救贖？」或是有一個尚未實現的天賦或精神職志？所以它有一種更原型、更早、更遠古的特質。但第四宮則更爲直接、與月亮有關、自然受到水象星座巨蟹座守護；它是直系父母、家族、也是家庭中的感覺氛圍。

父親：隱性的父母

採取更傳統意義來詮釋的天底，它也是父母的軸線，而結果通常被認爲是父親，但經常會產生爭議。我認爲將天頂／天底軸線視爲父母軸是有用的，那麼你就不必浪費時間去擔心哪一個才是對的！但是將天底視爲是父親，這是很有道理的，因爲這裡代表隱藏

的父母。今天我們可以進行親子鑑定，但過去很難去證明，一個女人可能偷偷懷著非婚生的孩子；因此，根源的奧祕及力量在此既是實際又是精神上的象徵。

圖騰與禁忌

　　你的部族圖騰顯示在第四宮，許多土著擁有動物圖騰、聖地或植物圖騰，這些構成了族群身分認同的精神基礎，記住「黃道帶」這個詞意味著以動物排列的圓圈！例如，在我來自的辛巴威，有幾個部族以不同動物命名，雖然他們都屬於同一個部落，但是每一分支，每個部族都擁有一種特殊動物，以及與此動物相關的各種禁忌。例如當你屬於魚鷹部族，那麼你一定不能捕獵那種鳥類，如果你看到它在河裡獵魚，你也不能在那裡捕魚，因為你沒有權利與它搶奪河裡的魚。儘管它們可能只是為了儀式目的而被作為神聖物品，但你不可以將它的羽毛當作微不足道的裝飾品來佩戴。現在看來，這一切似乎有點古怪，對我們也有些限制，但是它表達了天底非常重要的原則，因為這個圖騰體系部分承認所有生命的一體性，以及你在其中的位置。

　　圖騰不僅是宗族核心認同的中心，而且還可以作為一種保護；因此，天底展示——我們從哪裡、以及從什麼人身上尋求庇蔭、祝福和個人指導？這些與家庭關係、歸屬感及安全有關、深層的個人議題？在「魚鷹」的例子中，不僅是因為這類鳥可以捕魚及飛行，而且它的精神也可以鼓舞族人。因此，天底就像是你的圖騰，或者是那種從內心深處激發你的精神；類似的問題可能是：什麼讓你有安全感？你需要什麼才能感到安全？

同學：或者是「哪裡會有家的感覺？」

梅蘭妮：是的，天底是關於：從外在來看，哪裡會有家的感覺？以及內在層面中，你在家的感受是如何？

如果將魚鷹族的圖騰及其禁忌轉換成心理因素，它是來自於家族根源的信仰、模式及禁令的隱喻，最初我們不敢逾越，因為如果這樣做，就會被趕出部落。「巨蟹座的人」，其月亮的情感特質是為了創造及維持連繫，這意味著家族、團體或國家母體的安全、歸屬和連續性。對於一些人來說，問題不在於打斷這些聯繫，而在於如何在其中創造性地生活，並尊重維持傳統的需要；而對於其他人來說，這可能是連根拔起的離開及其結果。

我想這也許是透過第八宮的經驗，禁忌被打破了，而我們經歷了分離和失落。第八宮是第四宮的下一個水象宮位，有人死亡，我們組成自己的家庭，或者我們失去純真、被強迫走出來，這經常是透過感情困擾的經驗。然而，在天底我們會發現隱藏的訊息：應該做的事、必須做的事；做的事、不做的事，天底會說：「如果你不順從這裡，如果你不和我們一起盤腿坐下，你是不會安全的。」這就是訊息。而在其上的天頂則好像是在說：「如果你不服從，社會就會讓你遭受排擠驅逐」，或者說：「你在專業工作方面不會得到自尊」。但是在天底這裡的威脅就是被趕出部落，沉浮於世，而那裡充滿潛在敵意的陌生人，他們並不是我們熟悉的親友，因此，對我們沒有相同的責任義務。

同學：這是我們對未知的反應嗎？

梅蘭妮：是的，但是也許天底描述了我們需要怎樣的巢穴，

讓我們可以回歸的安全所在，一個四周有些限制、防範未然的地方，我們如何保護自己免受未知的影響。

壁爐、家和招待

當然，那些天底的禁忌可能只是我們需要找到勇氣來擺脫並承擔後果的那些事。因為在部落的環境中，如果你打破禁忌，你的麻煩就大了；因為它就像是你從以太網披荊斬棘而出，而以太網在精神及情感上（就土地而言，也許甚至是實際層面）包含某個部落及宗族，你看，這就是「家」的真正含義。今天，我們對於「家」的定義已經完全不同了，我們並不一定把家當成一個深耕連結的地方，一個我們可以與其他生命及存在面接觸的地方；但我想，在原型上，那就是「家」的定義。它是神聖的中心、壁爐、祭壇、迎接那些保護你的生命、家園的神明之處，而你也反過來感覺被接納。它是運作的基礎，而事實上，你所定位的全部與之相關的點都是非常外在的；它們在此城牆門之外，或是在神聖光環之外或是在其他邊緣。

即使你是一個游牧民族，隨時在旅行，而你的財產是駱駝和地毯，每一次當你搭起帳篷或點起火時，你都會運用「返巢本能」（homing instinct）；「打造一個家」是天底的任務：「你需要什麼才能打造一個家庭？你如何適應空間，與環境的能量及周圍的人產生一種協調性？你如何在這個星球上真正、實際的感覺到自己回到家？」當我年輕、到處旅行時，如果在我帆布背包裡有一本聖書、一支蠟燭和一些香，我便覺得無論我在何處，我都可以打造一個臨時的家，即使我是待在一間骯髒的旅館中！

同學：你的天底有什麼？

梅蘭妮：木星！所以當我漫遊或是作哲學性思考時，就彷彿回到家了；我想到了其雙關性：「思考某件事」是相當第四宮、與月亮有關的事，這是一種盤據並咀嚼已知事物的心理活動。

然後有一種自己在家的感覺，這是更為主觀的層面，但兩者往往是相互關聯的。如果你在家裡沒有家的感覺，那麼天底的問題是：「你如何打造一個家？你需要什麼東西？」例如，在天底天秤座的人顯然需要被美麗包圍，需要安靜、和諧和平衡；在一個噪音太大的環境裡，或者鄰居吵架吵到凌晨三點，他們真的會很受不了。

我想到一個我認識的人，他的天底是雙子座、水星在天蠍座落在第九宮，不用說這個人帶著一點流浪者特質，但他有一種不可思議的天賦，一種讓自己有家的感覺的水星本領，也確實讓別人有賓至如歸的感覺。這就是天底的另一面：「我們如何讓別人有賓至如歸的感覺？」其中所蘊含的傳統是，接待旅客或陌生人是一項神聖的職責。

回到家的主題，天底是「我在家裡」，在一個非常私人的空間；因此，天底也是當我們感覺徹底安全時，會如何？當我們真正有家的感覺，以及與熟悉和信任的人在一起時，所產生的感覺。如果你和家人有一個良好的關係，在那裡你可以毫不掩飾，那麼天底就是感覺「在家的狀態」，無論對你來說這意味著什麼。無論是整個週末都不用穿好衣服，還是把髒盤子丟在水槽裡，或者只是和人混在一起聊天，天底就是你真正回到家的地方，以及之後會出現的事。有時候，當你和某個人非常熟，或者第一次在他們熟悉的環境

中看到他們時，會發現一些驚喜，此時天底的主題就會跑出來，就會流露出私人和個人的那一面。

第三宮的連結

同學：如果行星合相天底但是落在三宮會如何？

梅蘭妮：喔，是的。那麼，就像所有合相軸點的東西一樣，它傾向於人格化，而且通常與父親有關；然而，這裡的行星也可能象徵一個特別與我們有關的兄弟姐妹，並且在我們早期的生活中、甚至在後來也扮演著重要的角色。

位於天底背後、另一個重要的第三宮主題是關於信仰。在雙子座守護的第三宮裡，我們感知、思考這個世界，藉由探索來擴展我們的感官和覺知能力；我們關心的是語言，溝通技巧和訊息的運用：我們如何接受、傳達、處理、以及我們的創造，我們也得出結論。因此，第四宮的禁忌也是來自於此。

同學：我總是認為冥王星與禁忌相關。

梅蘭妮：冥王星當然與禁忌有關，但我認為更多的是：伴隨著緊緊抓住禁忌不放、或是真正打破它的過程中的恐懼。禁忌本身是一種集體思想，是一套觀念與信仰，而由部落或家庭的情感膠著結合在一起；而且，這裡有一種層次上的有趣連結，因為在許多部落社會中，打破禁忌所威脅產生的、不僅僅是個人部族的災難，而是與天頂有關、屬於第九宮的精神性災難。不過，在第三宮，我們有時可以發現支撐家庭制度的思想與信仰的本質。如果第四宮是一個

巢，那麼第三宮的信仰就是其結構的一部分，就像是築起它的樹枝和葉子一樣，藉由歸屬感、情感需要和安全感而依偎在一起。

子宮與墳墓

在傳統的占星學中，天底被認為是「事情的結束」；在心理上，天底是根、家、安全和部落的子宮。然而，過分強調天底可能會使它像墳墓一樣、而受到它的囚禁束縛；因此，在那個地方我們害怕延伸自我、去超越自己根源的狹小範圍而變得自我封閉。據說天底反映了生命的盡頭，雖然我有一些軼事佐證似乎可以確認，但我還沒有足夠的個人經驗得知普遍上它是否為真；但由於天底是如此深刻的屬於個人，在這個層面上，它可能不會被真正表露出來。

天頂：我要去哪裡？

本來依照順序接下來我要討論下降，但是我想交換順序先與你們討論天頂，因為我認為將它與天底做對比是有用的，這意味著我們將在星盤上編織一個 8 字形——還記得 8 字形的圖像嗎？

公眾之前

天頂是星盤當中最公開的一個端點，這是我們正面迎向世界的地方，雖然我們也在上升面對外在世界，但那是一種原始、尋求成

形的衝動；而在天頂之上，就如同我們在外在世界，而世界也同樣照耀著我們、影響我們運用這股驅力所創造出來的表現形式。因此，天頂是熟練精通和成就的地方，而天底更傾向是一個代表存在的地方；上升為火、是主動性的；天底為水、是感覺與存在，但天頂為土象，是控制掌握之處，在那裡我們遇到物質世界眾多的挑戰，我們必須讓一些事物成形。

行星合相天頂的壓力是非常大的，這就像在測試：「我們如何很好的去整合個人（天底）以及人我之間（下降）？」這個挑戰在於：「我們如何能夠確實掌握天頂層面的這種可能被要求、期待的權力和權威。」這裡的問題是關於你如何與權威的主題產生關聯：你自己的權威感或缺乏權威，你如何反應他人的權威，有多少權力是屬於社會的，以及你最終要回應的人是誰，是自己的良知、社會規範還是特定的一套宗教信仰？你的事業，還是你的伴侶？

命運和責任

再想一想天底的形象，每個人的腳都指向同一個中心，但每個人的頭都指向不同的星星。這象徵著在天頂的這種追尋個人命運的獨特之感；因此，它描述了我們想要體現的個人衝動（上升），它一開始被封閉在一個神聖空間（天底），以便於在應該考慮他人以及與他們（下降）的關係之下，在天頂上賦予世界；因此，在這個意義上說，天頂是奉獻給世界的東西，這是我們在形體層面上的一種圓滿實現，我們同樣為別人體現的事物，但我們也可能需要努力盡責地去創造和供給。

母親：顯性的父母

在不同的層面上，還有一個與天頂相關、有意思的事，在傳統上，天頂與職業、專業和在世界上的位置相關；它也位於父母軸線上，通常是指母親。簡而言之，母親就是我們的第一個世界，在我們出生之前，我們花了整整九個月的時間在她的體內。

同學：但是上升也與身體有關，不是嗎？

梅蘭妮：是的，但是這有些不同。記得之前我舉了一個的例子：上升天蠍座、與出生有關、以及一些補償模式如何體現、或是融入基本生活模式的行為中？而在天頂，這更是關於你必須在世界上證明、實現或賺取的事物，這就是你被期待的表現狀態，以及在此意義上你的體現；但是它也在你之外或是你的表現，在你所創造的結構中顯而易見，並與世界產生連結。記住，它是土星的宮位。

看看這些主題是如何相互關聯──母親、事業、專業和俗世地位是非常有趣的。舉例來說，如果有人正在經歷天頂的行運，當他們來做解盤諮商時，雖然提出的問題可能是關於他們的工作、或與老闆的權力鬥爭，但往往直接涉及早期與母親關係的更深層次議題。在占星學中，象徵主義層層疊疊，使得那些沒有明顯關聯的事物在更深層次上顯露出來；當你正確地連結這些點時，去留意能量如何流動，便可以看出來。

同學：這真正是什麼意思呢？

　　梅蘭妮：好吧，靈魂瞭解更深層的思考，當我們遇到麻煩、症狀或痛苦便會運用此種思考。我記得曾經對一個客戶說：「在占星學中，第六宮就是小動物的宮位。」當我聽到自己這樣說的時候，我也在想：拜託！梅蘭妮，你不能找到更有意思的說法嗎？然而，我知道那個我完全不認識的客戶，她的天王星與冥王星在第六宮的處女座產生合相，也正經歷一些重要的冥王星行運，正激化她的第八宮。因為了解冥王星的行運可能多麼強大，以及一個人必須如何小心的在第八宮的主題上兜圈子，我不知道該說些什麼，因此我就是在口頭上摸索著。

　　當我提到「小動物」時，立即引起她非常悲傷的反應，我的客戶開始抽泣，告訴我當她心愛的狗死的時候，她完全崩潰了。我有一種感覺是，這個經歷蘊含了另一種失去的情緒轉移，也許是母親或父親，我想到冥王星的行運。但是我也知道，我不需要探究或質疑，如果她想說出來時，當此連結被放入占星學之中，便會提供一個背景，這就是接下來發生的事。她繼續告訴我，母親去世後，她是如何感到「壓抑悲傷」，而失去寵物這件事如何打開這扇心門。

　　有時候，沒有必要從星盤上去做解釋，我們有注意到某些東西便已足夠，對它感到好奇，並且能夠維繫這個主題，讓客戶能夠說話；這也是解盤上的一種非常「天底」的進行方式，在那裡很多東西都被隱藏著，但是卻也連結到非常深層之處。而「天頂」的解盤方式會比較活躍，在那裡，你會述說、告知和提供訊息。你與客戶的關係會告訴你哪一種更為合適，以及什麼時候更為恰當——當然這是屬於上升／下降軸線的範疇。

權威、成功與失敗

　　天頂表現出我們對於成敗的態度、以及權威的相關議題，這些
主題考驗著我們的立場——意即天底。某個家庭生活非常混亂的
人，或許總是與父母之一發生衝突，也許甚至遭受虐待，在整個權
威主題之下，這將不是一段輕鬆的日子；他們若不是反抗權力，就
是努力的讓自己成爲權威，這樣誰都無法再對他們這樣做。但這並
不一定有用，如果在過去我們無論什麼原因和父母及社會對抗，我
們可能很難讓自己成爲那種權威感，因爲這需要權衡關係和個人需
要之間的平衡。建立於自我防衛上的權力通常是非常不穩定的，因
此受到強力的保護；然而，建立在服務他人的意願上的權威卻因爲
深植於比個人自我更重要的事物上，因此不需要任何保護。成功與
失敗是一個有趣的主題，如同巴布‧狄倫（Bob Dylan）的著名歌
詞所表達的！有趣的是，「成功」（succeed）一詞的詞源卻具有
「以下」（following）的含義。

偉大的期望

　　天底就像是基礎，而天頂就是實現、成就的地方；天底是非常
私人的，而天頂是軸線公開的那端，因此天頂就是世界對你的期
望，這是看待天頂的一種方式。對於一些人來說，天頂感覺像是一
個巨大負擔；而對另外一些人來說則不然。舉個明顯的例子，例
如：土星在天頂的人，會經常感覺到外界的巨大壓力，你無法只是
承擔輕微的責任，因爲當每個人都來問你所有事情時，你很快就會

被埋沒在責任義務當中了；就是這種感覺，而你需要學習在哪裡劃下界線，否則世界可能看起來像一個要求非常高的地方。

天頂也可能顯示我們投射到世界上的事物……它是一個要求極高的地方（土星），或者是一個可怕而壓迫之處（冥王星），或者是無數令人振奮的可能性（木星）。這也是世界如何看待我們，以及要求我們的事物；因此，再次以土星在第十宮合相天頂為例，有此星象的人有機會成為那種權威及受到尊重，這將使他們以某種方式為世界體現、成為土星的化身。因此，這裡的行星是為了貢獻於世，它們藉由你的生命力量有意成形及塑造，就像為它們注入生命；它是你自己生命力的產物，你的自身存在也在天頂被塑造和賦予，這都是你，也都不是你。

有時，天頂展示了我們想要讓別人看到的樣子，這並非針對某個人，而是整個世界。這很有意思，因為如果這裡有很多矛盾的主題，或者天頂主題與星盤的其他部分形成強烈對比，那麼可能會讓你覺得不太知道如何表達自己，因為你不太確定你在世界上想要成為什麼或做什麼。我正好記得一個非常清楚的案例，那是一位的女性：木星射手座在第九宮合相天頂，天頂在射手座的末尾，它也合相第十宮的土星摩羯座，雖然容許度相當寬鬆。她有時壓力很大，因為想要做一些真正的大事、想要追尋自由、擴張自己的專業視野；然後，她會遇到突如其來的好運，要不是擴張過頭（木星），就是過於努力（土星）；最後她會不可避免地遇到土星的障礙和延遲等等。直到土星回歸之後，她才意識到自己必須設下一些創造上的限制以及自己的能量範圍，否則世界會以不愉快的方式限制她。她在一家旅行社工作，雖然她為別人安排令人興奮的旅程，但有一陣子，當她自己旅行時，一切似乎都不對勁！所以當土

星落在那裡，如果你沒有爲自己的衝動找到適合的形式和限制，世界將會限制你，這是似乎會發生的某種平衡。

抱負、願景和職業

　　上方的第九宮就是願景和可能性，它們想要落實成形、並在天頂貢獻給世界。這就像是：「好的，這是可能性，現在讓我們看看眞的會發生什麼事；讓我們來看看它是否能夠經得起時間的考驗、社會和世界的挑戰等等。」抱負也屬於天頂，也是一種職業特質，第十宮是關於什麼注定要成形，什麼注定要展現；然而，如果它不僅僅是灰暗的因循守舊，它便必須建立在更大的視野之上。如果我們思考天頂眞正的內在層面，做爲第九宮和第十宮的交界，那麼我們談論的是一些很難定義的事物。這裡是我們展現最大抱負之處，在傳統上，第九宮是關於意義、目的、高等教育、追求知識、理解及高等學習；這也是從深刻的個人經驗（第八宮）中產生直覺性智慧的地方，它能夠以卓知遠見與大於個人的事物產生連結。第十宮是展現於世的地方，其中願景受到考驗並且被落實。

　　對於很多人來說，天頂可能與實際的職業、事業以及它們在世界所佔的明顯地位相關；但是對於其他人來說，這更是微妙。儘管這是土象的軸點，但它更爲定性、更屬於物質；但如果是海王星天秤座落在天頂呢？你如何在天秤座將海王星落實於土象？基本上你不能。你只能創造出許多不同的形式，而在這些形式中讓海王星的能量可以流入和流出，但是你無法將海王星或是其他外行星能量土象化，因爲它們是超過個人所能容納、控制的能量。在此星象中，你是海王星的僕人，但是這也是自相矛盾的，因爲天頂是屬於

掌控的地方。

同學：我不明白「落實」能量和給它一個形式的區別。

梅蘭妮：讓我試著用另一種方式解釋。如果你是一個音樂家，並以這種方式運用海王星的能量，那麼隨著時間的流逝，你可以打造一個可以讓能量流通的管道；但是你無法控制它，它會像魔法般來來去去，它帶來欣喜，但當它離開、咒語被打破的時候，也許會產生悲傷。但是，如果你缺乏適合的表達方式，當海王星落在天頂時，你會發現自己受到世界的壓力而變成它。我想到一個有此星象、職業是管理訓練諮詢師的女性案例，她做得很好，但是經常感到很疲憊，因為學員往往會將她當成是提振精神的毒品，就好像他們看到海王星就在那裡；但是，實際上，她試著以非常土星的方式將自己埋在工作中。然後，事情變得非常極端，她開始感覺自己像海王星的另一端——受害者；因為她選擇的職業沒有真正提供一個合適、足夠的運行工具，讓海王星的能量可以流動，而使自己被壓縮成工具本身。

因此，對於一些人來說，這裡是職業、事業、專業和你在世界上所做的事情之處；但對於其他人來說，這可能是一個更為隱性的職業。我記得幾年前我有一個朋友就是這樣，你們知道護照上必須填上你的職業？那麼，他寫上：「終身學習的學生」；不用說，這涵蓋了他所從事的各式各樣的技能、角色和職業，也描述了他的目的。猜猜他的天頂星座是什麼？

同學：射手座

梅蘭妮：是的！他認真而深刻地認為這就是他的職業——成為

終身學習的學生，他走在一條知識的道路，並以此爲中心，這是最重要的事；無論他是服務生、水泥工還是其他任何國家的工作，相較於這種內在的職業意識，那些都是次要的。

因爲這是土星的軸點，因此，在這個區域我們經常覺得很容易被評價；在天頂上面可能會害怕事情做得對不對、是否被外界所接受、並想努力達到——你自己或別人的標準。這些可以簡單地說是一種轉換，來自早期與母親之間的關係的議題。這也可能使你容易順從，但也可能是你的道德努力，以達到自己的標準，這又回到第九宮主題，所以這個問題會是：當事情變得艱難時（第十宮），什麼神、女神或願景（第九宮）能夠支撐你？

同學：我認識一個海王星在天頂上的人，他很有野心，想成爲世界上眞正「功成」的人，但他似乎總是錯過或不是眞的達成目的；他是一個作家，但是因爲這顆行星而有某些內疚感。

梅蘭妮：他的土星在哪裡？

同學：第十宮天蠍座、比較靠近第十一宮。

梅蘭妮：很明顯我不認識這個人，但是有時候可能會有一種成功的罪咎感，如果這意味著我們超過了某個至愛的父母或兄弟姐妹，那麼就會感到很孤獨；我們可能會選擇掙扎與失敗的痛苦，而不是這種孤獨。

同學：如果是海王星，你必須等待宇宙告訴你。

梅蘭妮：這是一種很可愛的詮釋方式——你是與天頂合軸的東西的僕人。

同學：當然，我可以理解，因為我自己也試著想要成為作家，我寫小說和其他東西，雖然尚未發表。我帶著一個錄音機，試圖得到靈感，我有一陣子很活躍，後來就沒了，但關於落實的問題？

梅蘭妮：我有另外一個可以幫忙的意象，因為它帶來了控制的主題。當我們在談論軸點行星時，就好像你無法藉由想要控制它來落實能量，因為你是為它服務，外行星尤其如此。讓我們換一個非常簡單的例子……一個金星金牛座在下降的人，只要沒有其他太複雜情況，你可以相當確信此人在他們的生命中能夠得到並擁有一個伴侶，如果可能的話，他們也會把錢存入銀行；因此，就像忠誠的土性，可能表現出穩定及堅固的伴侶關係，這正好是藉由你的生活方式，體現並落實的東西。但是你無法運用任何外行星能量來做到這一點，因為你是為它們服務，這可能意味著各種不同的事情。就像音樂家的例子，或者你的詩一樣，你用文字發展自己的技能，這樣海王星的能量就可以流過你、激勵你、激發字句等等；但是，你無法擁有它們，或者成為海王星，如果你了解這之間的區別的話。

同學：是的，這並非是我要去擁有它，因為我知道事情是都在對的時刻出現的，當我有這種感覺的時候，一切都好了。

梅蘭妮：但是，如果你試圖利用這個靈感、想要控制它，並處理它，那麼是行不通的，因為這是不同的；你可以藉由注意形式層面來服務，這樣，當海王星或天王星的精神移動時，它有一個容器可以通過，但你無法擁有它。

同學：所以你永遠不會真正覺得自己擁有它，也許你在「好像

擁有它的情境中」遇到困難；也許這就是爲什麼有時候我無法把握和落實它們，因爲我覺得它們不屬於我。

梅蘭妮：是的，在某個層面上，它們不屬於你！

同學：我可以請問一下如果冥王星在天頂呢？

梅蘭妮：無論冥王星在哪裡，我們都將遇到一些非常有力的轉化過程，而我們多少都會參與其中，即使它感覺像是我們的生命危在旦夕的領域，太可怕而無法靠近。但猜猜怎麼了？無論如何你都會被拉到冥王星那裡，那就是通往宇宙的地底世界的入口。因此，讓冥王星高高的掛在天頂，對它來說是一個非常暴露的地方，你無法以一個無辜者的樣子出現，因爲如果你這樣做，在隱喻上來說，你可能會被綁架。你們大概都知道狄蜜特（Demeter）和波賽鳳（Persephone）的故事，以及波賽鳳被冥王星——黑帝斯（Hades）綁架的故事嗎？有嗎？那麼，如果你走入人間，像「眼神發亮」的小姐一樣去採摘水仙花，會發生什麼事呢！因爲那個姿態會引來地底世界的綁架。

同學：無論冥王星在哪個軸點上，你都無法這樣做。

梅蘭妮：那是眞的，但天頂的位置特別暴露，涉及我們與整個世界的關係。選擇不要成爲無辜者也是不安全的，這將意味著總是要去適應地底發生的事情，那些沒有人在關注、也沒有人想知道的事。然後，你發現自己要不是獨自承擔這些感知，這可能是一個很大的負擔，或者如果你試圖做或說點什麼，就會被貼上一個只關注負面事物的標籤。

同學：如果冥王星位於第九宮，但是與天頂合相呢？

梅蘭妮：暗示著我們直覺理解、哲學信仰的轉變，你無法贊同在空中畫大餅式的理想主義哲學，你需要一個涵蓋生命黑暗面的事物，幫助你理解或者至少接受完全不可思議的事物，以及真正包含並融入經驗的黑暗面。因此，當你面對自己的負面或者別人的消極面，你需要有一個包容這些過程的環境，否則你會覺得自己從平坦的地球邊上掉下來了！爲了做到這一點，需要許多集體信仰的轉變——打破更多禁忌，就像我們在討論天底時所提到的那樣。

冥王星合相天頂也可能意味著你曾經歷母親的壓迫，事實上，她自己做爲一個母親的經驗可能也是可怕的，就像她自己的地底世界、由於你的存在與她自己的強烈情緒而即將被打開。因此，你帶著這種投射展開生命，並可能覺得有必要躲避世界，覺得它太可怕或太壓迫人了。因此，隨之而來的是，你是否會不自覺地期待麻煩上身，或是你是否在外界被設計安排成爲冥王星。

同學：冥王星是一種催化劑。

梅蘭妮：是的。當我說你不能以無辜者的姿態走出生活時，我的意思是非常認眞的。如果冥王星的改變力量正想透過你的職涯或身爲父母的角色尋求表現，如果你能注意到並爲它找到一個位置，問題可能是：「你如何服務這個能量而不會在這個過程中被打敗？」。

當冥王星在天頂上時，這與權威、地位、形象和眞實性有關。很多時候，冥王星的洗禮就是感覺無能爲力，而這反過來又會在力量、承擔力、強大、無力感等相關問題上出現；因此，如果是在天頂，我們可能承擔著無法控制、壓倒一切的責任，而在世界面前感到無能爲力。因爲是冥王星，有時候這可能是看不見的，就像

冥王星的隱形頭盔一樣；這些可能是我們母親隱藏的情感負擔、更深的父母血統，被外在世界觸發，而與世上的職業、事業、位置有關。因此我認為你必須學習如何釋放它或尋求幫助，這就提出了：「誰是你最終要回應的人」的問題；誰是你生命中的最高權威？這也許是另一個天頂的問題。

冥王星與天頂的合相可能會讓你覺得被巨大的任務極力壓迫，不知何故，你知道你承擔下來了，甚至不確定它是什麼。通常這是為了母親的任務：她沒有實現的雄心壯志，或是她之前與母親的未解之情；那麼，剛開始，你無法輕易地享受自己的努力成果，因為你永遠不確定你為了誰而努力——為你自己及自身命運，或者為了你的母親。因為冥王星與天頂合相，你被要求更高程度的真實性，因為如果你做盡一切去順從母親、外在世界或偉大的「他們」，你所建立的是將會倒塌的脆弱結構，因為你不是真的相信它們。在天頂，需要將成就奉獻給比自己及志向更高的神聖事物，但如果這個「更高的事物」是你的母親，或是社會規範，你可能會覺得有點受騙。這是一個不確定的地方，在一些書中，你會看到這個星象被描述為「權力的失落」，我認為這就是這種詮釋背後的原因。

同學：就是這樣！那就是我母親。她是一個想做很多事情的家庭主婦，而這些事不知怎麼的落在我身上——這種巨大的期望：「你為什麼不這麼做？」我曾經想：「那為什麼妳不自己這樣做？」

梅蘭妮：這是一個非常清楚的例子，但有時候並不那麼有自覺。我認為，冥王星在天頂，我們被要求改變我們對於什麼是成

功、志向、形象和責任的整體想法；你不能輕易跟隨其他人的腳步，不然你會倒下，這樣做是回到「我在這裡」的一種方式。總括來說，這似乎是第十宮行星的奇妙特性，這是土星的自然宮位，土星的軸點，努力想要成形、結晶和塑造的事物；它不容易流動或變化，所以有時必須被打破分解，或者被戲劇性地推翻，或者以一種激進的方式丟掉。

同學：我有土星和冥王星在天頂。

梅蘭妮：那肯定是天頂獅子座，是嗎？所以順從的願望與改變生活的需要並肩而行；也許你會喜歡能夠符合你母親對你的想像，但實際上這種期望並沒有給你足夠的空間？

同學：確實，有時候兩者都讓人感到不舒服。

下降：你是誰？

當我們進入第七宮宮首──下降，首先考慮的是明顯及外在層次，我們在此談論的是他人以及我們與他們的互動；這是代表「他人」的地方：婚姻或商業夥伴。在這裡，我們與人同高、達到某種平等，或者在角色與行為方面進行協商而達成協議，這些是其議題。記得上升／下降軸線是地平線嗎？因此，它同樣是關於「水平」關係，而非與天頂／天底軸線較為相關的父母／子女關係。

下降和第七宮也是代表敵人所在的地方，在傳統占星學中，這是「公開敵人」的宮位；越過這裡的第十二宮代表隱藏的敵人！所

以這裡所發現的公開敵人有時候也可能是我們自己掩蓋的陰影。在這裡，我們進入了一些非常有趣的領域，它是深刻的內在，並強烈地影響我們的關係，讓我們來看看其中的一些主題。

分離性

矛盾的是，下降既是關係的重要之地，也是一個分離之地。這個軸點是我們遇見另一個人、另一個獨立個體、陌生人的地方，挑戰在於找到一種與他們產生關係的方式，而這並非與融合有關。下降是一個風象宮位的開始，自然與天秤座相關聯，在那裡，你已經脫離宗族；而在天底，你尋找方法融入你的部族及宇宙，並與之產生連結，無論它是包含了市中心周圍公寓的單親家庭、還是一個有很多親戚住在附近的五百英畝大的農場，這就是家。

但在下降，你遠離家園，飛出了巢。我們也許可以把我們的問題延伸到：「當我獨自一人、和另一個人產生關係時，我是誰？」我並不在熟悉之地，我不能「只有我自己」，因為那裡有一個影響我的人，以及一個被我影響的人。這是第七宮，其領域包括兩個人之間相互作用的領域，其中充滿了愛、恨、欣賞、競爭敵對及相互依存的細微差別。

平等與崇高的可敬對手

下降是平等之戰的開始，我特意使用這個詞！有些人玩得髒兮兮的、有些人玩得一塵不染，有些人讓別人去做他們應該做的

髒事，有些人總是鼻子流著血想辦法從操場回家！有些人聰明老練，有些人不圓滑，有些人讓事情順利，有些則會興風作浪；無論明顯與否，這裡就是戰場。在最深的層面中，這裡是我們向愛神金星學習的地方，這正是爲什麼交易上的無情可能會在此出現，主要是因爲去發展使我們能夠以適當方式與他人產生連結的技能，也讓我們感到自我的交戰；而第七宮是低等法院，試圖解決當事人之間的分歧，這樣就不用上高等法院了！金星的連結也意味著價值，而在第七宮，我們很重視某個人而能與他們繼續保持關係，無論是通過愛情，還是透過競爭，或者兩者皆是。

　　魯依爾指出了與第七宮有關的一些非常有趣的事情，他說這是社會所認可的關係的發生之地，那些形成社會結構（亦即天頂）重要部分的關係。星盤中還有很多領域也與關係有關，例如：第五宮，它是關於愛情、浪漫和娛樂；或者十一宮，它關乎友誼或如我所說的：「非血緣家族」。然後，第八宮則是代表關係中眞正深刻的情感及性愛，這與能不能被社會所接受無關；這是在臥室、也在銀行帳戶中所發生的事情，通常都會被隱藏起來，儘管它可能更貼近能夠被社會所接受的關係。

　　魯依爾所強調的是，今天很多聯繫只在這條水平軸線上發生，因爲社會結構和家庭生活形態正在變化，所以我們不再清楚「球的門柱」——也就是統稱爲天頂／天底軸線在哪裡。這爲一對一的關係帶來了很大的壓力；因此，這是我／你、女人／男人、女人／女人、男人／男人在戀愛、也在競爭中正在尋找新的連結方式，卻缺乏文化和社會習俗的安全保障，即使是先通過大門的人，也可能成爲一個承載的議題！

這並不影響第八宮，因爲第八宮的眞相和經驗來自於地底世界，來自一個非常內在的層面，可能或可能不會被包含在求愛儀式中。

配對遊戲

但在下降，你玩的是配對遊戲，不只是爲了把人弄上床，而是像孔雀一樣的求愛儀式；這句話來自安特洛‧阿里（Antero Alli）的著作，他指出：你無法與下降來往，除非你能「放下自己的行爲」──也就是下降，以便擁抱你與他人在一起時天生該有的樣子，並發現在人際關係中珍貴的自我極性[10]。

同學：我眞的無法擺脫我的上升。

梅蘭妮：的確沒辦法。我認爲安特洛‧阿里所說的能夠「放下你的行爲」或許是爲了與上升的你變得夠熟悉，以便你有更多的餘地；那麼，你便不是強迫性的依附於你展現於外的形象，甚至沒有意識到它。

對我來說，與第七宮有關的一個有用意象是擊劍比賽，因爲它是一個潛在的致命遊戲，這也是極具美學的，因爲與天秤座和金星有關。這是一場風格化的競賽，甚至是儀式化的，有許多規則制度，但是人們也可能受傷，如果你不小心，你可能被刺穿！因爲第七宮就是具有社交後果的關係，我們如何操縱、談判和調解，以達到更大的目的。這不是一個很大的哲學視野，而是正確關係的人道主義原則，它構成我們個人生活及整體社會結構的一部分。因

10　*Astrologik*, Antero Alli, Vigilantero Press, Seattle, 1990, p.28.

此，這裡的配對遊戲意味著想要去建立關係的舞蹈其及後果——也就是戶口、家庭、或者在商業夥伴的關係之下，一個在社會上具有形象的企業。

這裡也可能顯示你如何開始和結束關係。例如，某人的天王星在下降，或下降點為水瓶座，可能會突然開始或結束一段關係，速度如此之快以至於有一段時間暫時失去感覺；事實上，這可能需要一段時間，才能獲得深刻理解或之後的檢討。這個主題的變化可能是在獨特情況下開始或持續的一段關係。

投射

下降也是一個極容易「投射」的地方，雖然星盤的任何部分都可能以投射的方式被體驗到，也就是我們不認同自己的某些部分，如果不是因為它超出了我們的生長背景或者居住的社會，就是因為我們對它帶著某種信仰；無論是什麼原因，下降可能像是我們的「盲點」。另一方面，合相下降的行星註定會在我們與他人的連結之中被發覺，我們無法自己一個人去「實踐」下降，它極可能的表現是：你內在有哪些特質在與他人的連結之中最能夠被激發出來，至少在最初的階段；特別是如果這種特質、元素有些薄弱的話。例如，如果是水象軸點，你需要別人才能夠觸及自己的感情；如果是火元素，別人會激發你的想像力及創造力；如果是土元素，他人的存在會刺激你的身體素質及實際行動的能力等等。

請記住，這實際上是一個風象宮位，雖然它也是一個代表感情的地方，因為它與關係有關。同時它也會表現出我們有能力去反

思與他人的互動之中所學到的東西，我們如何處理關係方面的經驗，我們有什麼樣的基本態度，哪些可能會受到挑戰。因此，在相互作用之間留有餘地，藉由發現「那些我們認為不屬於自己的東西」而學習良多，也從其他方面証實這一點。

　　由於下降在原型上與天頂／天底形成四分相，它也是我們遇見父母關係的殘留之地。第七宮的堅定忠誠的特質（記住土星在天秤座為旺位）會讓我們過去（天底）的模式、期望、榜樣和未竟之事浮出台面。這些題材的感知及管理非常契合第七宮／下降的主題；雖然其中的轉化是透過第八宮的臣服、釋放、失落和強烈感受而發生。從讓事情為社會所接受、並且順利正常運作的角度來看，下降強勢的人將能夠順利地處理非常複雜的情緒狀況，因為他們具有高度成熟的連結技巧。請記住，第六宮在第七宮之前，我們正在努力提高效率，將我們的資源最大化，並且繼續維持運轉；但是請記住，第八宮的領域需要不同的相關技能。

　　我提到的平等之爭也與父母的投射有關。突然之間，我們的伴侶似乎變成了居高臨下的父親、會操縱人的母親、或者理想化的兄弟或姐妹；也許我們發現自己變成了受驚的孩子、叛逆的青少年，看到這種情況，並找到處理方法便是下降的管理範圍。「這是兩個人的探戈」這句話適用於下降和第七宮，意思是交易就像一根具有兩端的繩子，只要雙方都拉著它，有時便會出現緊張的推拉情況。也許這個領域最大的危險是負面的評斷——這也是天秤座的象徵；而最偉大的藝術就是學習如何放開繩子，看看會發生什麼事！

　　同學：如果你下降的壓力很大，這真的很難，因為你過分的專

注在這個領域，你開始理想化這個投射的部分。

　　梅蘭妮：是的，你也將你「想要的東西」投射在別人身上。那麼，將下降視為兩條軸線的一端或四個軸點之一可能是有用的；如果你有一個沉重的下降，這意味著大量能量從別人那裡傳到你身上，而你與其他人的交互作用確實是極具力量的。這就是它天生註定的樣子，這是你生活模式的特徵之一，而不是你有什麼問題的症狀。

　　但是有時候你可以回頭參考其他軸點以求平衡，例如：天底——如果你很有能力去打造一個家，創造一個神聖空間，那麼這有助於將事件轉化為經驗的過程，並且體驗到靈魂的滋養。這裡就像是子宮及懷孕，在更深的層面上，天底說出我們與宇宙的關係，這也包含其他人，但並不只是專注於他們。我們在那裡餵養我們的靈魂，我們咀嚼經驗就像乳牛的反芻，然後便可以產生自我意識，反射回上升點，讓你給它足夠的時間，就像乳牛正在經歷「啃食」。如果你將所有的軸點看作是連結的，並且探索這些連結，那可能會更有用。

合作夥伴／伴侶

　　同學：這個軸點會顯示我們的伴侶嗎？

　　梅蘭妮：有些書這樣說！這顯然是一個需要慎重考慮的問題。正如我所提到的那樣，下降的相關特質有一部分是在與他人的連結中被發現的；下降也是與另外一個人有關的地方，要求我們去擺脫與父母之間的關係——也就是天頂／天底所代表的模式，並

找到一個平等和諧的尺度，足以建立一段具有社會活力的夥伴關係。但一定要說，它真的是說生活伴侶？它可以是，但我會猶豫它的絕對性；這種想法可能會設下破壞性思考模式及期望，也就是一種負面第七宮的變化——比較——你或他人被架起來評斷。而下降更為淵博深奧之處是：是什麼將人們聚在一起而彼此成為生活伴侶；這並不是說這種說法都不是真的，但我認為下降更是與「內在伴侶」有關，而這個內在伴侶可能會／或可能不會體現在一個與他／或她相似的人身上。

換句話說，下降顯然是自己的另一半，有些人明白並自我活出那個領域，而有些人則是以另一個人來代替自己，但這都無關乎對錯。舉一個明顯的例子，如果你的上升是摩羯座，那麼總體來說就會有一種土星的生活方式，所以你在表達個人感受時可能會有些謹慎、保守和猶豫；你重視那些有用處、持續、可以指望的事物，而且不讓人們在未賦予適當時機之下結束它；在你啄破蛋殼孵出時，採取了一種認真、如父親般的方式、並帶著嚴肅的意圖。但在另一端的下降這裡，這是你的陰暗面——巨蟹座，這也可能是非常自我保護的，但是當你「放棄這種行為」時，你就像一隻沒有貝殼的軟腹蟹，一隻絕對需要親密關係的蟹，絕對需要融合，想要待在殼內，而不是在外面試圖進入。我想你們可以看見這些如何組合在一起。

準備相遇

同學：當行星合相下降會是怎樣呢，但是在第六宮？

梅蘭妮：是的，謝謝你的提問。下降是第六宮的盡頭，就像它也是第七宮的開始一樣。我將第六宮當成是做準備的地方，它與處女座相關聯，因此由水星守護，與管理物質資源如時間、精力和金錢的過程有關，並創造出規律及節奏來提高生產力；在這裡，事情必須是爲了現實而運作，對別人也有用。它在服務的軸線上，也與僕人／主人或雇主／受雇者的關係有關；換句話說，這是不平等的關係。這裡是學徒、學習及讓技巧更趨於完美的地方；這是關於奉獻，自我改善和紀律。傳統上，它與治療藝術也有關聯，特別是身心交界處特別被敘述；這是與疾病及維持身體健康的相關領域之一。

因此，行星合相下降，但是落在第六宮中，它們非常致力於服務、自我改善和具有用處；但是這裡還有一種與連結方式相關的額外需求，因爲只有在下降，才會加入平等的主題。第六宮的危險在於總是處於準備狀態，而看不見這一切的目的是什麼。因此，這種些星象可能表現出一種非常忠誠的特質，另一個人成爲一個人的奉獻的對象，而在此人面前，這個人會感到自卑、不值得、需要改進；或者這種奉獻也可能表現在工作上的敬業精神、服務活動、或自我改進的過程。

到前爲止有問題嗎？

梅蘭妮：目前有任何問題嗎？任何需要回答的零星問題？

同學：我正在想第三宮做爲一個周圍環境，也就是鄰里關係——你能否再多談一談它與天底的關係？

梅蘭妮：是的。除了其他東西之外，第三宮描述了我們在第一次爬行、走路和說話時所獲得的印象，以及從中得到的「結論」。我們的周圍環境（我們的世界）是安靜、吵雜、骯髒、乾淨、寂寞的，還是充滿許多人？我們將逐漸學習這些標籤，並將我們自己的經驗和價值判斷與它們連結。我也把第三宮視爲是「心理環境」的描述，這對於現在來說特別有意思，因爲至少對於城市居民來說，心理環境具有難以想像的複雜性。因此，第三宮也是我們在網上、或者從一般媒體——廣播、報紙、電視、廣告招牌、以及鄰居、八卦、傳聞等傳統媒體所吸收到的信仰；這是想法對我們的直接影響，並不是它們具有更宏觀的暗示。因此，心理環境包括：你住在每個房間都有電視的家庭，還是沒有電視的家庭？你小時候有閱讀習慣嗎？如果有的話，都讀些什麼呢？你和外界有什麼心理連結？包括教育和學校教育？

從很小的時候開始，大部分人花了絕大部分醒著的時間待在家以外的地方，也就是學校。因此，教育不只是教你事實，它也可能是除了家以外、第一個讓你建立世界觀的地方。你看，如果在屬於月亮的天底上沒有足夠的牽制，你將更容易受到集體思維的影響；從這個意義上說，由於其脆弱性，只要是第一個風象宮位，第三宮便是一個受條件限制的地方，並且尚未有區別性的想法。

同學：你可以用面具的意象多說一點上升／下降嗎？

梅蘭妮：是的，也許我們可以把這個意象應用到所有的軸點。因此，上升點是在最初你可能沒有意識而戴著的面具，但也許是別人如何看你的方式；在理想情況下，天底應該是安全、不需要面具的地方；而天頂將是你根據世界的要求、以及你需要表現你的

衝動、如同你要成為的人所創造的面具。那麼下降……還記得擊劍的比喻和平等之爭嗎？一個擊劍面具上有很多孔，你可以看穿它，同時你的臉也受到保護。

同學：軸點如何與高奎林區產生關係？

梅蘭妮：有些人認為軸點與高奎林區無關，但我認為有關，我來解釋為什麼。你們有些人可能知道米歇爾‧高奎林（Michel Gauquelin）的研究，他是法國著名的研究人員，從事大規模的統計工作。他一開始是帶著深度懷疑，試圖反駁占星學，而經過幾十年來持續的努力，從他的工作中取得了成果，但並沒有因此推翻占星學，而是更讓他信服占星學的有效性，並且終身致力於這項研究。他的調查結果中最著名之一是圍繞在所謂的「高奎林區」，這些區域是透過檢視功成名就之人的星盤、行星主題明顯的案例，並記下主要象徵星所在位置而發現到的。在傳統上，據說行星落在軸點附近及第一宮都會很強勢。

這是高奎林研究的領域之一，但是這似乎並不符合傳統，因為活躍的高峰區在軸點背後的宮位被發現，也就是所謂的降宮（第十二宮、第三宮、第六宮和第九宮）；不用說，這個發現引起了相當多的爭論。

我想提出與此有關的重點提供你們思考：請注意，儘管在法國，真的有準確的出生時間記錄，但實際被記錄下來的時間卻是令人存疑的，即便是醫生所開的出生證明，從占星學的角度來看，也無法保證時間是正確的。誕生的時刻其實就是臍帶切斷的那一刻，因為那是第一次身體獨立的時刻，也是第一個獨立的呼吸，這是它的緣由，至少這是丹恩‧魯依爾所描述的，而且我確定他不是

唯一如此說的人。記錄到這個時刻的機會是非常小的，除非有人知道這一點，並在切斷臍帶時盯著時鐘看；也除非你很幸運，父母了解這些，或者你的星盤已經經過校正，否則很難得到如此確實的出生星盤。

然而，有趣的是，**即便是一張不完全正確的星盤，作為解盤的目的來說，也是適用的**。因為，這裡蘊含一種未知的因素、過程中的一種神祕占卦或神諭功能，它提醒我們，占星學是一種活的藝術或科學；也許也是為了保護我們，避免讓自己變得太過聰明！至少，這是我的觀點，但也不是只有我有如此觀點[11]。至於誤差的範圍，也就是這個「灰色地帶」是否可能會破壞占星學的統計研究，這是我尚未考量的開放性問題。

高奎林的高峰區顯現於四個軸點「背後」、剛超過等宮制中間部分的區域，根據出生年分、給出的出生時間只要差距二十分鐘的時間，便可能會對這些高峰位置產生很大的影響。我也曾找機會問過醫生和助產士，他們通常會說，生辰記錄往往比切斷臍帶的時間稍晚一點，而且在工作簿中的紀錄是回推時的大概時間；或者在過程中如果臍帶早已被切斷，那也不會被認真考慮。與印度和其他東方國家不同的是，出生時間對於一個人未來生活的重要性尚未被了解。

這是一個與生辰有關的真實故事，相較於它所能回答的、反而是產生更多的問題。出生於印度的某位男性，家族占星師故意調整其出生時間，目的是為了避免從他身上預知火星合相上升點

11　請參閱 *Moment of Astrology*, Geoffrey Cornelius, Arkana, London, 1994. New edition published by The Wessex Astrologer, 2005.

的「厄運」；這也得到了某位教士所主持的大型（昂貴的）儀式的支持。然而，調整後的出生時間使海王星落在火星對面的第七宮，而火星仍然在第一宮，儘管離上升點較遠；這個人諮詢我的原因是要處理一段非常痛苦、混亂和緊迫的關係。現在想想正如同傳統吠陀占星術那樣，他的家族占星師並不使用外行星，因此，這裡產生了一個非常有趣的問題：這個家族占星師是否真的將他從任何命運中解救出來了呢？而這些禱告與禮拜有用嗎？還是他在新的時代為其客戶的孩子創造了一個更糟糕的命運？或者是我的客戶有這種「被干預」的命運？這有什麼差別？當你真正想到占星學在實務上所面臨的問題時，你真的必須承認很多的「不知道」；而在我看來，這並不是壞事……

同學：我對合相下降點，但落在第六宮或第七宮，這兩種不同的關係感興趣，你能多說一點嗎？

梅蘭妮：因為第六宮和第十二宮是服務的軸線，所以問題可能是「你服務的對象是誰或是真正的什麼事物？」行星與下降合相但位於第六宮，這在關係之中可能會變得非常重要，因為你會強烈傾向於讓自己處於卑位。現在，積極的一面是服務的活動，把你的技能、資源、以及**真正的你**用來服務比自我更大的事物。但是我認為，「大於己的事物」是來自第十二宮、從原型或精神層面來的；如果它是來自於第七宮、也就是從另一個人而來，那就意味著壓迫或征服，在關係中便會產生奴隸／主人的動力，而不是任何一種更為互惠的服務。

同樣的，強調第六宮／下降主題的人可能會很喜歡與服務有關的活動，也可能與人打交道；也許是治療專業，也許是以一種非常

支持性的角色為某人工作的人，例如：私人管理、助理或祕書，其中某個人為他人掌握實際層面的日常瑣事。當然，這也根據所涉及的星座和行星，當某些東西合相下降，但落在第六宮時，則會將這種不平等的奇特層面帶入關係之中，這個關係實際上就是關於邁向平等，這是否為你澄清了一些事情？

同學：是的，我的太陽水瓶座合相下降雙魚座，我經常發現自己付出及服務的方式，最後都產生一種被踩在腳底下的感覺！

梅蘭妮：對於水瓶座來說，團體服務的渴望或強烈的信念原則有時會掩蓋了個人的感受及需求。

同學：如果天頂／天底是父母軸線，那麼祖父母是否也會顯示在此軸線上？

梅蘭妮：會的，我很高興你提到這個。如果我們將天底當作父親，那麼他的母親和父親將分別由我的上升和下降來代表，因為第七宮是第四宮的第四宮，而上升是第四宮的第十宮；因此，上升點也代表我父親的母親，下降則代表我父親的父親。那麼，母親的父母就是相反方向；所以，母親的母親在我的下降，而母親的父親則在我的上升。

有趣的是，透過世代關係父母軸線在反轉，從垂直到水平，然後回到垂直等等；就像命運之輪或輪迴轉世的旋渦。人們常說，成長中的孩子與祖父母之間的相處比父母更好，儘管以家庭內在的直接壓力而言，這包含許多明顯原因，而這一點如何顯示在星盤中是很有趣的。換句話說，垂直軸線是父母，水平軸線是祖父母，因此，這種權威感的壓力可能較小；祖父母所存在的軸線基本上是關

於「我是誰？」以及「你是誰？」

這通常是非常實際的狀況，以我來說：我的上升在天蠍座，我祖母的太陽是天蠍座；而她的丈夫，我的祖父，儘管實際上太陽是天秤座，卻有一顆非常強勢的土星落在金牛座，我當然記得他周圍有一種非常強大的金牛座能量。他的工作是與土為伍，管理一處苗圃、在那裡種植植物。

同學：請再說一次母親的母親在哪裡？

梅蘭妮：下降，也就是第十宮的第十宮。

同學：你認為這與我們自己的關係有關嗎？

梅蘭妮：是的，確實有。畢竟，我們的第一段關係是和媽媽在一起，而這段關係是受到她之前與其母親之間關係如何的影響。當然，我們通常會在第七宮的關係運行模式中發現這種回聲。

同學：另一個問題：沒有戴上面具的臉是什麼樣子？

梅蘭妮：沒有面具的臉？這聽起來像一個禪宗的問題！那麼，正如我所說的那樣，天底是在理想的狀況之下，我們覺得足夠安全而不需要戴上面具的地方；但我想你可能暗示更深層次的東西？

同學：它應該是在星盤中。

梅蘭妮：也許不是以某顆明顯的象徵星為代表，但是這讓我想起了一些我想澄清的事，就是關於神聖空間和四個定位的想法。我提到了設立祭壇的比喻，以你自己為中心，這四個點——四個軸

點，因此總是與中心點有關；所以當你設好你的神聖空間，**並置身其中時**，也許這就是一張不需要戴上面具的臉。因此，也許「我要去哪裡？」、「我是誰？」的問題，可以帶來覺知，而不是僅僅走出去的這個行動；而其答案都是一樣的，從中心出發，它只是「我是」而已。

也許這個中心點就代表「我是」之處，記得那一個代表潛在的精神整體的圓，星盤中太陽符號是一個圓形、中間有一個圓點，就像照相機的鏡頭——如同一幅意識的圖像。

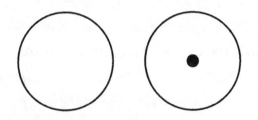

它就是你註定成為棱鏡或變壓器的小光束，這就是你要表達的事物；所以整張星盤就像太陽符號的一個更大版本——一個中心點，通常是空的或是衍生出相位，並被一個圓圈所圍繞。

軸點的行運

不用說，跨越軸點的行運是非常重要的，尤其是外行星的行運，因為它們傾向於呼應生命開始及結束的整個階段。隨著它跨越特定門檻，這不一定是與你的生理年齡或社會連結有關；它通常比任何表面或可見的結構都要深層，儘管外在世界、工作、關係等等也經常發生重大變化。

　　另外，考量外行星在人的一生中無法繞完星盤一周，除了天王星之外，如果你活超過八十四歲；你的海王星可能繞不到星盤的一半，而冥王星大概只能繞完四分之一左右。

最近幾十年

　　因此，假設人的壽命爲八十四年，並且考慮本命行星所在的位置，每個人的海王星都會經過一個到兩個軸點。但是也有些人在其一生之中，冥王星的行運都不會跨越任何軸點；並且也不是太多人可以經過兩個軸點，除了在極端緯度出生的人或本命冥王星緊密地合相於某個軸點之外。當然，我們不知道一個人的壽命有多長，但是當你檢視一張星盤的時候，值得注意這些，因爲無論過去或現在，外行星近期所穿過的宮位、星座和軸點往往是動盪的地方。

　　想想看——從 1960 年代到 2000 年左右，所有的外行星已經從處女座移到摩羯座，並且最近進入了水瓶座；因此，在過去的三十年裡，黃道帶的某個部分，也在某些人的星盤中，皆已見證了所有這些重要的行運活動。

敏感度數區

　　在這個時期，出現了許多強大的行星合相，尤其是在射手座的末尾度數和摩羯座的前面度數；土星在 1980 年代末在此與天王星和海王星合相，天王星和海王星也在 1993 年於摩羯座 20° 左右彼此產生合相。請注意，這個區域涵蓋了「銀河中心」——目前大

約是在射手座 27°；這個區域有時被形容是一個能量旋渦，據說透過它可以體現新的靈魂。由於宇宙中沒有新事物，從某一觀點來看，也許這是指首次在地球上化身的靈魂，雖然它們之前可能去過「別的地方」。這個地區似乎與宗教方向和職業有關；這個概念代表了我們太陽系旋轉的「更深入的中心」，這讓我想起魯依爾的書《太陽也是一顆星星》（*Sun is Also a Star*），他指的是占星學上的「銀河空間」。因此，銀河中心告訴我們，我們熟悉、並視爲中心的太陽只不過是眾多星星之一，看它就像是被嵌入一個更大的背景下一樣。這個射手座末尾地區還包括聲名狼藉的「第十三個星座」——蛇夫座，它與挑戰宇宙現存模式的訊息有關[12]，在傳統上也關於治療，尤其是瘟疫災禍；它的形象通常連結著阿斯克勒庇厄斯（Asklepios），也就是凱龍星的學生——帶著一條蛇的男人。

處女座 / 雙魚座的中後段也很重要，因爲天王星 / 冥王星合相發生在那裡，土星和凱龍星在雙魚座與這個合相形成了一段時間的對分相；還有其他度數，例如天秤座 27°，1982 年 11 月土星 / 冥王星準確合相於此。

還要注意的是，冥王星的行運落後於另外兩顆外行星，這意味著所有冥王星的行運也將刺激之前天王星或海王星的行運點。如果與軸點有關，這一點尤爲重要，因爲很多人會經歷落在天蠍座、射手座或摩羯座軸點的**所有**外行星行運！

以下會是一個有用的練習：回顧過去幾十年並列出外行星的所有重要合相、四分相和對分相，使你們熟悉它們。如果你能拿到尼

12　請參閱 *Saturn, Chiron and the Centaurs: To the Edge and Beyond*, Melanie Reinhart, Starwalker Press, London, 2011, pp.184- 91, and also Interface, Nick Kollerstrom, Ascella Publications, London, 1997, pp.45-55.

爾・邁克爾森（Neil Michelson）所做的《行星現象表》（*Tables of Planetary Phenomena*），檢視它並且標記所有這些相位 [13]；或者使用你的占星軟體製作一個列表。首先你可能需要先熟悉這些重要合相，這些將是最強而有力的相位，也可能需要很長時間來處理；然後再包括外行星之間的對分相和四分相等其他相位。我個人也會涵蓋凱龍星和半人馬星；儘管凱龍星的週期只有短短的五十一年，但是人龍星（Pholus）的週期約為九十二年，而毒龍星（Nessus）約一百二十四年，所以是半個冥王星週期。

　　除了檢查個人何時或是否有外行星穿過一個或多個軸點，熟悉這些敏感的度數區域是有用的，因為如果個人的某個軸點落在這些區域的任何一個地方、或與之產生對分相、四分相，你馬上就會知道當時發生了一些非常重要的事情，或者未來即將發生。而且，在我自己的解盤經驗中，我注意到人們在外行星經過某個軸點時，經常會尋求占星學的指引；因此，你們越深入理解這個過程，便越能夠讓你的客戶放心，讓他們了解可以預期些什麼，以及它的時間點，並幫助他們利用現有資源去梳理內在動亂、創造性改變或其他正在發生的劇烈表現。如果行運已經發生了，那麼具有同理心的去傳達其主題和意義，可能可以真正幫助客戶去處理當時所發生的難關，或者在新的形勢之下更加堅定自己。

　　就好像這些敏感度數區所象徵的轉化、創傷或穿越門檻的深奧無法一次被完全吸收，能量便會被「儲藏」在黃道帶的那個度數區。為了簡單的延伸我們的焦點，評估這些過去的重要合相在星盤中所發生的位置──有沒有發生在軸點，可能會有幫助。

13　行星現象表（*Tables of Planetary Phenomena*）：Neil F. Michelson, ACS Publications, San Diego, 1990.

同學：事物如何「被儲藏在黃道帶」之中？我的意思是，黃道帶是人為的構想，不是嗎？

梅蘭妮：我真的不知道這是如何發生的，或是為什麼會這樣！另外，黃道帶是否是人為的構想？全然是嗎？某種啟示真的是神諭，還是人類想像力的虛構？我也不知道。當我說訊息被儲藏在「黃道帶」之中時，這種說法當然是一種隱喻，但也是觀察而來的經驗之談。比方說，如果你在發生車禍時身上正好擦了香奈兒 5 號香水，之後每當你聞到那個香味，你都會想起這起事故，甚至感到莫名其妙的恐慌。那麼，是否是車禍的記憶被儲存於香奈兒 5 號香水之內？也不完全是這樣，但是這種特殊的嗅覺刺激所產生的共鳴，在我們的大腦之中與那個不好的經歷、也就是車禍意外產生連結，我認為這就如同是黃道帶的連結。也許黃道帶就像是人類經驗的儲藏庫；但我認為它在原型層次上反映了人類經驗的神聖想像，有助於提高覺知，而這本身就是「賦予空間」，從而促成療癒。

探索這些敏感度數區的原因在於，之後每當次要而移動快速的行星行運經過這些相同區域時可能會勾起回憶，讓人想起、甚至又重複一次某種經歷。這是為了達成和解的普遍療癒目的，或者去處理已發生或未發生的改變及當時的經驗；當它落在、或靠近某個軸點時，這通常是非常明顯且戲劇化的呈現。

外行星的行運

跨越軸點的行運往往清楚地表現出軸點的含義，所以我會專注

在最強烈的相位、也就是合相上。你可以將我們的討論延伸至四分相，它將會產生一種強烈的推動力來展現某種事物，有時還會在所涉及的軸線兩端之間產生衝突，有些事情會想要發生。還要記住，如果某顆行星與某個軸點形成相位，對面軸點也將牽涉其中；並且有時候，合相軸點的強度甚至在對面軸點上看起來更爲明顯。

直接接觸、意即合相任何一個軸點，人們都會在行星能量積累到被迫改變的時刻之前，經歷一段非常強大的壓力及內外的混亂。施壓時間的長短取決於行星的速度；換句話說，凱龍星和天王星是兩顆快速移動的外行星，而海王星和冥王星是兩顆移動最慢的行星，木星和土星依然是更快。根據行星的速度，將會有一到五個正相位，以及在此段行運中它會產生數個逆行階段；另外，**行星進入或離開軸點之前和之後的以下時間點，有相當長的時間將是至關重要的時期：**

1. 當行星停滯及轉換方向時。

2. 當太陽與此行星產生一年一度的合相及對分相時。這是有用的，因爲有時候在實際的行運過程中，某種被堵塞的能量推動力，在隨後幾年中的這些階段會被逐漸的釋放。

例如，冥王星跨越軸點之前的**醞釀期持續四年之久**，有時候這個過程的具體結果在正相位（準確相位）之後的兩至四年之間都尚未顯示出來，這取決於它移動的快慢，因此當它離開相位大約 4° 或 5° 之後。如果你正與客戶進行諮商，那麼以下是有幫助的：

1. 了解這段時間的範圍。

2. 找到一種將這些訊息傳達給此人的方式，而不必以我所說的「毀滅性對談」的方式告知客戶，因為知道自己幾乎活不下去的這種感覺將會持續好幾年，這是沒有意義的；當然，這種強烈感將會逐漸變弱，但是還是需要小心的與此過程共處。

3. 如上所述，注意細節，包括停滯日期，以及與太陽的合相或對分相。

4. 注意「正相位左右」的行運，這可能會發生在尾聲——也就是正相位發生之後的一年左右，這時候可能會發生很多事情，而這些事件不會顯示在你的電腦所列出的正相位列表中；使用四十五度星圖可以幫助你，或者這只是你應知的常識！

如果你能以正確的方式使用這些訊息，這是非常有用的。然後，你便可以專注的幫助你的客戶找到創造性的方式來安排行運，並處理正在發生的過程；就如同得到那種你自己需要的幫助，或者僅僅只是在此過程中塑造你的生活。從某種意義上說，所有的行運在精神層面上需要多久便是多久，因為雖然可以很容易地看到明顯占星學上的時間，然而改變及事件的發生、經驗的消化或外在變化的調整可能需要更長的時間。也請記住，這也許是個人一生之中唯一一次冥王星經過軸點的行運，所以這是一個巨大的釋放、過渡及跨越門檻；無論內在或外在，有些東西會永遠離開我們的生命。

隨著海王星的行運，這個經驗本身可能並不太注重時間和空間，並且可能具有能量低落、懷舊、做白日夢或想要逃避的特性，因為渴望精緻與靈性，而想要找到方式去融入海王星所在的生活領域。我認為總體來說，主要行運的時間大概是四到五年。

天王星的行運，會湧進一股完全不同的能量！我刻意如此用辭，因爲壓力的累積和釋放往往是快速、激烈及焦躁的感覺。很少有人經歷此行運而不失眠、過動和感受不平衡的能量流動，交替在快速及振奮之中，特別是心理活動；而在刺激的能量離開之後的一段時間，感到筋疲力盡，然後我們大清早就得面對杯盤狼藉的場面！天王星的行運既可能是未來概念的強力散播期，也可能是突然一段時期的改變，畫板上的東西，頓時變得具體成形！同時，事件的劇烈和速度會讓人感覺「很正常」，當我們意識到可能需要多少蠢事的改變時，這可能是相當無奈的事，所以有時難以理解以下幾點：

1. 時機——意味著事情可能需要多久才會顯現出來；

2. 以及，是否事情「註定」要現在發生，或者是一種未來的醞釀。

然而，天王星行運至軸點，以時機而言，通常是最準確的，它可以提供星盤時間的正確性。事實上，檢查出生時間是否準確的第一件有用之事，是檢查是否有任何軸點與天王星產生合相，然後去探索客戶此時的人生。當天王星處於活躍狀態時，開始和結束都可能非常快速，有時候這個時間點是相當值得注意的。

另外，在考慮任何一個軸點行運時，記得也要指出軸點守護星的宮位和星座，以及行運行星原本在本命盤中的位置。例如，如果本命第四宮的外行星正行運通過下降時，你可能會與你的同鄉（第四宮）相遇或重逢；或與某人（第七宮）結婚，而這個對象神似你的父親（第四宮）；你也可能會在家族企業（第四宮指向家族）中成爲正式的合夥人（第七宮）。各種無窮無盡的可能性，但

是你會發現，考慮到行星的本命位置是用來象徵現實生活中的要素，並且指出用來處理困境的可能資源。

跨越上升點的行運

因爲每個軸點都像一個化身爲肉體的錨點，跨越軸點的行運就其過程而言像是一種誕生；然而，跨越上升的行運與這個主題極爲具體地連結在一起。還記得我們談到上升時，提到過這個？那麼，除了我們自己實際出生時的殘餘會在行星穿越上升點時被激活的可能性之外，每一個上升都有其獨特的特質，就像不同模式的出生過程一樣。

因此，對於上升點來說，無論是天王星的興奮激動、快速敏捷的性質，還是冥王星長期痛苦的特徵，都蘊含一種誕生的過程，其中有時也會參考這顆行運行星的本命位置。上升點深遠的從第十二宮那段內／外混亂期顯現出來，在那裡祖先的痕跡終於浮出，在那裡我們遇到更大的文化、歷史主題，並與原型靈魂相遇。然後，我們必須釋放所有的這些，並反過來更專注於個人，允許個人向前發展及產生新的衝動。對於某些人來說，相較於第十二宮海洋般的安適，第一宮相對讓人有不安全感；而對於其他人來說，他們寧可將它釋放。因此，「我是誰？」這個問題是有意義的；我們不是過去的我們，也還不知道我們會成什麼樣的人。

爲了找到正在形成的自我新面向，請看上升守護星所在的星盤領域。你很可能會發現那裡的活動、展新步伐、創新或選擇正反映出新的自我，因此事情可能正在發生，它是強大、新鮮、具有挑戰

性、受歡迎或不受歡迎的；但是新的自我意識可能需要一段時間才能趕上它的外在表現。

　　另外，正如我以上所提，所有行運的主題通常都會包含行運行星在本命盤中所在位置的共鳴。舉一個例子，在一張上升射手座、木星巨蟹座在第八宮的星盤中，土星和天王星都在相當短的時間內穿越上升點：一段婚姻結束了，新的關係也很快展開。這位女士最初很難相信這位似乎已經產生新關係的新人，認為她的新信心可能只是「曇花一現」，而不是一段可靠的發展。木星是這張星盤中唯一的水象行星，在她所離開的這段婚姻中，這位女士似乎對自己及丈夫都懷著更深的感受，總是她在表達意見，但不一定有人想聽。她本命土星與天王星合相於雙子座落在第七宮；因此這次行運就是原來本命盤主題的誕生。她不願忍受情感與性的「被騙」感，加上她也是寬宏大量的一方（木星在第八宮），因此要求離婚！

　　我想到的另外一個例子就是上升在摩羯座末尾的人，而海王星此時即將越過上升點，此人的土星／海王星合相在天秤座，落在第十宮裡，而海王星就在天頂上。現在此人的天王星已經越過上升點，由於上升是摩羯座，感覺上是因改變而受到極大震撼，它不會是「哇，我一直在等待這一切！」而是變得脆弱和僵化，然後是破裂及分崩離析。此人的天王星是在巨蟹座第六宮；因此，這是運作的領域、「我是誰」這個問題的所在；這一切都與工作有關，還有一些與家庭相關。因為如果你不知道自己是誰，那麼就沒有一樣工作會讓你「感覺是對的」，反正天王星在第六宮也是最討厭日常工作！這個人從許多與旅遊、魅力、壓力及興奮有關的創意工作換到一個更安定的生活，起初感覺很不舒服。

隨著移動速度緩慢的行星越過上升點，它會不止一次跨越軸點，也包括它逆行回到第十二宮的周期。這種感覺可能是一種快要出生的感覺，或者是在隧道盡頭看見光；但在逆行期間，你可能會被向後或向內拉扯，進一步的去準備、反思、或是確實改變外在結構的工作。

所以，第一次的跨越，可以說通常是撲克牌發放在桌上時，你往往可以看見即將到來、內／外在的一連串事件會是什麼；那麼在逆行時期，它可能是一種更傾向內在的過程，或者是一段失去了往前移動感的時期[14]。所以當重點是內在，行星回到第十二宮之時，可能會感覺你真的失去了它。這往往是人們尋求諮商解盤的時候，因為它有時是讓人非常迷失，你甚至可能感覺到身體有點虛弱無力，隨著行星行經上升點，這將直接影響你的體現、清楚度和自信的感覺。例如，如果是海王星跨越上升點，而且在第一次跨越之後我們會感到精力旺盛及頭腦清楚，那麼小心調整新結構的創造步調是非常重要的，因為如果我們過早採取行動或者操之過急，就會進一步的分崩離析，我們將不得不重新開始；這就像沙灘上的沙堡，因為潮流還一直在湧入而被沖走。

因此，「管理」重大跨越上升點的行運，其藝術就像告訴那些正在分娩的婦女——「用力呼吸，不要急！」這就是它的節奏，這個過程要求我們允許某些事物應時而生，以及可能要面對的外在變化。

14　請參閱 *Retrograde Planets: Traversing the Inner Landscape*, Erin Sullivan, Arkana, London, 1992.

跨越天底的行運

　　天底的行運有點類似傳統上當天底發生重大行運時，你認為你
會搬家，或者切斷與家庭的連結；但是，當我看到自己和別人的天
底行運，我看到的是，這個議題並不一定是關於表面意義上的搬
家，儘管可能是這樣。我似乎注意到，這個行運有時需要一段時間
的醞釀，所以在你行動或做出決定之前，行星可能已經有些過了
軸點。或者，如果你突然遇到某些情況，就像如果是天王星合相
天底，那麼它會花點時間迎頭趕上，並在新的階段中重新定位自
己。也就在天王星越過我自己的天底時，我想到了一個雙關語，並
決定天底應該稱之為「我沒有看到！」我不知道這個行運會有多深
沉，也不知道它會帶來多大的啟發。

　　因此，當行星跨越天底往下進入部族基礎、宗族基石及我們的
根源感。在一般情況下，如果是外行星經過天底，實際上發生的是
失去根源，或者失去你過去認為的根源──那些賦予你情緒上的安
全感，並從中汲取養分之處。因此，對於某些人來說，這可能意味
著失去他們所喜歡的租屋，它可能意味著失去了夢想中的房子，
或者因為工作而被迫搬家，或者因為一段新關係讓他們進入新生
活，使他們感覺失去以前的安全感；人們出國，或離開家，從過去
以為會給自己安全的事物中被迫連根拔起。這可能會走向更深、更
深、更深的層次，直到你在外行星跨越天底時，真的到達極為無形
及神祕之境。

　　請記住，這個領域自然是由巨蟹座守護，並且與感覺及存在有
很大的關係；因此可能出現令人驚訝的微妙之處。這不一定與你的

房屋有關，而是往往在天底的重大行運之中，你將有機會學習如何在不安全的情況之下「打造一個家」。這些行運所引起的情緒最初可能包括混亂、不安全感、未知、缺乏方向感、不舒服、流離失所的感覺。這可能會或可能不會呼應某個實際的遷移；但是，往往這種從過去連根拔起的感覺將會持續好幾年，並且需要在此領域中結束、解決和探索。往往與父親的關係也是其特徵之一。

同學：你會給這個行運多少容許度？

梅蘭妮：就上升而言，這取決於行星的移動速度，但我會認為是入相位之前的 5 或 6 度之內，出相位之後也是差不多的度數。這也取決於人，以及其出生時間的準確性！某些人很早便清楚地意識到即將到來的行運，因此沒有硬性的規定，特別是在諮商的情況之下。通常你可以從與客戶的對話中看出他們是否已經意識到，或有時候是透過已經在進行的事件看出行運。

對於所有軸點來說，當任何行星即將與之合相，可能會感受到一股強大的壓力；也就是在此時，最容易過早或不適當地將它具體表現出來，只是為了釋放壓力。當然，這也因人而異，但或許打個比方，如果你很想換工作或搬家，而就是沒辦法，這種「行動」或確切的說「狀態」可能是想要發生在另一個層面上，那麼我們首先需要的是接受及反思。在我的實際經驗、甚至在我自己的生活中，我見過很多這樣的例子；我提到與上升有關的「用力呼吸，不要急！」可以運用在任何軸點的所有重大行運中！

同學：在實際層面上，這會是怎樣？

梅蘭妮：實際上，這意味著要找到方法以幫助深度放鬆，這不

同於變得冷漠或放棄；而是一種接受的狀態，積極的去接受它。因此，例如：找一個你可以舒服坐下來、真正呼吸的地方！有意識的跟隨你的呼吸，把它帶到另一個層面。觀察軸點行運是一種非常有趣的盤旋，當壓力變得非常大時，或者如果你錯誤地引導能量，你的體內會產生驚人的緊張感，我認為天底和上升尤其是如此，但我不是非常確定。它會呈現出來或心理的外在症狀極為明顯；也可能正是透過留意這些症狀，你可以獲得足夠的內在來決定你生命的下一步，不管它是什麼。

跨越下降的行運

　　跨越下降的重大行運往往表現在實際的關係上，這可能會讓人非常激動不安。有可能是在一個人的長期關係迅速瓦解或引爆的時期，當我們無法再與一個缺乏共同成長的人維持關係的時候。下降的另一個問題是：「在關係之中，我是誰？」各種的表現皆有可能，我想到的是一個發誓再也不會結婚的人，所謂一朝被蛇咬，十年怕草繩，到了四十三歲的成熟年齡時，她放下二十出頭的決定，再次結婚；那是天王星跨越其下降之時，天王星往往帶來你最意想不到的事！

　　因此，認為天王星跨越下降無可避免地意味著關係的破裂，這是不正確的；然而，真實的情況是，行運將會極度挑戰你的習慣模式，並突然喚醒新的覺知。在我剛剛提到的例子中，這位女性放棄了她二十多歲時的否決，再次結婚；不用說，這是一種不尋常的情況，有很多不同於尋常的特點，而且是一個非常個性化及衷心的決定。這個行運也可能是一個帶著天王星能量的人進入我們的生活並

帶來震撼！這也是第七宮行運的一個奇特表現。如果是天王星的行運，可能是一群人，例如：占星師、政治活動家、那些有著革命企圖和堅定理想的人。

　　請記住，如果你的天王星現在正跨越某個軸點，海王星緊跟在後面，這將大大延長了行運的時間，並模糊一些問題。然而，僅就海王星來說，你可能會遇到某個或一群非常具有海王星特質的人，因此這可能是詩人、音樂家、藝術家、吸毒者、治療者、那些習慣於無形靈性世界、某種狂熱和精神渴望的人，以及這一切的欺騙層面。換句話說，你可能會發現自己透過與他人或人群的關係而接觸到海王星的能量。

　　再想一想天王星在下降點，我記得很多年前為一個女士解盤諮商，她的下降在射手座，當時正經歷天王星跨越下降的行運。她的本命天王星實際上是在雙子座，但落在十二宮合相土星；因此，天王星的位置非常隱蔽，她也並沒有向外施展它，事實上，她的生活方式相當傳統。當天王星跨越她的下降時，有一天晚上她和一些朋友一起去了酒吧，比平常多喝了兩杯，最後把剛認識的一個年輕人帶回家。他的年紀還不到她歲數的一半，頭髮上有綠色挑染，耳朵上穿著安全別針，皮夾克和褲子，以及所有的一切！他們在家裡度過了一個狂野的夜，而她丈夫已經離家一段時間，因此這不是問題。但是，她是一個責任感很強的人，一個擁有四個孩子的單親媽媽，這顆天王星的化身在那時進入她的生活，使她處於一個震驚的狀態，這真的很感人。她不想也沒打算和這個人建立任何一種長期關係，而他也完全不適合成為一個生活伴侶。但這個行運產生渴望性的天王星效應！從上到下撼動她的架構，她也確實再也不是同一個人了，因為這使她有勇氣從其他習慣中走出來，使她能夠平等

地對待自己的另一面（第七宮）——自己沒有活出的那種古怪及遼闊，並且去冒險。

　　如果冥王星涉及下降時，那麼在關係中就會出現一些非常棘手的事情，可能會失去純真或「盲目信仰」某個人。當冥王星跨越下降時，個人關係議題的發展或開始通常蘊含著權力鬥爭的重要元素；但是，正如同冥王星是一顆外行星，所產生的情況也可能具有集體意義。我想到的例子是一個經歷過各種奇怪巧合的人，在一個聲稱比白人更白的組織中察覺到嚴重的黑暗交易，一切應該與治療及人類福祉有關。有好幾年，他都冒著自己的生命和資源於危險之中，像一個無酬偵探一樣收集資料、試圖讓真相大白。請記住，第七宮代表低等法院；因此，有時候下降的行運將與法律有關。

　　當冥王星在下降時，人們可能會被正義和正確的議題所困擾，因為一切的事都不太對勁，或者不公平的狀況可能比平常更為明顯。這可能會發生在集體層面，但如果它表現在一段關係中，那麼很可能是每個人的醜事都被掀開了，並且無從逃避！同時，這個行運也可能是一種深層的轉化，我知道有許多人在冥王星靠近下降時開始從事療癒；因此，他們的人生旅途引領他們與他人建立轉化及治療關係。這可能會出現各種不同的方式，治療關係是一種方式，親密的夥伴關係是另一種方式。在現有的關係中，可能會發生深層變化，或者完全被摧毀，或者轉化並再生，或是以上的狀況都有。這個過程可能會持續很長時間，隨著冥王星到達第六宮的盡頭並合相下降而越來越劇烈。冥王星進入第六宮的序曲，經常包括身體的緊張，身體的問題也將開始顯現；而當它進入第七宮時，就是另一個階段的開始。

我們經常「自己把一切都承擔下來」，這便是第六宮的傾向，或者讓自己「低人一等」、處於劣勢；當某顆行星跨越下降時，可能會出現一種巨大的平衡推力。然後，發生在第六宮裡、與一高／一低有關的相對緩和性就沒用了，於是我們進入了戰場。在第六宮，我們有時可能會生病而不是面對人際關係之間的事情；但當下降受到刺激時，一扇門便開啟了一個新的、令人興奮的領域，在那裡我們發現自己確實是在關係之中。

跨越天頂的行運

請記住，第九宮是充滿可能性的地方，因此天頂行運蘊含一種非常有趣的轉變。請注意，任何有天王星和海王星在天頂行運的人，在這之前當然已經經歷這兩顆星在第九宮多年的刺激，包括1993 年的合相。我已經看到了一些例子，這個序列最終大都沒有落實，因為長久以來太過專注於潛力、可能性、未來展望，而最終能夠滿足天頂——讓事物具體成形的需求，以此方式落實。太多的運氣、機會和熱情可能會讓人難以掌握而形同以上的不足！隨著強大的第九宮行運，可能像是活在未來、或可能性之中。那些善於利用這種能量的人似乎是那些已經找到某種哲學和精神意義的人，無論是在深切的個人層面，或是呼應某些特殊教義，也或許是「與國外有關的」另一個第九宮的主題。

現在，由於天王星和海王星消融或爆炸的形式，部分的旅程可能是哲理架構和重要信仰的改變和重整。如果你緊握著任何珍貴的價值標準，這時可能需要放鬆一下，否則你可能會失去它；因此，在此第九宮領域，它要求我們要有很大的靈活性。你可能不

得不放棄長久以來的信念，或者你可能最終拋棄了半信半疑的想法，卻缺乏自己思考的動力；當天王星啓動第九宮時，你必須自己思考。將天王星稱之爲「個人主義」可能會造成誤導，因爲畢竟它是一顆外行星，我認爲它就像是一種電壓、一種共鳴，支持我們從集體及土星結構的嚴密之中擺脫我們的個性。

因此外行星行運接近天頂的這個壓力，可能是巨大的；有些人感到壓抑，強烈的抗拒改變；而改變從可能到成形，進入眞正的具體世界，轉變成現實的可能性。你們有些人聽過我之前曾用過這句話：「開悟之後，要洗更多衣服！」顯然，「開悟」是行運至第九宮的階段，然後「洗衣服」這件事發生在第十宮，因爲在那裡你開始做一些事情，那是你落地的地方。因此，天頂也是從火元素落實到土元素之處，從可能到現實，處理這種現實上的限制，儘管潛力是無限的，但是不可能表現出一切。

因此，當行星跨越天頂，爲求表現，你必須釋放所有的潛能，專注於外界並且實現你的目的及抱負。有些人眞的很喜歡這樣，覺得很滿足並充滿活力；但是那並不意味著你無法在「如果……不是很好嗎？」的這個層面上同時享受可能性，但是一旦行星跨越了天頂，如果你沉迷於這種可能性，直到它耗盡了你對當下的承諾，那麼可能會造成反彈。這種反彈會以沮喪消沉、或意想不到的障礙、拖延、限制的方式呈現；土星的功課旨在將一個人從未來帶到當下及現實。

同學：如果有人正好處於冥王星循環的四分相，並且正行運至天頂，而本命冥王星正好落在第七宮的起始處，這就像是一種「雙重暗示」，因爲牽涉到所有軸點。

梅蘭妮：這是很好的問題，謝謝你。你們都聽懂了嗎？這發生在中年過渡期，冥王星四分相本命冥王星、海王星四分相本命海王星、以及天王星對分相本命天王星。現在，如果有一個或更多的外行星已經落在某一軸點上，那麼此時你將會得到非常強大的活力。這也讓我想起了其他的東西——如果軸點彼此大致形成四分相，每當行星行經軸點時，所有軸點都會被拾起；這意味著你的出生地離赤道越近，就越有可能發生。

我也看到了一些例如冥王星在天頂以及天王星／海王星跨越天底的星盤，或者在其他軸點上這個主題的變化；出生於相當遙遠的北方，某一軸點在摩羯座，而之前的另一軸點落在天蠍座，便可能產生這樣的主題。不用說，當外行星同時觸及兩個或兩個以上的軸點時，通常意味著巨大的變化，有時甚至是許多事情突然產生徹底的結局。生命的一整個章節可能會結束，也可能是一個巨大損失和巨大收獲的時期，但這是一段漫長並經常是充滿壓力的協商過程，之後可能需要很長時間的哀悼，儘管對於一些人來說，這個行運大都在之前已經感受到了。

同學：你看不到立即的收獲。

梅蘭妮：不，你不一定看得到。你聽起來就像是有過這種經驗？

同學：是的。我確實有這個序列的行運，但還沒有結束，已經有十年了。

梅蘭妮：你發現這個行運對你最大的幫助是什麼？

同學：嗯，我的天底是金牛座，而且我必須學習從惰性中推動

自己，就像你說的自己「打造一個家」；我有金牛座自由放任的態度，繼續住在家裡也有經濟上的便利。

梅蘭妮：如果這樣可以，爲什麼要修正它！

同學：是的，但是當冥王星與天底產生對分相並合相我的天頂時，我開始更深入地看到所發生的事，以及這實際上是標價很高的交易；因爲我用其他方式所付出的代價，使我再也無法待在那裡了。

梅蘭妮：我喜歡你用金錢和價值的金牛座方式來描述這個過程。

同學：當天王星和海王星開始刺激我的上升，我意識到，我無法犧牲掉找到自己生活方式的需求，並且建立屬於自己的架構；這一切都非常實在，即使是權威的主題也是如此，我意識到我必須成爲自己的權威。

梅蘭妮：謝謝你，還有誰？

同學：我的上升點在天蠍座 13°，因此冥王星幾年前跨越了我的上升；之後，與我在第九宮的本命月亮產生四分相，這都是一段過程。

梅蘭妮：我可以問你 —— 你的行運冥王星現在有什麼相位嗎？

同學：它正與我在第四宮、雙魚座前面幾度的太陽產生四分相。我其實移民了，剛剛賣掉了我的房子，即將搬到美國。

梅蘭妮：因此，與第九宮的月亮有關。

同學：是的，當冥王星與月亮產生四分相時，我開始尋找更遠的他方、尋找我應該生活的地方；而它現在正與太陽形成相位，我暫時無家可歸。這感覺就好像這顆行星即使是跨越上升點，也是預告著中斷，只是行動現在才即將展開。

梅蘭妮：你的故事也是這個過程能持續多久的一個例子，你需要一段時間去真正學習教訓，並得到這個教訓，習慣這個新轉變所帶來的事，無論是什麼。

同學：我現在確實正在體驗失去，離開家一直是一個痛苦的過程，現在我必須釋放──就像放下這種失落。當我真正離開家，把一切都贈送出去時，我的經歷就像出生一樣。

梅蘭妮：這是一段很棒的經歷，感謝分享，還有誰要分享？

同學：你提出的──試圖在物質世界中做一些事的例子，對我並沒有用，這是我的部分過程。我所做的是類似的，但不同的是，我將所有的衣服都送出去了，你可以買新衣服，因為一切都不合身了，所以必須放棄。

梅蘭妮：上升點做為一種自我形象正在發生轉變，接續這個例子，如果你的心中有執念，這應該是一段內在的過程，那麼你將比較無法去處理你周圍發生的事情。

同學：我可以加一些東西嗎？就好像這個過程首先發生在其他層面上，但是內在的過程是發生在我賣掉了房子之後。

梅蘭妮：這是行星行運經過軸點之後，依序拾起其他行星的例

子；所以，你也可以看看當行運行星一旦跨越軸點之後，第一個產生的困難相位是什麼。

同學：在行運之前，感覺就像在準備落地；「強迫」這個詞太正確了，你被推入了一個意料之外的世界。

梅蘭妮：是的。當涉及軸點時，就好像你正在出生。

引導式冥想練習

介紹

現在轉換一下，下午的最後課程將集中在引導式冥想練習，我會和你們一起做。首先，我想知道這裡有沒有人不曾體驗過引導式冥想？有一些，好的，我會簡單地解釋一下。我接下來要做的是和你一起踏上一段半引導式的旅程，就像是參與一個想像的故事，這將會以軸點的學習內容爲基礎。

首先要做的是一個簡單的放鬆練習，這是一個坐直的練習，但要閉上眼睛，然後我會透過一種引導式的旅程來告訴你。這個練習非常重要的一點是，不要試圖強迫任何事情，沒有「正確的」回應方式，讓我的話、意象和隱喻，以想像、知覺、思想、感覺的形式爲你的內在體驗提供一種容器。

在今日，視覺影像不一定是眼皮後面的色彩中所看到的東西，很少有人以這種方式看到圖像；更多時候，它是某種感知，或

是一種進入腦海的短暫思想或記憶，這也可能是一種非常物質性的感覺。不要忽視任何信號，請記住，無論發生什麼，你都不會在這個練習中失敗！這只是一個機會，讓你去看看你的內在對於我告訴你的意象及故事會做何反應；因此，只要讓經驗盡可能展開即可。

這個練習的整個過程我都會與你們說話，之後我會留一點時間給你們，利用這一段時間我建議你們盡可能的詳細地寫下你的經驗。這是一件有趣的事情，當你做引導式冥想或任何閉上眼睛的功課時，事情在當時可能看起來很明顯，但是，當你今晚回家之後，可能什麼都想不起來了，這可能會令人很洩氣。或者你可能會回頭想想：「噢，對！我當時在想這棵樹；噢，我覺得這不太重要」，然後就把它扔了；之後，你可能會瞥見一絲重要意義，但可能再也無法重溫那種體會了！

那麼，現在將此練習當作是進入你的神聖空間的方式，並且相信其中所發生的事是註定在這個時間、這個地點、此時此刻所應該發生的事。如果這個練習對你來說真的沒有意義的話，那沒關係，只要待在你自己的位置即可，如果可能的話就繼續跟隨練習，保持內在覺知的警醒。任何時候想要退出體驗，只要慢慢睜開眼睛就好，注意不要打擾坐在旁邊的人；這個練習結束之前，不要站起來離開教室，可以嗎？有任何問題嗎？沒有？

同學：你已經沒有時間提到凱龍星跨越上升點。

梅蘭妮：對，沒有時間了，我不確定我會不會提到，但我會盡量。在之後的整理過程中可能會提及，我指的是引導式冥想的任何問題！開始了……

練習

讓我們開始吧 [15]。

我建議你們坐著，腳和腿不要交叉，把你的腳底放在地板上，讓自己盡量舒服一點。某些人可能想要靠著椅背，而某些人可能想要坐直起來，無論哪種方式，讓自己感覺中立，身體不偏不倚，盡可能的放輕鬆，現在就開始轉換的過程，漸漸意識你的呼吸……

感受一下身體坐在椅子上的重量，開始釋放所有累積於脊椎上一整天的壓力或緊張；讓自己慢慢地做一兩個深呼吸，然後把注意力集中在呼氣，讓它更慢一些……

呼氣、延長、延長再延長，呼出剩下的施力和凝神，讓自己沉浸在椅子上舒適放鬆的位置。如果你願意的話，現在把自己放在你內在的神聖空間裡，然後把你的注意力轉向內在……

讓自己享受坐在自己的神聖空間中的經驗……

現在我要你想像一下，你進入一種淺眠狀態，一種舒適、昏昏欲睡的睡眠，讓你想起溫暖的夏日午後或夜晚；所以，你進入一種淺眠狀態，進入一個幻夢，當你在夢幻中驚動一下，你意識到你在同一處醒來，但它不再是同一個地方。你現在處於有形世界背後的神奇景觀之中；你意識到，在這個神奇的景觀中，你坐在很像是一

15　要投入以上練習，請考慮錄下內容，以便使用暫停功能來調整聆聽速度。由於引導式冥想練習大部分是運用右腦（直覺）功能，所以在駕駛或者需要左腦（邏輯和實用）模式主導的情況下，不要隨便聽錄音。

個十字路口的中心，有四條路延伸自你所坐的地方。

現在，不知怎麼地，你知道在每一條路的盡頭都有一個大門，一扇門、或者某種入口。你在中間等著，然後你會有一種感覺，在這些方向中，有一方正在呼喚你，就像是有一個看不見的力量拉了你的袖子，或者是一股能量吸引你到那條路上。然而，信號是傳向你的，讓你受到招喚而踏上其中一條道路。

現在如果你願意，想像自己走在路上 —— 這條招喚你的道路——選擇你，走向今天的探索⋯⋯

而當你沿著這條小路走下去，注意一下路上的所有事情，它會帶你到什麼樣的地帶，天氣如何，這一條路上你可能遇到的任何一個人⋯⋯

也留意一下你的感覺，當你沿著這條路走下去，有什麼樣的心情？

然後，在不遠處，你開始看到某種住家，接受所有你看到的事物⋯⋯這個住家可能是任何的東西，從城堡到洞穴，或是地上的一個洞。

讓這個住家向你展示它的樣子，當你到達這個住家的入口之前，看清楚這個地方，它可能不是人類的住家，它也可能只是一處自然之所⋯⋯

但它肯定有一個入口，你在這個入口外面等著，注意入口的特徵，最後有人從這個你即將拜訪的地方走出來，不管它是什麼樣的地方，無論它看起來怎樣，有人來接你進去⋯⋯

　　一個像守衛這個地方的人來接你，通過入口進入這個地方……它可能是室內，也可能是戶外，無論是什麼，只要接受眼前出現的一切。

　　一邊走，如果現在覺得合適的話，就問問這個形體，或者這個人，他們是誰，他們現在可能想要給你看什麼……然後等待可能用言語或其他方式表達的回應。所以這裡有一位引路人，帶你進入這個地帶，現在讓你有機會再去多了解一下這位引路人，也看看有沒有什麼需要在這個時候知道的事……

　　（停頓一段長時間）

　　當你和引路人一起走，注意一些細節，你是在裡面，還是在外面？注意可能在周圍出現的所有東西、植物或其他人或動物，並繼續與你的引路人保持流暢的溝通，只要敞開溝通即可……

　　你可能會想問：「你為什麼招喚我？」然後等待回答，知道它可能會以任何形式回應，也可能不會立即得到回應；詢問你為什麼會被招喚至此，這個地方……如果你希望知道的話。

　　（停頓一段長時間）

　　現在開始準備回程，所以現在最後一次環顧四周。

　　也許有什麼，你需要看到，卻錯過了……

　　現在看看最後一眼，當你開始和引路人一起朝入口處往回走時，想一想你想送出的禮物。無論你想要給出什麼，你都會發現你擁有它，你卻可能已經忘記了它，或者它可能會在你需要的時候才會出現。你擁有它……它可能是一個物質性的禮物或精神上的天

賦。

現在，感謝你的引路人，引導你看到所有的一切以及你們的對話和溝通，並將你的禮物送給引路人……而他或她又回贈你一個小禮物，讓你帶著走出門口、回到另一個世界，所以現在讓自己接受這個禮物吧……

看看你感覺如何，讓它在想像中變得清晰，以便你可以輕易地記住，如果你願意，可以回想它。

現在你和引路人走到此處的入口，因為你將獨自踏上旅程，再度回到中心地點。你們相互告別……你表示感謝；現在你從入口處離開，然後沿著這條路走回到自己坐著的十字路口的中心，然後你再次在那裡坐下，帶你的小禮物。

坐下，集中你的注意力於地上、於地球上、感受頭頂上的天空，在你覺得可以的時候，開始從這個神奇聖地轉換回到教室、進入這裡及現在。

你可能想這樣回到當下：專注在身體壓在椅子上的重量，並意識到呼吸，然後一點一點地開始接受外面的聲音，慢慢察覺到身旁的同學，漸漸的讓自己重新定位，首先經由身體的感官，感覺下面的椅子支撐著你，然後再經由耳朵，聽到周圍的聲音。然後當你準備好時，慢慢地睜開眼睛，我建議先微微睜開眼睛就好，待在那朦朧的微光之中，現在給自己一些時間，寫下這個經驗。當你寫的時候，看看你是否可以描述這個經驗的脈絡。

（同學書寫的時間）

一些整理

對於任何想要跟我們一起分享部分或全部旅程的人，我會在黑板上只畫出你的主要象徵星，因為我們現在只專注在軸點上，所以我不會把整張星盤都畫出來；但可能發生的是，大部分的星盤都會成為你所發生的事或者這趟旅程的象徵。因此，我們只要用心聆聽即可，有沒有人願意這樣討論你的旅程？

同學：我看到一張我不太明白的圖像。

梅蘭妮：首先，大致上說來，在引導式冥想中，不管你是否了解其中的內容都沒有關係，這是一種與心靈世界相互交流的方式，並經常以理性思維無法理解的方式述說；而可能會經過兩天、兩個月或兩年之後，你便會明白，也可能都不會了解。我認為極大部分是關乎你自己參與這個過程，因為在我們的無意識中進行的事，有很大部分是無法理解的。

我不太了解榮格以下這句話，但是他顯然說過：人們所忘記的是，無意識就是無意識，而且一直都會是，因為更多的是這部分！完全沒完沒了。這種說法是一個很大的安慰，特別是如果你是一個真的需要了解事情的人，然後做了一個完全不懂的夢或想像。

而且，在那個旅程中，當你進入那個神奇之地，發現自己坐在十字路口時，那四條路顯然就是四個軸點；因此，你可能會發現，無論你踏上哪一條招喚你的路，那條路確實對應了你的某個軸點。

那麼，你可以用占星學為你的體驗提供背景，讓我們了解嗎？

同學：我的太陽在金牛座第七宮，天頂是獅子座。

梅蘭妮：所以你去了天頂獅子座？太陽的位置在金牛座第七宮。

同學：我的土星在天頂的一邊，另一邊是冥王星和火星。

梅蘭妮：它們都在獅子座？

同學：不，土星在巨蟹座，另外冥王星和火星在獅子座。

梅蘭妮：你能告訴我們一些旅程的事情嗎，你遇到些什麼事？

同學：我的旅程從小路展開，上坡有一條非常乾燥、白色塵土飛揚的道路。

梅蘭妮：我可以一邊註解嗎？你是否已經看到那裡的樣子？這是上坡──朝向土星的軸點，也就是天頂；這是一段努力爬坡的路，而天氣是炎熱乾燥的──這是火象──天頂的獅子座。

同學：在山的對面是一座建築，就像一處農舍，但後來我意識到那是更現代的建築。

梅蘭妮：建築（土星），農家（巨蟹座）……但是你意識到它更為現代化。

同學：是的，它有很大面的窗戶，你的視覺可以穿透過去、看

見建築物的後面及更遠處。

梅蘭妮：最近的行運天王星正對分相你的土星，而行運海王星也很快跟上，現在也幾乎合相了。但就你的星盤而言，你會如何連結呢？這個意象暗示了一些天王星或木星的特質，帶有一種願景、透明、空間、視野的元素，這些從何而來？這張星盤的木星就在上升點，並與土星形成相位；所以，首先是一棟大型建築物、相當寬敞，比你剛開始意識到的更為現代化。

同學：我不知道它的目的是什麼，我不認為它是農舍，看起來不太像。

梅蘭妮：你能看出你的星盤正在說話嗎？「我不知道它的目的是什麼」──土星在第九宮；「以為是一棟農舍……」第九宮的領域自然是由上升的木星守護，所以繼續說你的故事……

同學：最後，有一個穿著牛仔褲和 T 恤的年輕人來到門口，他看起來很像年輕的傑瑞・亞當斯（Gerry Adams）。

梅蘭妮：他的態度如何？

同學：非常平和，很可靠，並沒有不高興；但整個過程中，他一直是神祕莫測的。

梅蘭妮：以他對應火星／冥王星的人物如何？對於火星／冥王星，我們想起爆炸和暴力，因為我們大多數人都看了太多報紙！但事實上，在個人層面上更常見的是一種被壓抑的能量和強度，在大多數情況之下什麼都沒有表現出來，但是在表面之下卻暗潮洶湧。你還會如何描述傑瑞・亞當斯？

同學：威脅。

梅蘭妮：潛在的爆炸性、潛在的危險；但正如你所說，他也是神祕莫測的、不會冒犯或嚇人；實際上這非常具有冥王星特質。

同學：他有一張大眾臉。

梅蘭妮：就像天頂就是一張公眾的臉一樣，那麼接下來發生了什麼事？

同學：然後他帶我穿過走廊，還有一個遊戲室，我想著：「所以呢？我在這裡做什麼？」我問他為什麼來這裡，他只是聳了聳肩，沒有不愉快，但似乎這不是他的工作範圍，他的工作只是帶我四處看看，現在我明白這就是為什麼他不接受我的提問。然後，我們走下一些小的台階，我們位於極高處，像樹屋一樣的小平台。

梅蘭妮：所以事實上你在慢慢走下來，雖然還是在高處。

同學：非常陡，需要花很久的時間才能到達下面，當我們往下走的時候，突然之間好像我們已經在那裡了；前一刻我還在上面，下一刻我就到達地面了。蒼翠繁茂，並不是可怕的熱帶，有一條寬而淺的河流，美麗、寧靜、鬱鬱蔥蔥。

梅蘭妮：請注意，下降點是牡羊座，雖然太陽在金牛座，水星也在牡羊座；因此，火星守護下降點及水星。你要求他幫助你從這個過程中獲得一些意義，而他不直接回應你，這一點有些有趣，他只是聳聳肩說，基本上他只做好他的工作，也就是帶著你四處看看。記住，天頂是關於權威和權力的議題，也許他的態度是有意義

的；是不是他說的是：「事實上，我不是來這裡告訴你這些的」或是：「我怎麼可能幫助你這些，爲什麼是我？」

同學：實際上不止如此，他沒有不愉快，更像是他在告訴我這是我的問題，是我選擇去那裡的。

梅蘭妮：現在回頭想想，你怎麼解讀？

同學：嗯，我想了解這個過程想告訴我什麼，我完全不懂。

梅蘭妮：也許繼續這個故事吧，你是怎麼回來的？

同學：我們並不需要按照原路回去，而是繞過屋後；雖然我們爬下了所有的階梯，但只繞到後面便回來了，所以一路上都不費力，因爲我一下子就回到這裡了。

梅蘭妮：我還要提出兩件事：一個是關於天頂位於父母的軸線上，通常代表母親，這種情況可能會讓你看到你與母親之間的關係，其中未解決的部分，這可能影響了你對自己的職業、世俗上的成功、權威等等的態度。我想到另一件事情可能是：引路人的反應本身就是一種教導；換句話說，也許他的態度是暗示著：「你知道答案，不要讓別人來代答」。

同學：不要把權威交給別人！

梅蘭妮：確實如此，天頂問題的確圍繞權威議題，如果這個領域非常沉重，那麼如何平衡就是一大功課，因爲很容易承擔太多，或者想要設法擺脫、反叛或逃避權威的壓力。

同學：冥王星／火星的相位就像是「左右爲難、進退維谷的局

面」。我的感覺是，如果我表現出來，他們就會束縛我、把我壓下去；但如果我不這樣做，也是會被踐踏。

梅蘭妮：那是循環的一部分，無論冥王星落在哪裡，都會產生這種「左右爲難」的體驗，因爲除了轉化、臣服於未知之外沒有其他辦法。當涉及土星時，我知道你可以說：「對，我已經看到它眞實的發生在我身上、我的生活中，我知道這是它眞正的樣子。」我毫不懷疑，但是我也要說，一旦你發現「左右爲難的局面」，那麼你的確也已經進入轉化之境。

同學：這讓人感覺很模糊。

梅蘭妮：你覺得不清楚？

同學：我找不到它的關鍵是什麼……

梅蘭妮：好吧，由於火星和冥王星落在獅子座前面的度數，你很快便會體驗到行運天王星與它們的對分相，也許它們會提供你正在尋找的關鍵！由於行運天王星在第四宮，而海王星則跟在後面、並對分相第九宮的土星，所以你此時感覺有點模糊也許並不奇怪。海王星在後台造霧，就像是噴乾冰的舞台工作人員；這也是視角與視野的主題，用窗戶去思考你的房子。如果我們納入天王星在水瓶座對分相火星／冥王星這個即將發生的行運，然後你再想想傑瑞·亞當斯，那麼他是不是也在體現和表現出一種超然的態度呢？爲了讓這些能量轉動，你需要什麼東西？那就是行運天王星的交易籌碼。有一些我們不得不脫離的東西已經變成過於限制了，這就好像這個行運正在說：「放棄它、停下來、繼續前進、你必須放下。」你如何解讀不必再爬完所有相同的樓梯才回得去，而是一瞬

間你就到了的這件事？這是一個非常有趣的結局。

同學：我開始看到，也許我自己努力想要理解的是其中的阻礙是什麼，也許這些行運將是：信任那些不知道自己其實已了然於胸的事！還有一些關於我個人的權威感。

梅蘭妮：土星在第九宮——努力想要了解！也許海王星的霧伴隨著信念的消失——那些與自我了解有關的深植信念，而它正與第九宮的土星產生相位。也許你可以學會在沒有這種努力之下而「到達目的」，相信意義將會自然顯現，你內心的某部分知道。感謝你與我們一起探索。

還有誰願意描述他們的旅程？

同學：是的，我。我知道會有一個十字路口——我去了一棟美麗的小白屋。

梅蘭妮：可以將你的星盤給我嗎，那麼當你描述你的旅程時，我可以一邊做占星註解。

同學：那是很遙遠的地方，有一隻我認為已經被宰的小羊。

梅蘭妮：我現在要提出幾點，把這個意象轉換成占星學：摩羯座——山羊——在天頂上；牡羊座在上升點。「很遙遠」……幾年前，天王星和海王星都跨越了天頂——摩羯座13°。像這樣的強大的行運，就好像強壯的山羊成了犧牲的羔羊一樣，而這個意象也適用於牡羊座；因此，你的意象已經非常強而有力的地固定在你的兩個軸點上。但是還有更直接的事情，如果你檢視自己今天的行運，你的本命凱龍星在第十宮的摩羯座23°18'；而本命木星在第四

宮的巨蟹座 23°36′，這是一組非常緊密的對分相。而今天早上，當我們課程開始的時候，火星在牡羊座 23°39′，最近跨越了你的上升點；而在過去的幾個小時裡，也與這組對分相形成正四分相。你認為你去了哪個軸點，因為這已經暗示了三個軸點？

同學：我首先想到天底，然後我往上到達天頂，另一棟磚造、長型，沒有門的房子，窗戶沒有玻璃，很暗，我知道我必須通過窗戶進入；突然之間，我意識到這是一艘太空船，沒有生物或其他東西，我也並不害怕。我摸著牆壁很久——磚造的牆，它們是實心的，某個東西引導著我，我說：「你想從我這裡得到什麼？」他們說：「我們想把你從這裡帶走。」我說：「你是誰？」他們並沒有告訴我。我想：「他們就像侏儒一樣。」然後我說：「好吧，我現在得走了。」他們說：「你不能離開。」我說：「好吧，我會飛回來的。」然後，他們突然都變成了怪物。

梅蘭妮：然後呢？

同學：整個事情變成了一張黑色大嘴，一個黑洞，我並不害怕，但我感到身體不適，就好像我可能會死。我不得不飛回綠色的草地，回到原來的地方，我給了引路人一顆白色大理石和一棵白色雛菊，同時也要給我女兒。然後他們說他們會給我一些東西並碰了碰我的手臂，他們為它綁上一條藍帶，這將會給我力量；然後，回來之後感覺很可怕。

梅蘭妮：當我在聽你描述時，似乎有非常明顯的天王星能量。

同學：是的，在此經歷中的某一刻，我也是這麼想。

梅蘭妮：我們再來思考一下木星／天王星／凱龍星，這條軸線今天正好受到刺激；即使是落在巨蟹座，木星／天王星也是一組高電壓的組合，而且可能是強烈的情感。天王星代表的是電、震撼、意外、奇怪的東西、外星人；你甚至有一種空間的意象，太空船、太空生物、外星人能量等。在行運方面，不久以前，天王星與你的天王星形成對分相，而海王星現在也在那裡；換句話說，從行運天王星到本命天王星，你已經受到強烈的刺激，並且這個強大的改變能量長時間移動並通過摩羯座，它合相你的天頂，現在、最近，也合相你的凱龍星。

那是幾年前的事了，但是無論摩羯座在哪裡，我們都不喜歡改變，即使我們知道改變是為了更好。我們所有人都在摩羯座領域經歷了多年的強大行運，因為天王星和海王星曾經在那裡，有時候另外還有數顆星相伴。當摩羯座在天頂時，它真的是暴露在外，在那裡感到脆弱，並且不容易隨著改變而改變；摩羯座往往會進入「應付」模式及磨合、或緊張及中斷。所以現在壓力開始釋放，因為行運至摩羯座的所有軸點和行星都在結束。

我想你可能會釋放累積的壓力，也會開始感受到陌生、外星人、未知的東西。你的天王星與木星在第四宮，這可能反映出你正在經歷知覺上的改變，現在外在壓力正在消退。所有的摩羯座活動都是公開、暴露的，但這可能帶回家庭、第四宮你的私人空間，那也是你冥想結束歸去的地方。

同學：在冥想中我並不害怕，但我現在對於所看到的事感到驚恐。

梅蘭妮：是的，我注意到你說了很多次你沒有受到驚嚇，我記

得那一刻我以爲你很勇敢！我想知道你是否開始感覺到之前沒有感覺到的恐懼，因爲你不得不繼續前進？恐懼是土星「正常反應」之一，其感覺和釋放可能是一個非常強大的儀式過程。

在土星的位置或摩羯座行星附近，我們可能會「凝聚」恐懼，有時候只有當壓力開始釋放，事情平靜下來，我們才會突然感到害怕。當一切都還在發生的時候，你可能會過度驚恐甚至感覺不到恐懼；所以，你甚至無法意識到它，因爲如此一來，你將無法應付。當你更能夠感覺它，當事情和緩下來時，這種驚人的恐懼就會出現。我已經一次又一次的注意到這件事。這對你來說有意義嗎？

同學：是的，這感覺像是過去的事情，而現在我必須以某種方式去感受它。

梅蘭妮：另外，你的土星在天蠍座，在第七宮中與金星合相。如果我們把土星看作是我們對抗恐懼、保護自己的方式，但天蠍座是固定星座，所以它不會因爲恐懼而變得歇斯底里。剛開始它是勇敢的，具有一種生存本能，然後才會開始擔心和害怕，這就是你的行事；這也是典型土星在天蠍座的反應，除了它並不是一直在處理天蠍座害怕毀滅的深刻感受。如果可能的話，我建議你今晚多花一點時間感受這件事，不要把恐懼推開，但是也不必擴大它，看看你是否可以與之共處，透過它呼吸。

同學：我只想哭。

梅蘭妮：你是一個容易哭泣的人嗎？

同學：不，不是。我的意思是，我一直認爲我應該是，因爲我

的月亮在十二宮雙魚座。但與自己相比，我比較容易感受到其他人的痛苦，並為之哭泣；對於許多人、家庭，也對於其他人事，我無數次都想要堅強一點。

梅蘭妮：也許這就是你需要做的，就像能量釋放一樣，哭泣可能是許多不同事物的表現，你可能正在體驗一種積累多年的壓力釋放。此外，請記住，你的月亮落在雙魚座非常前面的度數；因此，冥王星現在正與它形成四分相，可能這正是有助於解除舊有恐懼所需要的。

同學：我從來沒有過──我的意思是，這麼多的意象。

梅蘭妮：它可能已經釋放了心理層面上的一些能量，讓你有感受的空間。如果再看一下今天的星盤，可以看到有幾顆行星正與你的海王星形成相位，所以難怪你的想像力如此活躍！今天月亮在巨蟹座對分相行運木星及行運海王星，它們正貼合我們所思考的木星／天王星／凱龍星這組對分軸線，並與你的海王星形成四分相；還有我們已經提到的火星；噢，是的，月亮交點軸線最近也跨越了你的上升／下降軸線，行運南交點在牡羊座。

同學：感覺像新的開始，但我不善於放棄過去。我的木星和天王星並沒有合相天底，但是當我十幾歲的時候，我們離開故國，來到英國生活，我們離開了一切，這是一個徹底的改變，語言也是。這對於我的母親來說是非常困難的，而我也過於年輕便成為母親，雖然我還不想要孩子，我設法應付一切，但很難。現在我看到她沒問題，感到如釋重負。

梅蘭妮：謝謝你告訴我們你的經驗。還有誰？

同學：我還在想著凱龍星跨越上升點⋯⋯

梅蘭妮：好的⋯⋯我來談談這個相位。請記住，凱龍星跨越上升點之前會經過第十二宮，與「祖先領域」的連結已經是一個非常凱龍性的主題；因此，當它跨越上升點，光線可能照映在祖先的遺贈上。這是關於從祖先過去的母體中區分出自己。人們通常對他們「更深層的過去」有重要的理解，這可能包括祖先的模式或「過往的生活」。這種上升不僅僅是我們需要「努力」的東西，而是對於「什麼事物正在被釋放」的一種洞察力；這經常是重要的區分，因為有時候我們可能會很震驚地意識到，我們已經實現父母或祖先未完成的希望和夢想的程度，或者實際上是盲目地重複相同的模式。

無論如何，凱龍星跨越上升點是一段覺醒與療癒的時期，並且往往也包含放棄虛假的自我形象，這可能會讓人感覺鬆了一口氣，特別是如果這包含「虛假的英雄主義」，其中我們相信我們必須堅強，讓其他人依靠我們等等。請記住，凱龍星著名的傷口是不小心由海克力斯（Hercules）造成的，一個原型英雄。因此，我們的上升的經驗和表達從更為遮掩、自我形式的能量轉變為更聰明、更富有同情心的事物，使我們精神上有一些「成長」，一點點！

我看到現在即將進入今天的尾聲，所以我要感謝你們大家如此完全投入的參與，並提出你們的問題和意見；我也希望你們能夠繼續處理在引導式冥想中的經驗，這將會有所助益。

謝謝！

第二部
月亮交點

　　此研討會是1996年11月24日心理占星學院（Centre for Psychological Astrology）於倫敦攝政學院（Regent's College）舉辦的文憑學分課程；本次研討會的文字記錄陸續增修，包含隨後在英國以及其他地方所舉辦類似主題之研討會與課程的講述內容。

介紹

　　我們這一整天將專題討論月亮交點，準備這次研討會的過程相當有意思，我對這次主題衍生的附屬資料量感到相當驚訝 16。不過可想而知，隨著今天的到來，我非得決定研討的進度，讓我們多少能談到星盤裡月亮交點的實際運用，以及與其有直接關連性的主題！所以有些時候，我們才沿著知識小徑向前多探索一點，就礙於時間的限制得往後退。今天，除了回顧一些熟知的月亮交點，我希望還可以介紹其它新的概念、可能性、技巧以及關連，讓你們在研討會之後能自行深入探索。

　　和往常一樣，我邀請所有人在學習任何新的資訊時，優先運用在你們個人的星盤上，看它對你們會有多少幫助。如果說占星學是一門深入認識自我的輔助，這意味著當我們學習各種關於行星之間相互作用的技術和觀點，進而瞭解它如何對我們的星盤與人生產生影響，最好是以個人的理解為基礎。之前參加過我研討會的人們可能聽我說過，這將是另一個「DIY 的一天」！17

　　首先，我想讓你們大致了解今天的講述內容，我會從約略講解一些天文學的概念開始，這對理解月亮交點來說非常重要。當你們研究一顆行星，天空中有一個「星體」在那兒，還有大量與它相關的神話、意象與占星傳統圍繞著它而生——數以千年來，這些行星相當明確的存在，更有完備詳盡的詮釋。然而，月亮交點並不是宇

16　衷心感謝英國占星學院的主任導師菲奧娜·格里菲斯（Fiona Griffiths）與我暢談月亮交點。同時感謝《占星期刊》（*Astrological Journal*）（1995-8）的編輯羅賓·希思（Robin Heath）所提供的圖表、實用的資訊及對天文學的見解。
17　在英國，DIY 是「自己動手做」（Do It Yourself）的縮寫。

宙中實心的「星體」，當你們開始思考月亮交點的運作，便會瞭解它們與行星截然不同……你們需要關注的是**介於星體之間的多重交互關係**。

　　講完天文學，跟著複習一些關於太陽、月亮與地球的背景資料，因為月亮交點正是由這三個星體之間的關係而組成。隨後，我們會介紹月亮交點的象徵符號及意義，當我們討論星盤中的月亮交點時，我會用一些方法來導引你們的注意力，同時協助你們透過自己的星盤，連動到內在自我探索的過程。我希望今天上午可以講解完大部分的實用資訊，接著進行小組的練習，稍晚還有體驗式的練習。我也會談到日月食，雖然那其實需要花上一整天的時間才恰當，這裡談到日月食時，也將一樣著重於資訊的實用性。

太陽、月亮與地球

　　好，讓我們啓程踏上月交點的旅途。我相信你們都知道，月交點是星盤中一條相對的軸線，有北交點與南交點，它們的符號很好區分，因爲北交點是向上指，而南交點是向下指。月交點的組成要素包括太陽、月亮和地球三大星體之間的關係，兩大發光體以及我們的「地球家園」！交點的位置是地球繞行太陽的黃道軌道，與月亮繞行地球軌道交會的所在。如果你們一直記得：太陽、月亮、地球，這即會向你們揭示月交點這條軸線蘊含的主題意義爲何，雖然它們也能超越這層意義，我們稍後會詳加說明。

均分點

　　月交點與均分點之間的關係很微妙，牡羊座 0° 和天秤座 0°，各自代表北半球的春秋兩季，在南半球的季節則相反。**均分點是在一年之中，太陽與天體赤道（Celestial Equator）交會的位置**，類似的**月亮交點，則代表月亮繞行地球軌道與黃道交會的位置**，上述兩者的交錯都帶有象徵「中間地帶」的意涵。

　　季節交替的當天晝夜均分的象徵意涵，也是我們研究月交點在星盤代表的意義中值得參考的概念，我們稍後會看到，**動態平衡**是月交點一個既重要又實用的主題。

淺談天文學

　　讓我們來看月交點的簡圖……

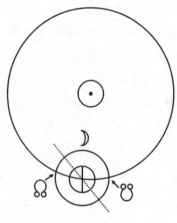

月亮交點——非等比例。

　　想像一下，這張示意圖是從你們俯視著太陽系的角度繪製，太陽在這圖的正中央，圍繞它的那個大圓圈，代表地球繞日的軌道。地球符號則是以正立十字為中心的小圓圈，環繞在地球周圍的那一圈，即是月亮行經的路徑。

　　基於幾個原因，繪製天文學的示意圖並非這麼簡單，首先，所有行星的軌道或多或少呈現橢圓形，同時也因為這些軌道實際上代表的是個參考平面。月亮軌道的平面相對於黃道大約傾斜 5°，因此交點軸線可以指向任意的方向，不單僅止於示意圖上顯示的那樣。

　　一般的新月是當太陽和月亮位於地球同一側時形成，而一般的滿月則是當太陽和月亮彼此相對，地球位於兩者之間時形成。同時，月亮將與黃道相距甚遠，換句話說，也就是位於月亮繞行地球上行或下行軌道的最遠處。

　　然而，取決一年之內時間的不同，地球相對於太陽的傾斜角度也會隨之變化，當太陽和月亮的位置來到黃道之上或其附近時將會形成日月食，此刻，太陽、月亮會與位於地球兩側的交點排列對齊。如我先前所說，稍後才會詳細討論日月食。我現在想先簡單描述月交點是什麼，主要著重在它們與日月食之間的關係，同時也讓你們明白，即使對它們只有淺薄的理解，也足以揭示其神祕與複雜性。這有點像在月交點的帶領下，我們超脫太陽系既有的結構，和我們以地球為中心的日月特徵，探索更大的格局。

實際交點與平均交點

其實，說到實際交點（True Node），並不是所有的星曆表都會將它列出來，它習慣來回曲折搖晃，有時順行，有時逆行，你們可以在 45 度圖象星曆上清楚看到它的移動：

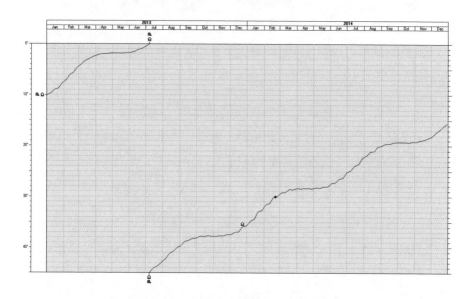

我們通常一直認為交點是以平均每天 3 弧分的距離逆行移動，但那其實是指平均交點（Mean Node），或是表示經過很長一段時間交點平均的位置所在。無論如何，實際交點會在周圍附近搖晃移動，距離平均交點差不多有幾度之遙。

我個人使用平均交點，所以今天我在研討會中提到的皆是指平均交點。不過我發現，如果你們正在研究的星盤，它的月交點位置非常接近一個星座的起始或結尾度數時，核對實際交點的位置將會

有幫助，因為兩組位置或許會有差異。同時，如果行運的月交點即將轉換星座，實際交點的位置可能會在早先或往後的幾個月轉換星座。同樣地，如果你們考慮與行運或推運的月交點形成相位的時間點也會有所不同。推運的月交點在變換星座時，實際交點與平均交點之間的差距甚至可以用年來衡量，這可是會變得非常有意思！除上述這些特別情況之外，我大部分是使用平均交點。而那些我所深入研究的星盤，我喜歡同時知道它們實際與平均交點各自的所在位置，這樣我能夠更加準確地觀察行運，因為它有時候會把啟動行運的時間範圍拓寬。

同學：實際交點是否有固定變換方向的規律？

梅蘭妮：如果你們翻閱星曆表，就會發現月交點主要是朝一個方向移動大約兩個星期，有時會更短，有時會更長，偶爾，它只經過三或四天，就迅速的變換方向。我知道當月亮朔到望的漸盈期間，月交點通常是逆行移動，在月亮望到朔的消虧期間則不是。但關於這點還有其它複雜的考量，包括月亮本身實際位置與平均位置之間的差異，這代表月交點往往不會規律的變換方向。[18]

再談天文學

還記得太陽、月亮和地球這三個星體，它們以各自不同的方式移動，這也是引起「**月顫震盪**」搖晃的起因。事實上，當你們越加思索，越會覺得太陽系並沒有支離分散的運作是多麼的不可思議！宇宙間存在許多制衡機制，讓太陽系以我們所知悉的樣貌維持

18　感謝羅賓・希思（Robin Heath）針對此主題提供實用的資訊。

完整，而在其中所有行星繞行的軌道是可以被預測的。這實在非常奇妙，而且藉由觀察月交點，你們會更加明白其中的奧祕。

　　舉例來說，倘若我們要試著用我們的簡圖來呈現月交點的移動，那麼，為了要正確的表現，我們必須也要把地球的地軸傾斜顯示出來，然而它傾斜的度數會隨著季節變化，也會根據在一年之內時間的不同，而有朝向或遠離太陽的傾向。同時，地球繞著自轉軸轉動，而月亮在繞行地球公轉的同時也會繞軸自轉，它自轉的周期與繞地球公轉的周期比例為 1：1。換句話說，月亮的自轉與地球同步，這使得我們從地球看到的月亮幾乎永遠是相同的一面。然而，當地球自轉的同時也因為它繞著太陽公轉，使得我們全年有溫度與光照的季節性變化。於是，月交點所注重的是太陽、月亮和地球三者之間的關係。

一些數據軼聞

　　我來唸一些讓你們大開眼界的數據！科學家們會定期上下修改這些數字，所以說真的，它們只是些「軼聞」而已，不過我手邊有最新一期的預估：[19]

　　✦ 假設在宇宙其他一切都靜止不動的前提下，整個太陽系正以每秒 12 英里（20 公里／秒）的速度，朝著武仙座 λ（Lambda Herculis）的方向移動。就是每小時 45,000 英里或 72,000 公里／小時。

19　參考 http://content.time.com/time/health/ article/0,8599,2114544,00.html 最後訪問日期：2014 年 4 月 19 日。（譯註：此連結於 2017 年已失效）

✦ 太陽（連帶著整個太陽系）正以每小時 4 英里或每秒 7 公里的速度逐漸往下離開銀河。它大約的位置是在銀河系中央盤面（Galactic mid-plane）上方約 50 光年處，估計兩者之間曾經在兩百萬年前交會。

✦ 地球為了達成每日自轉軸的旋轉，需要以每小時 1,000 英里（1,600 公里 / 小時）的速度轉動。

✦ 地球為了達成年度繞太陽的公轉，需要以每小時 67,000 英里（104,000 公里 / 小時）的速度前進。

月亮交點的奇妙定律

現在發給大家的這份講義，請拿一張後傳下去[20]。我們今天稍微偏離主題來探索這個子題，之後再回去談論主題。

你們看到這份講義是由羅賓・希思（Robin Heath）提供。他寫的幾本書都很值得一讀，其中最暢銷的一本大約是《太陽、月亮與巨石陣》（*Sun, Moon & Stonehenge*）[21]。我與羅賓有些很有意思的討論，之後他便寄來這組根據我們其中一次的結論而手繪的精彩漫畫。我把它重新編排，當做我們今天簡短探索的講義，幫助你們瞭解交點軸線在黃道帶移動的重要性。

第一排最左邊的圓圈是地球的鳥瞰圖，並以地球為核心。地球外圍的圓圈代表一年 365 天，太陽一年繞這圓圈轉一圈。如果你們的重點是北交點，從左邊數來的第二個圓，可以看到太陽與北

20　參閱本書附錄一。
21　羅賓・希思（Robin Heath）：*Sun, Moon & Stonehenge*, Bluestone Press, Cardigan, 1998

交點一年會交會一次。現在，太陽大約每天移動 1°，而月交點則往反方向移動，實際的計算方式寫在第三個圓的下方。很顯而易見，當太陽沿著黃道前進，月交點則逆行，往後倒退。你們看到右邊的這兩個圓，分別顯示太陽朝往一方前進，而月交點則是朝往另一個方向移動。

相對於黃道，太陽和月交點下一次將會在它們上次會合點的提前 18 天交會。你們瞭解了嗎？此外，月交點在黃道每逆行 1° 需要 18.618 天，同時，每 18.618 年為交點年（Nodal year），換句話說即是交點回歸（Nodal return）。彷彿這些說明還不夠，月交點通過黃道上的一個星座需要 18.618 個月，以上這些所有的資訊都讓我覺得好神奇。講義下半頁是關於**比太陽年（Solar Year）一年少 18.618 天的食年（Eclipse Year）或龍之年（Draconic Year）**，至於其它部分你們可在空檔時再慢慢研讀。

當我們研究日月食，有時會忘記它們實際上與太陽、月亮和交點軸線排列成一直線，羅賓的資訊也提醒我們記得食季（eclipse season）每一年大約會提前 18 天發生。在交點軸線貫穿星盤的特定度數區間內，太陽會依次與北交點和南交點合相。也只有在這度數區間內合相會形成日月食，而食季每一年會發生兩次。

同學：你說的「食季」是什麼意思？

梅蘭妮：我們之後會詳細解說日月食，但簡單來說，日月食通常成對出現，一次日食和一次月食，但順序可能變化不一。然而，儘管食季可能會出現一次以上的日食或月食，它們彼此之間一定會相距兩周才發生，因為日月食往往伴隨著新月或滿月。實際上，食季是從第一次的日食或月食前幾天開始，持續到這個食季中

最後的日食或月食結束之後的幾天。

占星符號

太陽和月亮在傳統占星學中被稱為「主要的光源」或「發光體」，假設你們同樣以這個概念看待它們，再結合地球，便能瞭解為什麼交點軸線象徵的意義會與肉體的受孕或賦予實體（incarnation）的主題有關連，經由相對的二元雙方結合而有的產物，男性與女性，父親與母親，在這裡藉由太陽與月亮為象徵。

占星學中所有的符號都是由非常簡單的元素組成，像圓圈、點和線條 [22]。我們的符號像一套天體的字母表，有象形文和岩石壁畫……而我們有占星符號（astro-glyphs）。我們會像盧恩符文或某種語言一樣的解讀它們，並由它們的形體獲得直覺。例如，圓圈象徵一個整體，代表精神的完整性，或那些尚未具體成形的一切。

正因為圓圈囊括「萬事萬物」，它也象徵那些已經存在了的形體。圓圈的本身是一個容器，既廣納虛無空間，也象徵了全體。占星學的太陽符號由一個圓圈與中心的一個點組成，藉這符號指出太陽具體呈現了光線的火花，反映出一個從根本上無形無影，更為宏大的完整性。從物質層面，位於太陽系核心的太陽，是我們在地球上獲取大部分生命能量的來源。從靈性層面，我們可以想像自己被一個本源隸屬於浩瀚無名光源的微小火焰或光點所激活，賦予了生命。

22　請參閱本書第一部分，說明圓形星盤上的四個軸點實際象徵的意涵。

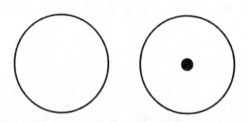

　　占星學的說法中提出，太陽和我們的太陽系圍繞著一個更大的中心旋轉，它是我們整個銀河系的核心，即是銀河中心。事實上，我們正從銀河某條螺旋形的星臂中外移，我相信你們都有看過這類相關的圖片。宇宙也還有許多其它星系的存在，所以很有可能我們的銀河中心是繞著另一個較大的星系中心旋轉，而它也可能圍繞著另一個中心旋轉，依此類推，進入了「多元宇宙（multiverses）」的領域，而非僅止於「幾個宇宙（universes）」之間。再回來談我們謙遜的太陽，它就像是鏡頭，或者說是稜鏡，透過它我們可以看到從更大的整體中折射出來的光線，而我們實際上深植於這個更大的整體之中。

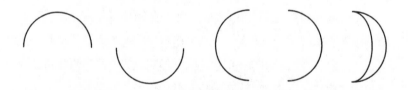

　　半圓形據說是靈魂的符號，因為它有兩個端點，象徵著二元性。它也是一條帶有起點和終點的線，但跟圓形不同的是，圓形沒有起點也沒有終點——它是一條沒有盡頭的線。因此，圓形象徵著永生不朽，永恆，或永遠持續的事物，說真的，它超越了時間。不過半圓形的這條線，有一個起點，有一段中間，與一個終點，所以，它象徵了暫時性，並較接近世界的形式，因為就像其它所有的

形式，都有起點、中間，與終點，它們有時間的期間，和空間的維度範圍。

你們可以根據你們繪製半圓的方向，把半圓形當成正在接收。當它直立時，在我看來就像是一隻耳朵，或一個回聲的符號，代表著聆聽。它也可以被畫成向下彎的半圓，像一把傘、一個蓋子或一個能夠傾倒東西的容器。從向上彎的方向，它就像一個裝東西的碗，攪拌碗、水果盤、裝盛麥片粥或湯的碗，所有的這些象徵都意味著接受、回應、給予。半圓也意味著交換，但圓形則沒有這個意涵，因為圓形的線條並沒有中斷，它本身就是個整體。

占星的地球符號是在一個圓形之內有正立的十字交叉，可是不幸的是，這符號常同樣的用來表示福點，不過，你們現今較常看到福點的符號是兩條斜對角線的交叉。

如果將地球符號疊加在太陽的符號上，所得的圓圈中間依然會有個點，但也可以把它想成是在顯示月相循環的不同階段，也或許

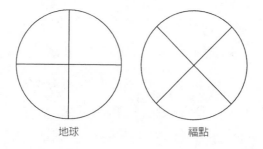

地球　　　　　　　福點

是根據你們觀看月亮所在地的緯度而顯示的月亮傾斜度。所以，所有象徵太陽和月亮的符號都隱含在地球的符號之中，反之亦然！

所以，月交點的符號代表了什麼呢？就如你們所知道的，它由

一條線組成，環繞著它自己，在線的兩端形成兩個小圓圈。它像一個剖開的圓圈，兩端自行纏繞。你們的看法如何？

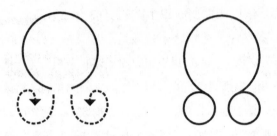

同學：它看起來有點像獅子座的符號。

同學：我看它像一個入口。

同學：或是花園裡的拱門……

梅蘭妮：回顧我們最主要的象徵意涵，如果你們把圓形當成象徵精神的完整性，可這裡的圓形被剖開，有點像是攤開來的。或許我們可以將**月交點當成象徵通往超越個人層面，但也包含它的較高意識之路**。

同學：月交點被稱為龍首與龍尾，我剛看這符號就像一條龍。

梅蘭妮：哦，是的，當然，我從來沒有這樣想過！事實上我們稍後會探索龍的形象。當我想跟一位不熟悉占星學的客戶談到北點時，我有時候會將它稱為「耳機的圖示」！我一開始用這個比喻只是因為它看起來像那個圖案，後來有一天我恍然大悟，這或許正與北交點有關而有它的道理。那是一個我們接收並按照「隱形的指示」行事的地方！指導靈藉由無線電或電視廣播與我們取得連

繫，就是如此！

你的地球星座

　　愛麗絲‧貝利（Alice Bailey）系統中的奧祕占星學派將地球的位置納入考量，它準確的位於太陽的正對面——這概念大概是從日心占星學派（Heliocentric Astrology）借用而來，由於這學派是從太陽為中心的角度來描繪天空，太陽當然就不會顯示在星盤上！當我們研究月交點，考慮它們在星盤中與太陽和月亮之間的關係，它們的意義會跟著被擴充。我請你們也一樣，將「地球的位置」納入考量，我認為你們會對它能提供的深刻見解感到驚訝。

　　如果你們想一想，太陽，做為所有光線的來源，同樣也是主要投射陰影的星體。一輪明月雖然也會產生陰影，但兩者製造陰影的質感有很大的差異，在月夜世界，某些陰暗的夜晚，往往會讓事物變得更加朦朧、交融在一起。而且無論怎麼說，月亮的光芒都是從太陽的反射而來。當太陽照射一個物體或一個人，陰影會直接與他們身後的空間相連，或落在地面上。這也與心理學的「陰影」概念有關，代表當你面對著有意識的意圖之光時，你可能沒有看見或不知道它投影在你身後的是什麼。有一些文化對影子相當崇敬，據說傷害一個人的影子可能會使他受傷，甚至致死。也有民間傳說講述那些失去影子的人們必須踏上找尋的旅程，讓影子再次歸位。這個失落靈魂（soul）的寓言，與心理學的陰影概念相呼應，我們為了保持平衡與完整性而需要陰影的存在。它通常被認為包含了心靈（psyche）中較為古老的層面，一個可能會被自我（ego）恐懼的層面，或者是人格中較能「適應」的地方。

從占星的角度，上述的一些描述，會反映在你們太陽星座正對面的星座上，也就是你們的「地球星座」。地球星座的特質可以錨定、穩固與支持太陽星座，就像身體的影子會落在地上一樣，心理的陰影可能需要落實在生活經驗的基礎上，才能被看見、被暸解。

同學：你怎麼運用星盤中的地球星座呢？

梅蘭妮：首先，單純將它納入你們的覺察範圍。舉例來說，要記得任何會影響太陽的行運，也同時會影響到地球。其次，若你們想探索自己星盤的地球，回想一下你們與自己太陽星座對分星座之間的關係。許多人至少會跟一個在太陽對分星座的人建立重要的關係。這段人際關係可以是任何種類的，但要有明顯的共鳴與引起深思特質的才算，往往像一面映現黑暗面的鏡子，或帶有引人入勝的魅力。我們能清楚分辨自己與對方截然不同之處，但與他們相處時，卻有種好奇與主觀的相似感。月交點本身對我們的人際關係有極大的影響力，在某種程度上會形塑你的人生，對你產生強烈的衝擊。

第三，這也說明了任何與太陽對分的行星，將會與地球合相。這觀點對接下來的說明相當重要，也就是：在木星之後的每個行星，當它與太陽對分時，將會轉為逆行，導致該行星原有的功能變得內斂 [23]。一個與太陽對分的行星在逆行的同時與地球合相，因此也與陰間地府相連，恰如許多神話故事裡，照字面意思描繪出的地底世界（underworld），所以它是「在太陽的陰影之下」。我們

---

23 深入探討這一主題，請參閱艾琳・沙利文（Erin Sullivan）：*Retrograde Planets: Traversing the Inner Landscape*, Arkana, London, 1992.

可以想像一個與太陽對分的行星試圖與地球建立連結，而位於其「下方」的，即是爲了讓我們的太陽閃耀發光而必須行經的陰間地府。理想的情況是，在那裡的行星將支持與鞏固太陽，與它相關的主題必然會顯現出來，好能夠被「接地落實」。你們也可以確認自己地球星座的守護星（ruler），若要有更全面的瞭解，可探索其定位星（dispositor）的星座與相位。我們的地球星座也可以說是遮蔽我們太陽的品質、經歷與生活模式的代表，而它似乎會妨礙我們表達自己的意願，如同在太陽前方飄動的雲朵。

在奧祕占星學派，據說地球守護射手座，據我理解，這是指要將志向抱負與世俗生活串連起來，藉以落實願景的過程。我把這點留給你們去深入思考。講到這裡，這是這條路上的旋轉門，要我們：「到此爲止，別再前進」，不然我們會偏離核心主題太遠！到目前爲止有任何問題或意見嗎？

同學：我的太陽是金牛座，代表我的地球是天蠍座。可以用它們舉例說明這個概念？

梅蘭妮：談到太陽金牛／地球天蠍的組合，能讓金牛座達到平衡，進而穩固他們非常樸實、有時不知變通、固執與高度專注精力的方法，是藉由一種包含情緒細微差異與複雜度的內在運作，它能在天蠍座身上找到，只是他們有時會在壓力下爆發。讓我說的稍微誇張一點……這不一定是在以你爲例！在金牛座頑強、可靠，甚至乏味的外表之下，他們**需要相反的存在**。這並不是說金牛座**具備**這一整套無意識的特徵，然而對分的星座就像一個我們想要抵達、想被模仿借鏡，進而感覺到完整的地方。就像影子落在地面一樣。金牛座是第一個土相星座，非常認同形體（form）與結

構（formation），但天蠍座由冥王星守護，是蛻變——**轉化**結構（Trans-formation）之王，或者說當他們承認了形體本身的過渡性質，即能釋放對它們的依戀。這就是彼此間帶有磁性的吸引力，或至少是一種可參考的角度。這樣解釋對你有意義嗎？

同學：是的，確實如此。我和天蠍人有過幾次非常重要的關係，而且我容易受星盤中有天蠍或冥王星主題的人的吸引，即便他們的太陽星座不是天蠍座。

梅蘭妮：這些關係在什麼方面是重要的呢？

同學：嗯，其中一位天蠍人說我處理事情時，會試圖把高山變成鼴鼠沙丘（譯註：意即大題小作），不過我當然認為他才是在小題大作！我想我從另一位天蠍人學到的是不可以忽視感覺，尤其是令人不愉快、造成不便，或者製造了混亂的感覺。我想我還挺滿足的，「只求生活安寧，其它怎麼都行」的這句話，就足以形容我！

梅蘭妮：多麼妙的象徵啊——鼴鼠沙丘（molehills）與高山（mountains）！

另外要記得，地球其實是有生命力的，有自己獨特的智慧，生態系統和平衡機制。這是我們自然的家園，不過我們對於偉大的大地女神蓋婭的神聖崇敬，在過去幾個世紀裡，被合理化統治與開發地球的哲學推翻而打入冷宮。現在這觀點已開始轉變，諷刺的是，我們要感謝大眾科學，才能再次瞭解地球是個有生命力、脈動與呼吸的有機體。當你們將地球納入星盤的研究時會產生兩件事。一方面，你們肯定我們所居住星球的神聖性，每當研究一張星

盤，你們就滋養了這個概念。另一方面，一旦將地球納入星盤，你們也跨越了地心論的限制，也就是指當初星盤完全以地球為世界中心的設計根據。

在研究月交點時，也請注意，它們代表地球在同一時間處於兩種不同角色或位置的所在。地球一方面位於月亮軌道的中心，同時也在太陽的外緣繞行。這裡月交點象徵另一組的二元性相對：中心與外緣的關係。我們也只能快速談一下這個部分，但足以說明天地萬物的創造原則似乎都是依據這二元對立的動力關係，想一想……太陽系、細胞世界，亞原子微粒世界都證明了這一點。[24]

太陽、月亮與地球的象徵

再花點時間來談太陽與地球之間的關係。在埃及神話故事，傳說太陽神拉（Ra）每天行駛他的太陽船，白天航行天際，夜晚穿行陰間杜埃，他的溫暖與光明會隨著入夜而跟著消褪。其它的神話故事也同樣以太陽橫跨天空之舉，做為英雄之旅的象徵。當夜幕低垂，英雄之神必須與龍作戰，或要擊敗想將他圈鎖在陰間地府，竭力阻礙他日復一日在黎明的復甦，重新出現東方天際的敵人。基於人類的想像力，日出與勝利有深厚的關係，一旦克服了危險、潛在致於死命的力量，並戰勝光明與生命的敵人，便能安全地重生[25]。透過天文神話的視野，看到太陽英雄經歷象徵死亡、復甦、掙扎跨

24　這主題在梅蘭妮‧瑞哈特（Melanie Reinhart）：*Saturn, Chiron and the Centaurs: To the Edge and Beyond*, London, 2011, 151-6 頁，有深度的探討。讀者也可以參閱法蘭西斯‧J‧穆德（Francis J. Mott）的研究，特別是他兩本著作，*The Nature of the Self*（2012）與 *Mythology of the Prenatal Life*（2014），皆由 Starwalker Press 出版。
25　請參閱本書第一部分，上升／下降軸線象徵符號的討論內容。

越臨界點的磨難和試煉，從而能在白晝世界重生。即便太陽在白天橫跨天空之後會消失蹤影，它的形狀維持不變，除了日食或被雲層遮蔽，不然它看起來都是一樣。因此，它是永恆的象徵與典範，雖可能逝去，卻在每日黎明時分，絲毫未減的新生復活，雲朵飄來散去，夜幕降臨升起……而太陽依然存在。

我們從另一個角度談這個象徵，太陽是最主要的光源，沉浸於黑暗之後更新。而黑暗的光源當然是指月亮。和太陽相較之下，月亮的形狀持續變化。事實上，倘若你們經常觀看月亮，就能看得出它每晚的差異。它升起和落下的時間也變化得相當快，使它的出現和消失就像是地平線上的點一樣。真的很神奇……對我來說感覺它像在替地球編織一個防護網。所以，月亮象徵形體的改變、出現和消失，但如果你們觀察一段時間，就知道它還是有它的節奏和規律，隨著時間推移顯現出恆久不變的特質。你們看到它與太陽之間的對比嗎？會形體變換的月亮其實象徵著一個萬事萬物都會轉換形體的世界，也囊括我們在其中。從我們還在子宮，非常微小時開始，即以驚人的速度成長，持續快速增長一直到青少年時期；最終隨著年齡的增加，我們的身形可能會變矮或佝僂。所有的形體都會像月亮一樣，歷經滿盈與消虧階段。

因此，月交點象徵太陽和月亮之間互補相對的關係，它們追求體現的方法或它們是怎麼形成的。這也涉及了它們與地球之間的關係。我們可以將太陽看作是「父親」或男性，將月亮看作「母親」或女性，將地球看作是「孩子」。月交點顧及這三個星體的結合，也象徵著我們經由與養育雙親的互動，進而超越了親生母親或父親的形象，隨著時間的推移，累積人生經驗以及與權威人物的連結而改變了我們的形象。我想這或許是月交點有時候被稱為「命運

之軸」的原因，它們帶領我們超越我們的本源，穿越人生旅途中必然會遇到相對的情況，透過內在煉金過程的逐步改良，使它們更**趨**完善，如此一來，原型和靈性層面的男性面和女性面能相互連結、合一和分離。由此誕生的「靈性的地球小孩」也許是讓我們成爲獨立個體的基礎。

月亮

現在我要簡單的複習星盤中太陽和月亮的象徵意涵，了解它們對交點軸線的學習很重要。先從月亮開始，它顯現我們融入與適應的地方和方法。由於它存載了我們的習慣與情感模式的由來，因此能因應外在的世界產生回應和引起反思。讓我們能在它之中退隱、憩息，有時我們自然而然地就會這麼做。本能的反應也與月亮有關，用以激勵和支撐我們人體防禦機制的第一道防線。關於滋養的主題，像是照護我們自己、他人和我們在世界上的生活，以及關於居家、地方和歸屬感的主題都與月亮有關。從月亮的角度來看，基於我們對退隱的渴望，使我們擁有周期循環的敏銳度，知道什麼時候該漸圓變大，或何時該縮減變小、應該休息還是該活躍。如果一切順利，這種周期性的智慧會內建在我們星盤中月亮的所在，還會呈現在我們一整個月中與月亮周期眞實互動的關係裡。正是藉著月相的智慧，我們知道什麼時候該休息，什麼時候該適可而止，或者何時需要某種特定的食糧，不管它是供應給身體的、情緒的、精神的還是靈性的需求。如果你們想一想，在基本的物理層面，我們大致都需要相同的東西才能生存：食物、水、溫暖、庇護、人與人的接觸。然而，一旦我們考量的不光只是求生

存，而是爲了讓我們春風得意的「靈魂需要」，就會因爲每個人需求的差異之大而變得非常有趣。這些「靈魂的需要」便是月亮代表的意涵。

舉一個很明顯的例子，如果你的月亮在巨蟹座，當有一種親密、親近、形影不離、延續和親暱的感覺時，就會感到快樂和滿足。但若你的月亮在水瓶座，可能會有點矛盾，雖然想要這種親密關係，可你需要和感覺自己必須同時擁有個人的空間，無論這句話的意思是什麼。對一些人來說，它等於獨自生活，對其他人來說，則是定期要從主要關係中抽出時間給自己。你必須找到屬於自己的方式，而這種對空間的需求就像任何本能的需求一樣。對於月亮水瓶座而言，擁有**精神自由**的需求，與月亮巨蟹座收集家庭照片給下一代看的需求一樣重要。

月亮有一種以本能反應的方式，從好的方面來看，它是我們可以妥善運作的本能，獲得滋養和安全感。然而它說不定會被我們早年與母親關係的品質而掩蓋。月亮是我們與母親互動的經驗，因而透露我們基於對他人、滋養和親密關係的期望，所形成一個整體的關係模式。它也讓我們像一個母親一樣，無論你有沒有小孩，月亮會教你如何運用這個本能，或它如何與你互動。你怎麼從不同的層面給予和接受滋養，包括給你自己。還有要怎麼做到「自我養育」與照顧自己。

例如，月亮在牡羊座是我所謂的「動物母親」。我不知道你們有沒有看過母獅和她的小幼獅們玩耍的電影？她會靜靜地躺在那裡，幼崽們看來很自由的在空曠的地方玩，但是如果其中一個變得不守規矩，或者掉入危險，她就會猛撲過來，把牠們推回到安全

的地方。月亮牡羊座的母親具有非常強烈的戰鬥本能，是保護年輕、脆弱、無辜的代表。她們會竭盡全力的戰鬥，以確保她們的幼崽，她們的孩子，她們的創意專案，或任何她們正在培養事物的安全福祉。

我想再說一些關於「自我養育」的事，這也是月亮代表的意涵。我們可能會發現，我們供給自己的能力，無論是在身體還是靈魂層面，都受到我們與母親關係的潛在模式影響，而確實，有很多的療癒能透過這種方式發生……你有問題要問嗎？

同學：我們與母親的經歷，和我們表達母性的方式，血脈的傳承延續——它能怎麼改變呢？

梅蘭妮：要超越我們經驗的第一步是認識它。舉例來說，假設你覺得你會成為現在這個樣子，是因為你母親做了、或未曾做過 X、Y 和 Z。儘管從某個層面來看，這說法可能絕對正確，但卻也不盡然是事情的全貌。讓我說一個月亮在牡羊座的真實故事。這個人，她的月亮與海王星對分，她會因為別人表現出的憤怒而感到緊張，實際上她做了很多安撫別人的事。她的母親是一個情緒容易激動的人，經常會先以生氣來表達情緒，她母親的激進讓我的客戶在小的時候很緊繃和沒有安全感。很久之後，她開始意識到母親的這種激進，並不像人身攻擊那樣有侵略性，而且往往是她的母親為了要積極的保護她，變得過度情緒化。她母親只要一焦慮和擔憂就會開始大聲嚷嚷或情緒爆發，這讓她感到害怕和受傷。她也逐漸意識到，她母親並沒打算咄咄逼人，那只是她的習慣性反應，這反應可能源自於很久以前的過去。她也有很強的保護本能、善意和激情。然而，這所有的火元素讓我的客戶起初寧願認同於她的海王

星，也不想接受她的月亮。一直到後來，她被迫為了自己的孩子放下這種身分的界定，必須學習以細緻的方法來表現月亮牡羊座。她做的其中一件事就是組織一個遊戲小組，讓牡羊座的活力和主動的特質獲得良好表現的機會，而海王星的細膩和想像力也得到正面的出路。

清楚辨認事情正在發生的情況，是超越它的第一步，但是要藉著放手釋懷，而不是要試圖強加改變。記得，從月亮的角度，要超越已知的情況可能會有阻力，因為月亮講求延續性和安全感，所以對於熟悉的事物會產生強大的拉力。當天空中的月亮經歷過它的變化，就算消失，卻總還是會再出現。這個絕妙的比喻可用來代表一個「夠稱職的」母親內在形象的進展：她可能會改變，她可能會離開，但她總是會再回來。這不也就提醒你們，當你們認為已經將某件事物拋下，它看起來消失了，接著它又揮之不去的再次出現？雖然它未必全然一樣。只是，當你們越試圖想要改變某樣東西，從月亮的角度，它就越是保持不變。

同學：有些人會採取不一樣的做法來反抗他們被教養的方式。

梅蘭妮：是的，確實如此。有時候你們可從星盤中看出這個傾向。我想到了一些相關的案例……有一位女士，她的冥王星與天頂精準合相，還有許多與固定星座形成的四分相，表示她專注的讓自己做到這點，而且似乎做得還不錯。另一位女士的凱龍星位於十宮，與月亮金牛座形成四分相，她和母親之間的相處非常困難。不過，她的月亮與金星巨蟹座互容，她發現當她有了自己的孩子，她內在的資源並沒有因此受到侷限。有趣的是，你們會發現傳承而來

的負面情況和正向的結果經常都由同一組相位所象徵。從我舉的第一個案例，冥王星精準合相天頂的情況，是將從她母親而來的巨大壓迫和消極負面，蛻變成為一個承諾，這種轉變非常符合十宮的特質。強烈的冥王星經驗，使她專注於內在心靈的演進，不願意只是在重複舊有的模式。例如，當她的大女兒到了青春期，雖已有過多年的心理分析，這位女士又再度接受治療，幫助她分離和再次處理當年面臨困境的記憶。

另外，她的月亮在水瓶座落於天底，你們可以看到她在天底根源的困難相位，因為積極正面的月亮而有了轉變。她體驗過她母親的壓迫、控制，還同時交替著來自月亮在水瓶座，相當冷淡和拒絕的特質，與來自冥王星在獅子座那喜怒無常、消極負面，有時像火山般的樣子。她的父親雖然很和藹，卻很有距離，她渴望能與他有連結。由於意識到她自己也有類似的傾向，她得以採用不同的方式來表達這組對分相。她的月亮水瓶座熱愛並藉由占星學幫助她理解與探索自己，也去研究她孩子們的星盤。她在孩子的學校變得相當重要，許多家長會來和她談他們關心的問題。這非常具有水瓶特質——與群體、網絡、社會制度有關。她的教養作風確實很開明、不受限制，透過對自己心靈的探討，她培養了對孩子的成長與正直的高度信任，並學會不要過分殷勤與焦慮的干涉以達到她的目的。

月亮呈現我們的信任與不信任，同樣也表現我們和其他人一樣的地方，也是我們觸及自己和他人共同的人道精神所在。月亮掌管消化系統，故也顯示我們處理個人經驗的作風。這點很重要，因為若沒有處理好個人的經驗，便會造成情緒或精神上的便秘，就像沒有經過消化的食物引起身體的不適。舉一些簡單的例子，若月亮在

雙子座，你可能需要講電話或與朋友見面談話，去創造一個眞實的經驗，仔細思索後將它內化吸收，而且還會需要來自於其他人的意見，彼此間的一段對話，或寫進日記中的紀錄。倘若沒有做一、兩個這些方法，便會心神不定。月亮在天蠍座可能會獨處沉思，或者確保其他人都清楚知道他正糾結於一個情緒狀況，可不見得會去談論它。在這情況下，倘若有人試圖貿然的把他揪出來，不僅會造成不安全感，還可能會遭到蠍子的毒刺。月亮在處女座可能會讓自己忙得不可開交於處理各種實際的事務。做到以上這些的最好方法，是能帶著覺知，給自己時間和空間，讓處理過程自行進行。就像我們不必去覺察食物的消化——除非我們刻意干預，身體自然會替我們處理！

太陽

接著，我們來談談太陽。星盤中的太陽反映出一種最根本的自我創造的渴望。但這到底代表什麼意思呢？由於我們的文化非常注重個人的作爲，當我們使用「個體化」或「目標」這類的詞彙，我們主要指的是你必須要做的事情、任務和使命，像是「我應該要做點什麼？我怎樣才能實現我的人生目標？」意味著「我的任務是什麼？」然而這只呈現事情全貌的局部，我認爲太陽同時闡述了個人的**存在**與**作爲**。太陽和月亮有他們各自代表存在和作爲的面相，不過或許月亮會比較明顯，像是給予和接收營養，逐漸滿盈與消虧。而太陽通常代表陰陽中的陽性面：主動、積極、活躍、陽剛。爲了要有事情的全貌，兼容內在和精神層面，我認爲你們必須將太陽的定義擴大，讓個人「存在」的品質，一種像帶著光輝或

隱形的內在生命力，也一起納入，事實上，這品質具有充沛的活力，但它與採取行動無關。

當你們處於「光束中」時，也就是處於一個很好的太陽階段，幾乎不管發生什麼事，人生都有清楚的目標，感覺自己生氣勃勃和鎮定冷靜，就算事情一塌糊塗，沒有如你們所願，雖可能造成影響，但你們內心的深處，卻感到一切安好。即使在情緒混亂或身陷外部世界挑戰的迷霧之中，還可仰賴你們內在的光輝。這與感覺「闇黑的」狀態形成強烈的對比，即便外在的一切看起來都很美好，但不知怎麼的，內在的光輝卻黯然失色。你們知道我在說什麼嗎？在前者的狀態中，依舊有那種生命活力脈動的感覺，這就是與太陽連結會有的感覺，碰觸到你們自己內在的核心。

現在，當我們把這個狀態轉譯成在「執行某事」時，我們就會展現積極主動的一面，也就是以目標與自我表達為導向。如果你們的太陽在天秤座，就會藉由美學，透過關係，推動正義、和諧和平衡的理想，來實現你們的人生方向和目標。你們懂這個概念吧。不過，個人「存在」品質的實際質量與我們運用它的方法一樣重要，我認為這是我們經常遺漏的部分。畢竟，太陽只是在照耀著，是我們在地球上運用太陽光線做了各種各樣的事情，太陽象徵一個靜止、光芒四射的核心，也象徵著它表面閃爍活躍的火焰。

我在這裡想引用丹恩・魯依爾（Dane Rudhyar）的文章，稍後我們會討論他的星盤。他以一種非常美妙、富有詩意的風格寫了關於太陽的描述，並從各個層面談論太陽與存在於不同次元維度的生

命之間的關係。好，我們開始，它的標題是「光明之歌」[26]。

太陽之心是未知的神祇，如同明亮的光球，身著榮耀的長袍。光明即是這榮耀的光輝，是天界之主向外在世界傳唱的樂曲，傳遞唯一真神的內在實相，而祂是太陽系中萬事萬物的起源、中間與終點。祂是至尊的整合者，包羅萬象，富有同情心。光明是上帝對物質世界的慈悲情懷，讓過往的殘餘在祂的愛中流動，獲得永遠的救贖。光明是創造生命的召喚。

我覺得他描述得很精緻。我想你們可以瞭解，位於太陽火熱核心之內的存在，祂從電源的核心向外發送所有的對流電，在太陽外層形成像各式煙火般的日暈。而太陽表面燃燒的熊熊烈火就像試圖在行動、表達或行為中好證明自己的火焰。在某種意義上，你們採取遵從某個事物、服從命令或試圖得到認可或被接受的做法，是不可能真正地「展現你們的太陽星座」。這樣做無法讓你們的太陽發光發亮，因為追求成就或履行職務是土星的特質。太陽只是單純的照耀。就這樣散發光芒，並從之中開始流動。

所以，太陽是生命力的源頭，也是我們去拓展和表現創造性原則的所在。如果太陽無法妥善運作，我們就會在別人身上看到它閃閃發光，我們不會喜歡那樣，因為我們也想要閃耀發光。於是我們會羨慕它，想要摧毀它，蝕毀它或破壞它。那即是陰暗面。太陽的陰暗面與令人非常不舒服的感覺有關，像羨慕和自戀。自戀就是當我們必須成為宇宙中心的狀態，而讓一切都圍繞著自己的現實運作，它可能源自於早期缺乏對照的鏡像。如果你是這種情況，那麼

---

26   丹恩·魯依爾（Dane Rudhyar）：*New Mansions for New Men*, Servire, The Hague, 1971, 103 頁之後頁數。

其他人都應當是月亮，好讓你成為太陽，你讓其他人的存在只保留在映現你的榮耀上。這可以從既粗俗又明顯的，到非常微妙的狀態，使得我們深信，我們自己的情感反應和對各類事件的看法是唯一值得重視的眞理，進而刪改了其他的一切。

對於你想擁有的渴望，卻只是遮掩或站在光的陰影下，便會產生羨慕。起初，我們可能在我們母親的陰影、或父親的陰影，或被兩者重疊的陰影籠罩，但處於一種羨慕的狀態，會讓我們總是感到匱乏、缺乏、需要和空虛的情況，沒有足夠的物質內涵。

同學：嫉妒呢？也是一樣的嗎？

梅蘭妮：從字典的定義來看，羨慕與嫉妒的差異雖然有點模糊，但一種可用來區分這兩種情緒狀態的方法，是把發生在兩個人之間的視爲羨慕，而發生在三個人之間，或有涉及「對象」的視爲嫉妒。換句話說，如果我是在嫉妒，我所擔心的會是有人拿走我所擁有的──某件我很珍視，甚至視爲一體的東西。那是**某件讓我害怕失去或感到不安的東西**。另一個女人可能會偷走我的男朋友，或一個競爭對手可能超越我的專業，取代我原有的核心地位。嫉妒通常涉及性或權力，這與佔有欲有關。這些嫉妒感或許會促使我們試圖驅逐或破壞第三方，那個要爲我們痛苦感覺「負起責任」的人。

然而，嫉妒是一種從缺乏中油然而生的感覺，無論是眞實的、還是想像的。有個人，他擁有某件我們沒有的東西，或確切的說，他是某個我們無法**成為**的人物。它還有個額外的指控，就是想把嫉妒的東西摧毀，把它吞併、吞噬，好讓它永遠屬於我們。想要某個我們沒有的，或某個**想像我們自己沒有**的東西。帶著要命的嫉

妒，我們想擺脫那個冒犯了我們的人。然而，基於羨慕，我們變得進退兩難——我們不能那麼做，因為在內心深處，那個被嫉妒的人代表了我們自己某個珍貴的特質，投射在他的身上。這個人有著我們拚了命想要擁有的或想成為的樣子。梅蘭妮‧克萊茵（Melanie Klein）寫了許多關於這一點的文章，描述羨慕是如何建立在與母親最初期的分離感覺中，以及嬰兒對她產生的空虛、需要和依賴的複雜感受。還有一個矛盾的論點，就是我們會羨慕我們最渴望的東西。如果某種東西能帶給我們歡樂，當沒有的時候，我們可能會羨慕它的存在，然後在我們的腦海中「摧毀」它。如果完全沒有意識到這點，可能會損害我們與他人之間的連結。許多很好的關係、專案或機會便因這種感覺而陷入泥沼，特別是沒有覺察到它的影響時。不論是羨慕還是嫉妒都與失落或害怕失去有關。然而，最深層的羨慕是關於失去了我們投射在他人身上的自我。

　　太陽的主題是關於自我身分和有權力生存的感覺，如此單純，沒有一直證明它的必要。月亮的主題更多的是關於安全感、滋養，和在感受與情緒層面上的議題，並與關係的情感聯繫和融合有關；太陽是對差異的反映、肯定和讚賞。在白天，物體間的界線和差異是顯而易見的，但在夜晚或月光下，事物變得模糊和混融，失去了它們清晰度，顯得更加融為一體。

　　同學：有所謂像「無法妥善運作的太陽」這種說法嗎？

　　梅蘭妮：謝謝你提出這個問題……我想這比較是關於我們對太陽無法妥善運作的**認識**。瞭解太陽是一件微妙的事情，這與感受我們的生命是一種單純的存在，並允許它發光有關。不一定是要站在舞台中央，才華洋溢與耀眼奪目的發光。而是當你們獲得足夠多

的肯定，特別是從你與父親的關係中得到了自己是「重要的」證明，當個人的光彩被確認，要認識自我也就變得容易許多。你們會幾乎忘了它的存在，就像我們大多數的人把太陽每天照耀我們的奇蹟視為理所當然一樣。

同學：為什麼這種肯定與父親有關呢？

梅蘭妮：我覺得原因很簡單，無論你是男還是女，你生命最初的九個月都在媽媽的肚子裡。因此，父親更適合擔任一個肯定你的獨立性和獨特性的角色，以這個概念，他永遠代表了「另外一方」。在土著的社會，接近青春期的男孩將經歷精心準備的啟蒙儀式，讓他們堅定的脫離母親保護罩，進入男人的世界。

同學：你如何以占星的方法評估太陽的狀況？

梅蘭妮：按照慣例，太陽在水瓶座被認為是弱勢，在天秤座是失利，所以我們會先看它的守護關係。如果太陽與其他行星之間產生緊密的相位，特別是與木星之後的外行星，就可能象徵著挑戰。外行星模糊了個人的界限，帶來集體的或超越個人格局的特質，這類的相位可以帶來創造力、啟發和力量，但並不一定有利於個人發展成為內在的光芒。另一個明顯的例子是，如果太陽與土星形成困難相位，那麼它可能會感到長期的黯然失色，不得不透過個人的成就和行動來證明自己的價值，以彌補這種感覺，試圖滿足更深層的需求。

同學：是什麼樣的需求呢？

梅蘭妮：與我們自己內在的光芒保持連結，感受它單純的光芒。用拉姆·達斯（Ram Dass）的話來說，就像在「展現你的生命」。

守護關係

我發現在各個行星和星座的守護關係，與月交點的符號象徵之間，有個很有意思的關連。我們之前談到月交點關注太陽、月亮和地球之間的關係，我們也額外談到兩個均分點，它們分別由牡羊座和天秤座守護。在傳統占星中，據說木星守護南交點，土星守護北交點。所以，我們若運用傳統占星的守護，來探索太陽、月亮與地球之間的關連：

行星	尊貴／守護	得利	弱勢	失利
太陽	獅子	牡羊	水瓶	天秤
月亮	巨蟹	金牛	魔羯	天蠍
地球	射手（奧祕占星的守護）			
上述星座的守護				
	太陽	火星	土星	金星
	月亮	金星	土星	火星
	木星			

可以看到火星／金星的交互關連？還有木星／土星的關連？我覺得這點挺有趣的，因為這是另一種描述在月交點隱含的煉金過程中，相對的兩端產生連結與平衡的方法。這眾多的交錯結合經由地球象徵，至於月交點，則**顯示激發靈魂開始無形修煉的要素，以及靈魂追尋具體顯現的所在與方法**。從這個意義上說，它確實是一條「命運之軸」。

月亮交點

你們大概知道，有些占星書籍給人的印象是，爲了演進，人們必須要從南交點朝往北交點的方向發展。或者認爲南交點代表過去，北交點代表未來。我希望之前跟各位提到關於太陽、月亮和地球的相關資訊，能開始讓這種定義拓寬延展一些。

重新架構

首先，我並不質疑我們投生地球的目的是爲了演進——我把這題留給哲學家去探討！但我肯定會質疑這假設背後所隱含的意義，因爲不幸的是「演進」這個概念，很容易與一個完全重視太陽的、男性化的思維連在一起，由左腦主導並且講求「進步主義」。如果我們不經意地從這種文化扭曲的角度來看待月交點，我們就淪爲問題之一，而非提供解答。我相信在月交點相對的兩端，可能蘊含更多關於流動與動態平衡的概念，彼此之間是帶著包容而不是排斥。

再想一下月交點的組成要素，雖說它們代表太陽、月亮和地球之間的交互關係，但月交點**並不是**這些星體，而是像宇宙裡的缺口、坑洞、交會點，我把它們當做是看向另一個宇宙／時間的窗口。物理學有所謂的「蟲洞」，以我初步的理解，它似乎代表了平行宇宙之間的界面、入口或交換點。也許月交點就像星盤中的蟲洞，引導我們投生轉世，同時超越我們自我所認同的形體，指引我們進入另一個意識次元的方向。

　　這也就是為什麼我會認為直線性的「從哪裡去到哪裡」、「過去與未來」或「好與壞」，不是事物全貌的原因。此外，你們會發現線性思維在星盤所代表的實際生活故事中效果不佳——生活中的事物很少是以直線性發展的！過於簡化地使用這種思維，可能會在某些我認為應會變得更有趣和微妙的事物上，強加了固定、窒礙的看法，所以如果你們願意花時間深入探索自己的月交點，我相信你們就能明白。我將介紹一些認識月交點的方法，而不是建立在傳統直線性的觀點上。

「話說龍的故事……」

　　正如之前所說，當你們研究行星，可以找到大量的文化記載、神話和相關聯的象徵。然而，月交點在許多不同文化的神話故事中，似乎主要是以龍或蛇的象徵出現，其中一些還特別與宇宙起源的主題相關。月交點的拉丁名是 Caput Draconis 和 Cauda Draconis，分別代表龍之首和龍之尾，北交點和南交點。這些名字可能從古代巴比倫神話，象徵木星的巴比倫之神馬杜克（Marduk）而來。據說祂創造了一條承載十二星座的巨龍，背後扛著其中六個星座，另外六個在牠的腹部，這一條像銜尾蛇的巨龍繞著地球盤旋，而牠的頭和尾巴分別在月交點穿過黃道。

　　吠陀占星術（Vedic astrology）稱月交點為羅睺（Rahu）與計都（Ketu），也就是梵文的虛影行星（Chayya Graha）或「影子行星」（shadow planets），由於它們足以遮蔽發光體太陽和月亮的光芒而被認為非常強大。他們特意把羅睺、計都視為**日月食軸線**，或說它們像是一條把我們與慾望、激情、憤怒、自我陶醉、貪

婪和嫉妒之類的依戀纏繞在一起的業力線。覺醒的道路教化我們不再依戀這些不由自主的狀態，逐漸獲得釋放。交點軸線提到也可將這個覺醒過程設想為昆達里尼能量之蛇的升起。我們可以把交點軸線當成一種脊柱，在天文概念的支持下成為我們投生轉世的定位軸線。當其中的「陰影」被清除，這軸線幫助我們的光芒──即我們的太陽和月亮，閃耀。

羅睺是北交點，計都是南交點，有很多與它們相關的故事，但我最喜歡卡蜜拉‧薩頓（Komilla Sutton）在她的著作《月交點、危機和救贖》（*The Lunar Nodes, Crisis and Redemption*）中，一個關於納迦（Naga），或惡神，名叫婆蘇吉（Vasuki）的故事，祂是地球陰間的守護者。印度神話中，納迦是個上半身人形的蛇神，擁有優異的智慧和知識，但祂也是惡神。一個奇妙矛盾的組合。

「很久以前」，善神與惡神為了宇宙的控制，發生乳海翻騰的戰爭。眾神約定一同攪拌乳海，取得永生不死的甘露，然後均分。婆蘇吉為了幫助眾神，便把身體變作纏繞須彌山上攪杆的攪繩，隨著乳海的攪動而被拉來拖去。因此引我們誤入歧途的慾望「海洋」是由相對的兩端，交互運作而產生……

後來，甘露終於出現，善神們意圖獨占，因為祂們深信惡神們會把它用在錯誤的地方。身為惡神一份子的婆蘇吉，自然而然地以個人榮耀和物質幸福為重，沒有顧及眾神的福祉，偷偷地喝了甘露。祂欺瞞的行為被日神和月神發現，馬上向宇宙創造者毗濕奴（Lord Vishnu）抱怨，毗濕奴一氣之下便用善見神輪（Sudarshan Chakra）把婆蘇吉砍成兩半。

善見神輪是一個有 108 個鋸齒邊緣，持續旋轉的圓盤武器，

它是濕婆（Lord Shiva）因為毗濕奴的忠誠而賜給祂的。善見神輪
是以意志力拋擲，而不用實體，它能夠擊敗各式各樣的惡神。可
是，婆蘇吉喝了永生的甘露而不能被完全的摧毀。所以祂留在天空
之中，成為其他行星或神祉永久的提醒，追求永生必然會面對生命
中的陰暗面。[27]

　　潘蜜拉·克蘭恩（Pamela Crane）提出蛇在基督教神話中的重
要性，也是與月交點有關。正如我們之前說明的，北交點是一個統
一體，與春分或牡羊點相連，南交點則帶有二元性，與秋分或天秤
點相連。夏娃因為聽從蛇的建議，把亞當拉進二元、關係，進而需
要投生轉世的世界。後來，夏娃生下瑪利亞，上帝藉著她投生轉世
為人，讓基督是亞當的後代。在這裡，我能理解夏娃和瑪利亞，她
們代表宇宙間兩種不同面相的女性情操。因此，聽從於蛇，我們便
邁進入二元性和重視形體的世界，而聽從於上帝，我們會重新聯繫
在一起。[28]

　　這邊有一幅相當好看的銜尾蛇的畫，伴隨著一首長詩，我來唸
它開頭的幾行描述了這幅畫意境的詩句。[29]

　　時間是一朵凋謝的花，

　　深根在永恆的巨輪之中。

27　在修訂此文本時，印度準備創造一種新的超音速武器，這種武器刻意依照善見
　　神輪的神話象徵設計。參見 http：// defence.pk / threads / india-have-sudarshan-
　　chakra-like missile-soon.288229 / 最後訪問日期：2014 年 8 月 24 日。
28　潘蜜拉·克蘭恩（Pamela Crane）：*Draconic Astrology*, Shoestring Publishing, Faver-
　　sham, UK, 1994, 35-6 頁（2013 年由 Flare 出版社發行新版）。她引述自西里爾·
　　法根（Cyril Fagan）：*Zodiacs Old and New*, 2011 年由 Literary Licensing 再版印製。
29　喬治·維勒（George Wither）：*A Collection of Emblems, Ancient and Modern*,
　　London, 1635, 第 102 頁（2003 年由 Kessinger 出版社再版）。該版畫由克里
　　斯平·馮·德·帕斯和兒子刻製，首次出現於加布里·羅倫賀根（Gabriel
　　Rollenhagen）的著作 *Nucleus emblematum selectissimorum*, Arnhem and Utrecht,
　　1611- 13 頁。

　　在這幅畫邊緣的希臘文字指的是「永恆的」和「及時的」。

　　在英國民間傳說，龍會造成不孕，使農作物欠收，為確保生育力和保護家族命脈的延續，要將龍殺死。凱爾特傳說中，獵人赫恩（Herne the Hunter）與龍有很多的互動，有時羊頭蛇「克歐塞佛斯」（Criocephalus）會伴隨他一起出現。這頭奇異的生物也是非洲多貢人傳說中的至上神安瑪（Amma），有著四色彩虹，多貢人被公認掌握高度的天文學知識，尤其是天狼星[30]。在中國神話裡，龍的象徵發展至臻完善，各式各樣的龍有各自不同的特徵。除了象徵權力與好運，龍也活躍於生活中的許多領域裡。佛教中，指稱四個方向是由龍族所保衛。

　　我還有另一個「很久以前」的中國神話故事，是魯道夫（Rod

30　請參閱羅伯特・坦普爾（Robert K.G. Temple）：《天狼星之謎》（Sirius Mystery），
　　Futura Publications, London, 1976.

Chang）說給我聽的。中國人認爲日月食是由一頭吞噬太陽和月亮的怪獸所造成，這怪獸叫做天狗——Tian 即是「天」，而 gou 是「狗」的音譯。根據古老傳說，天狗是天空中一頭長得像狗或狐狸的怪獸，牠吞食月亮的劣行，也出現在中秋節和月亮女神嫦娥的神話裡。

很久很久以前，天上出現十個太陽，開始造成大地的乾旱與炎燒大火。所以神射手后羿將其中的九個太陽擊落，只留下一個，解決了問題。完成這個英雄事蹟，人民便立他爲皇帝，不過到後來后羿變得貪婪殘酷。爲了想要永生，他從西方王母娘娘那裡得到長生不老藥。但他的妻子嫦娥對於丈夫的殘忍感到憂心，不希望人民在他的統治下受苦，於是決定阻止后羿永生不朽，就吞服長生不老藥，飛奔飄向月亮。但后羿的獵犬也吞下一些靈藥，在追趕她時一併把她和月亮吞下肚。

於是眾神不得不賜封獵犬爲天狗，負責守衛南天門，讓牠把月亮吐還出來。中國人相信神明、星宿和靈魂都是穿過這扇南天門投胎到地球，成爲凡人。不過守衛這扇門的天狗太兇猛，讓他們不敢去投胎，有一段時間沒有嬰孩誕生。後來張仙用弓箭射天狗，把牠從南天門趕走。張仙也是一位神射手，Chang 的中文是「張」，也是「張開弓」的動詞，他讓日月重回轉世之輪，讓神明、星宿和靈魂可以下凡轉世，因此得到送子張仙的稱號。

概括說來，龍在東方文化的象徵似乎較爲完整、密切的融入，也是生活中珍貴的一部分，而在西方，至少是在基督化的西方，看起來則以「屠龍」爲主要的象徵。我們甚至對暴躁易怒的女人，或那些爲維護自己不畏與人起衝突的女人，取跟「龍」有關的

綽號！我認為這點一定很重要。或許它反映出我之前所提的：不平衡地強調太陽陽性的本質，而沒有將來自月亮陰柔和內在心靈的特質賦予生命同等重視。當我們解讀交點軸線時，我個人認為需要避免這種失衡的扭曲。

這裡有一段引述的內容，我認為它將月交點等同於意識發展軸線的可能性，做了完美的總述。或許值得注意的是，這段話是蘇菲文化的觀點，發源自中東地區——也就是一個介於東方與西方之間的文化。它也有提到太陽與月交點合相的食季。

> 進入通往神之路的大門，便讓一個人進入二分的境地。一方面，這人已經走上了這條路；但另一方面，這人的心靈會輕易接受旅途中遇到所有危險的誘惑。這些危險在古老神話中，常被描述為惡魔或龍……在天文學中，龍與月交點有關，這兩個相對的端點在太陽和月亮的路徑上交會……對神祕主義者來說，龍象徵著太陽與月亮內部交會的所在地。龍既可以吞食象徵著神祕心靈的月亮，又可以當做是受孕的地方或容器。當太陽合相月交點的同時進入龍，月亮或心就可以受孕。因此，在清楚自覺會有危險的前提，一個人必須進入龍之內，才能在牠的宇宙子宮中等待日月食的發生[31]。

北交點

　　首先，我們來談談北交點。我們瞭解北交點象徵了英雄與龍

31　拉蕾‧巴赫蒂亞爾（Laleh Bakhtiar）：*Sufi: Expressions of the Mystic Quest*, Thames and Hudson, London, 1976，45 頁。

神奇相遇的地方。當太陽英雄踏上旅途，他必須去找尋他失落的東西、贏得獎品或競賽，或者釋放一位被監禁或陷入困境的女主角。不用說，他會在旅途中遇到各種磨難。於是北交點與英雄在此行具備的線索，將描繪這趟任務的本質。你們的生活就好像是一部歌劇或一個童話故事，它表現了此行的目的、主要的情節，和英雄事跡。然而身為觀眾的我們知道，哪裡有英雄，不遠之處就會有一條巨龍準備靠近！太陽英雄會聚結巨龍的蹤跡，反之亦然。以防你們沒有注意到，我們這裡在講的是太陽和月亮，以及南北交點。

在完成這趟旅程的過程中，如果你們偏離自己的本源、直覺、適當的營養和休息周期，以及所有月亮和南交點良善的資源，龍就會出來咆哮。試圖讓自己無所忌憚地閃耀和受太陽的影響，就會吸引龍前來——牠會從你的內心、從夢想、從環境、從另外一個人、通過一種或另一種方式，無可避免地現出形蹤。牠會像心理精神的症狀，或像情緒的困擾，或透過身體和物質生活的狀況，每當事情出了差錯，就把你們拉回到過去，陷入抑鬱，或讓你們從美好的幻想中一路顛簸跌回現實。

北交點代表一位潛在的太陽英雄，即使有被龍吞食的危險，他必須堅持以對。這裡有一個十分矛盾的地方。就是你不能老是直接就把龍殺死，因為它可能會繁殖，就像大力士和九頭蛇的故事一樣，還有些其他的事情得要發生才行。如果龍是以女性陰沉可怕和吞噬的形象出現的話，那她可能還需要獲得尊重和被取悅示好，才願意讓我們看到她另外嬌柔靈魂品質的一面，讓在危難當中的英雄，得以感受到她無形地滋養、支持與激勵。不過，有些龍就是需要被殺死！換句話說，北交點得要有辨識能力，還有，英雄配備的武器最好是一把銳利的洞察力、平衡與正義之劍，而不是佯裝舞弄

著短棍或枴杖，以為不顧一切後果向前沖撞就能邁進。看到天秤座／白羊座的象徵？

從這個道理，北交點確實感覺像是「我們要去往的地方」。以我剛才說明的條件，北交點的確呈現我們註定要在哪裡超越自己的過去。會造成不平衡是認為人生目標僅只是與此有關，或如我之前描述的，缺乏辨識能力。接著你就會陷入月亮的國度，發現自己得以屠龍為生！北交點是我們開闢新天地的地方。我們可能得在那裡從事某件連自己都覺得未必萬事俱足的事，它需要努力下點功夫，清楚自己的打算和善用意志力。就算你們的月交點具有和諧相位，與北交點相關的事也不會自動發生。這裡是你們要開拓的新領域，或展現個人優勢的地方，好將預言融入人生！

古典占星認為南交點由土星守護，北交點由木星守護，這在某種程度會與我所說的相互矛盾。不過，我認為，當你真正的把能量應用在北交點進駐的宮位與星座所象徵的生活領域，北交點的木星特質就能顯現，所得的回報會像複利一般的可觀。若我們再來看一下英雄之旅，北交點也可能為你們吸引援助，就好比民間故事裡願意幫忙的動物們，或在旅途中伴你們而行的善良之人，或在恰當的時機發生幸運的轉變。有時候可以仔細檢查北交點的守護星，它在星盤中的整體狀況，宮位、星座與形成的相位，進而知道可以獲得什麼性質的援助。

同學：如果你的冥王星與北交點合相呢？

梅蘭妮：有時候，這真是一個「有這樣子的朋友，誰還需要敵人」的情況！言歸正傳，與北交點形成的困難相位，可能意味著最能讓你受益的教訓和富有成果的契機會偽裝成障礙、困難或問題之

姿，處理這類的問題有助於產生向前邁進的推動力。這也意味著與你的南交點保持良好關係會變得更加重要。還有，如果你考量的是**性質上**的意義，那麼交點軸線同樣也是關於個性、靈魂和內在品質的發展。「英雄之旅」是一則寓言故事，一個內在過程的隱喻，而它顯化在外的形式和形體樣貌，將依特定的個人的生活來決定。

同學：木星也可以跟太陽一樣做為英雄的象徵嗎？

梅蘭妮：不盡然如此。當你仰望天空中的太陽，就是看著太陽系的中心。我覺得這樣挺有詩意的。然而我們容易忘記，太陽實際上是所有行星當中的最裡面的一顆。無論英雄之旅以什麼形式朝外探索，都是為了要在我們自己的內心，實踐滿足太陽內在精神的追尋。相比之下，仰望著木星，我們就往外看。由於木星隸屬於社會行星，所以就不是單指英雄本身。它有點像是指英雄之旅既需要個人的努力，也需要來自木星管轄內眾神的祝福。木星可以是恩賜，讓我們承認雖然你可以朝往一個人的旅行，但你也不能單靠自己獨行，你需要別人的幫助，也需要來自靈魂世界或來自潛意識的幫助，不論你怎麼樣詮釋神奇的事蹟。

同學：為什麼你要往外看？我不太明白。

梅蘭妮：簡而言之，太陽是太陽系的中心，木星的軌道遠過於地球的軌道。另外，當木星和太陽同時來到地球內部這一側時，就會因為木星白天會位於地平線之上，而無法看見它。我們只能從地球造成的陰影中看到星星，就像透過一扇小小的窗戶，我們可以超脫白天世界裡的繁忙生活，凝視宇宙的浩瀚。

同學：木星是英雄的部落嗎？

梅蘭妮：是也不是……好問題！當英雄之旅來到尾聲，他或她會需要、想要將已經學習到或發掘的東西社會化。讓他人轉向信任於你所經驗到的事實，未必是你要達成的任務——那或許是木星的作風。然而，英雄回歸後確實面臨了如何身處於世界之中還能榮耀內在光輝的兩難境地。從這個意義上說，我會同意你的觀點，就是英雄與木星有關。問題是要如何擴大你在社會上、在這個世界上的參與感，使之與你自己的信仰和信念相一致，包括了你對自己更深層的自我信仰。記得月交點是呈現太陽、月亮和地球之間的關係，所以的確有某些東西在尋求能被具體呈現。

同學：木星會是個人具有優勢的能力嗎？

梅蘭妮：是的，絕對會是你的可能性和潛力。木星也是你的希望、信念和遠見。歸根究底，如果英雄追求的目標是要從井底取回一枚金戒指，那麼他必須能預見到事成的可能性，與有希望和信心得到正面的結果，不然的話，就等著龍把他當做早餐吃掉！還有，這趟任務一直要到他到達井底，拿到戒指，並把它帶回給公主後才算結束。接著這趟任務的後續將會進入下一個階段的旅程，也許他娶了她，把故事帶進社會的領域，這通常是童話故事結束的地方！這些是北交點的象徵——童話故事結束，伴隨著世界上有某樣東西顯化，現實生活開始。

南交點

現在，來談南交點……這是關於繼承、遺產、你們攜帶來到此生的東西。有時候可能特別會與祖先有關，但對某些人來說，它甚

至更具有個人的特色，像是家庭中沒有先例的才華或天賦。如果對你們而言，轉世輪迴的象徵具有意義的話，那麼你們可能會在南交點找到靈魂帶來此生修習課題的暗示。這些古老的議題和壓力可以支持或阻礙個人潛能的展現，從而成為此生旅程重要的一部分。

同學：你能說得再清楚一點嗎？我是說，你的意思是指潛能等同於北交點，而造成阻礙或支持的等同於南交點？

梅蘭妮：不盡然這樣區分，兩種方式都可以。南交點也可以是潛能，但它是以某種方式繼承而來的——是你與生俱來的。通常，它不能以它呈現給你的形式展現，必須將它重做、更新和升級，在北交點，有意識地運用這些品質或重新修習的天賦。把屬於過去的東西帶到現在當下。有時候，南交點會有特定的祖先主題或與前世有關，使得你難以在北交點顯化你想表達的東西。基於相同的道理，南交點也意味著支持、積極正面的傳承和真正能幫助你的祖先。不管怎樣，這和你與生俱來的事物有關。舉例來說，假設你天生就有音樂天賦，但你不能靠魔法變成一位能演奏樂器的音樂家，這會需要投入時間和努力，如果你受自己南交點象徵的潛在形象迷惑，你就不會用它來顯化任何東西，那麼，你就無法滿足這種創造性的潛能。

轉世輪迴

有些人認為南交點與前世有關。我認為如果同意了這個觀點，便需要將整條交點軸線納入考量，實際上整張星盤都要囊括。畢竟，月交點通往永恆、**不受時間限制**的次元。如果你們正為

某人解讀星盤，而他們問了與這主題相關的問題，詢問**他們**自己的想法將是個好主意。換句話說，從**他們的**觀點和他們特有的人生哲學中發掘相關信息。如果你們跟客戶提出南交點代表傳承，或其它類似的詞彙，同時搭配基本的占星關鍵詞彙，你們的客戶可以將這些相關信息內化，串連到他或她適當的內在經驗，以及任何對他或她而言有意義的宇宙觀。如果有人跟你們說了一個特定的記憶或情景，與其擔心它來自哪裡，或是否「真的」有這段前世記憶，對他提出的信息保持興趣和參與，這麼做或許更能有效的讓他能量轉移。

轉世輪迴的信仰，就像任何概念，包括心理學或占星理論一樣，會使我們陷入一成不變的思維模式，從而變成一種逃避現實的方法。然而，我們關於時間的語彙往往不夠靈活，無法接納這領域的微妙之處，倘若我們因此陷入了不適切、死腦筋的思維，或過於線性思考的話，我們可能會掉入幻想和猜測的境地。不用說，這樣無法提升清晰度或內在自由。

時間不僅僅是線性的，還有很多種類的時間。有時候人們詢問與前世有關的問題，好將因果關係推往另一個次元，透過「竄改」信息與之勾結，但這樣做只會更削弱你們客戶的信心。不過，認為發生在這輩子中任何時刻的事就是一切的話，那也未免太天真，或太自我陶醉。若我們稍微修改莎士比亞的名言：「天地之間有許多事情，是更勝於我們所知道的！」（譯註：赫雷修，天地之間有許多事情，是你的睿智所無法想像的。（There are more things in heaven and earth, Horatio, than are dreamt of in your philosophy.）出自《哈姆雷特》。）做為占星師，我相信我們能為客戶提供的最好服務，是以開放的態度，真正地傾聽他們，不是強

加我們自己的形而上學，而是設法從星盤找到要傳遞的信息，給客
戶空間讓他們以自己的方式接受這些信息。

平衡

　　因此，蘊含在南交點的天賦和潛能往往需要一些錨定或改
造，才能融入一個人當前的世俗生活，變成一個可行、有用和富有
成效的能力，而這能力也必須具有北交點的品質。我想你們可以明
白我們如何在其中周旋。我的立場是將月交點視爲一種獲得平衡的
舞蹈，而不是停滯不動。這並非「你得讓你的南交點工作，然後北
交點也要工作，接著你就可以過著幸福快樂地生活。」這是一個關
於不斷獲得平衡的動態過程，然後變得不平衡，以及再重新獲得平
衡。

　　如果你們仔細想一想，月亮每月會穿過行運交點軸線的南北兩
端一次。同樣的，太陽每年會穿過交點軸線的兩端一次，就像我之
前解釋每年食季形成的定義那樣。除此之外，交點軸線本身沿著黃
道十二星座慢慢地逆行，每隔 18.618 年順時針繞完星盤一圈。它
在星盤上滴滴答答的逆行，獲得平衡、重新平衡，並依次的以北交
點或南交點去觸動每一個行星。

　　同樣，我們的星盤上不斷地形成行運，有快也有慢，與我們本
命星盤的交點軸線交會。稍後我們會詳細地解說這部分，但我想介
紹這張圖片，它的多重刺激是來於行運的交點軸線和行星之間的
連結，以及接收這些脈衝的本命星盤交點軸線。我認爲這些所有的
資訊有助於我們將思路擴展到超越線性的星盤結構。

關係與命運

交點軸線是我們內在本色變成外在精華的所在，感覺就像是我們的命運。事實上，馬克‧埃德蒙‧瓊斯（Marc Edmund Jones）稱之為「命運之軸」。正如我們所看到的，交點軸線是太陽和月亮原理的交會，也包括了地球。這是某事註定要發生的地方，以成為我們生活的一部分，並影響我們看待世界的觀點。如果我們延展我們的定義，月交點不僅包括我們的化身轉世的生活，還有其他等級的存在物，有些我們知道，有些則不認識。因此，月交點對個人和對團體的重要關係、忠誠、聯盟，有很大的關係。我還要強調與月交點內在關係的重要性，它們象徵通往**契合**的道路，或者與內在異性的神聖婚姻，和諧地結合，並從我們存在的基礎中產下神聖的孩子。

交點關係可以泛指任何一種形式的關係 —— 愛人、生活伴侶、朋友、共事夥伴、同事、競爭者、敵人、父母、兄弟、姐妹、精神導師、宗教導師古魯 —— 而且也可以包括過世或活著的對象。交點軸線的本身並沒有確切描繪出關係的形式。你們甚至可與這輩子永遠無法相遇的人建立交點關係，因為他們或許在幾世紀前就已經過世，像一位作曲家，你深受他的音樂啟發，或某位探索家，你完全被他的神祕的故事迷住，或者任何你可以從他身上學習到關於你自己各種事情的人物。交點關係的特點是，當你們與另一個人產生連結時，你們更可以感覺得到自我，更一致、更完整。在占星學中，180 度的對分相是一個覺察的相位 —— 往往是藉由衝突、情緒波動，或者透過其他人確實遇到與本身截然不同的情

況。

效忠於團體或個人的交點關係，能深深觸動你們的內心。即使我已觀察到這點屬實，可我起初並不明白為什麼月交點與團體聯盟、機構等有如此緊密的聯繫。然後我意識到，一個團體即是一個月亮的有機體，就像一個子宮或一個部落。所以我們在關係中的態度和方式在某種程度上是由交點軸線顯示。它就好像一個翹翹板。我們可以看到在我們南交點匯合、並在北交點分離的態度和風格，以及激發情緒擺盪的活動、特質和條件。

很多時候，當你們在經歷與本命交點軸線形成困難相位的行運，或者事實上，當行運交點軸線觸動了你們某個本命行星，你們會遇到一個人或情況，它以某種方式體現了你們自己的對立面，讓你們明白為了自己變得完整，還需要容納、完成些什麼。這種情況下的交點關係總會帶有挑戰性，因為它們要帶領我們超越已經認定的事實，或者讓我們面對自己還有未竟事宜的過去。等我們講完探索星盤月交點的一些方法，之後會再繼續討論關係的主題。

丹恩・魯依爾的概念

隨著繼續探索月交點，我想加入丹恩・魯依爾的觀點 [32]。他用非常符合生物新陳代謝的象徵，將北交點代表攝取和攝入量，而南交點代表消除、排泄、或光合作用。如果我們再加進龍的象徵，北交點就好像是需要吸收和消化的東西，或真的可以感到被吞沒的地

32　丹恩・魯依爾（Dane Rudhyar）：《人格占星學》（*The Astrology of Personality*），Servire, 海牙，荷蘭，1963 年，316-22 頁。

方，而南交點包括了需要消除、轉換或排泄的東西。他也在北交點提到咀嚼和進食，等同於努力的成果，也提到會得到來自木星幸運的幫助。我們在此建構了人格，為生命攝取新的物質以促進新陳代謝和消化吸收。我們在北交點為延續生命而進食，也必須吸取經驗，以付諸努力來適應生存。

南交點則隱含了某種無意識的自動作用。它象徵那些不再被需要的東西會自動地出現，接著可能會通往自行銷毀的過程，不過在這裡，要避免誤解是「從這裡去到那裡」，而是把它看作一個自然的循環過程。因此有時候，南交點也說明若緊抓著腐爛、陳舊、應該要排放的東西不放，就會變得有毒，這是南交點負面的含義。它也是因為事情來得輕鬆容易而視為理所當然的地方，導致我們受其控制，錯誤地依賴它，而變得停滯不前。或許這正是土星的緣故，使我們被這種看似容易而且「自然的」東西卡住並受其箝制。

於是，南交點有可能是我們遇到阻力最小，做起事來最不費力，而且可以不斷重複經驗和放縱的地方。相比之下，北交點則更與努力奮鬥、清楚個人意圖和運用意志力有關。魯依爾基本上在說，帶有覺知存在的明確重心應該建立在北交點。他說，一個人並不能在南交點真正地建構人格或人生故事，因為那是屬於釋放，而不是妥善發展的地方。然而，一個人在南交點所擁有的東西或他的身分，可以透過將它奉獻給一個更大的理想而得到「發展」，從而將它釋放到生活中，這也將會需要來自北交點的參與。還有另一個觀點，算是有點胡說八道，說月交點的一端代表「好的」，而另一端則代表「壞的」。富有創意的東西其實也能透過南交點來發表。在把魯依爾的概念告一段落之前，他還談到，當一個行星與月

交點合相時就像意識的聚焦，如同一種非常強大甚至以強制的方式聚集能量的鏡頭。有人要提問嗎？

　　同學：釋放可以是值得肯定的事情……不是像在說「再見，拜拜，鬆開手」那樣而己，但它能是一種有真的去做點什麼的釋放嗎？

　　梅蘭妮：對。它可以是其中之一或者兩者兼有。如果我們延用魯依爾消化的比喻，釋放就是我們將已經消化和吸收的東西，當做廢物排泄掉，因為我們不再需要它了。事實上，堅持不放而產生的毒素會影響器官。這是其中一種的釋放。另一種是把某樣事物的成果釋放出來，這也是南交點的功能之一。北交點是必須將繁重、艱苦工作完成的地方，考驗著我們的意志力，耐力和毅力。有時候，它恰好會被南交點釋放出的性質而激勵或支持著。我希望這樣的說明有助於發展一個概念，即在交點軸線兩端之間的振盪、動態平衡，可能會是這裡關鍵的概念。把注意力集中在某一端或另一端意味著失去平衡，試圖將看似難以捉摸的平衡感凍結，那就是停止生活。

蛇梯棋盤

　　昨天晚上，我和一位朋友談到了月交點，她說：「哦，它們好像蛇梯棋盤遊戲——北交點是梯子，南交點是蛇。」所以假設你們的人生是一場棋盤遊戲，當骰子擲到梯子，那麼你們就要按照北交點該做的去爬梯子，你們要付出努力，你們會想要進步。然而在途中，再輪到你們擲骰子，擲到了蛇！就得往下走，回到梯子

的底部，「回到出發點並繳納 200 英鎊的罰款」或什麼其他的玩意！這是用一個有趣的象徵，表現了月交點動態平衡的過程，也是實際交點前後顫動搖晃，通過黃道的方式，「蜿蜒」前行，來回穿梭。這些細微的振盪也提醒了月交點體驗的動態移動的特質。

月亮交點的高空表演

當然，月交點往往會引起整個關於宿命（Fate）和命運（Destiny）問題的討論，這裡我提供一個我很喜歡的定義，它來自安特奧・艾里（Antero Alli），他說：「宿命是會發生在我們身上的任何事，直到它發生之前都是未知數。[33]」這也意味著如果你們反省和挖掘，你們可能會找到原因或方法，但宿命是發生在我們身上的事情，直到它發生之前都是未知數。然後，他把命運定義為「我們以有願景的目標，決定面對我們宿命的方法。」當發生了一件悲劇，一個會開始把自己描繪成縮在「受害者」角落的人，另一個則舉起「我不會讓這件事打敗我」的標誌，這就是宿命和命運的區別。

安特奧・艾里也描述月交點指導我們在哪里以及如何走出軌道，他用鋼索當做象徵。月交點是宇宙中的點，懸吊掛起在太陽、月亮和地球之間的高空鋼索，而星盤中的月交點，或許表現我們手持平衡桿，走在那高空鋼索的樣子，四周空空蕩蕩！他談到月交點，說透過北交點，我們可以得到道路前進的通關密語，而在南交點，可以看到過去的慣性和習慣是如何阻礙我們的發展。在相對兩端之間取得平衡的過程中移動著，大概就是交點的旅程。

33　安特奧・艾里（Antero Alli）：*Astrologik*, , Vigilantero Press, Seattle, 1990, 200-4 頁。

　　他用「抵抗」一詞代表南交點，而以「興奮」代表北交點。這不但非常有趣，也符合現實情況。他還談論到北交點如同一個新奇的旋渦，一個讓我們會因他所謂的「熟悉的催眠狀態（familiarity trance）」而感到驚訝的地方。換句話說，自動運行，保持已知的節奏，是南交點這端點的情況，屬於月亮／金星／土星的這一端，而會讓我們驚訝的是北交點的經驗——也就是屬於太陽／火星／木星的這一端。所以這是一個很至關重要的挑戰點，也是通向未來自我的門戶。另一方面，如果你們總是偏向於北交點，就會成為一個「對興奮上癮者」或者「腎上腺素上癮者」，老是強迫自己抵抗。星盤的其他部分甚至可能支持這種狀態。如果你們偏向著南交點這一端，老是從跳躍、冒險中退縮，就可能會陷入抵抗和慣性的泥沼。

　　不過，他還談到南交點如同一張安全網，由我們被賦予的東西編織而成。我非常喜歡這個象徵，因為它超越了南交點是「壞的」片面想法，或許我們應該把它完全拋諸腦後。他說，這裡是我們有「業力功課」的地方，有一些我們必須要完成的事。不過我在想，如果你們在這兒呆得太久，就可能會被束縛住！例如，假設你的南交點的安全網破洞密佈，便會陷在停滯和毒素之中。也許一個好的安全網正是由各式各樣容易解開但又牢繫的結組成，只要修補了這些破洞，便能讓安全網變得可靠。在現實生活中，這也意味著結束、完成分佈在不同層面裡的未竟事宜，包括父母的模式，甚至與祖先相關的事，或前世的議題。但若持續在這張網裡糾纏，必然意味著遲鈍和倒退。

　　安特奧·艾里還說，南交點的「安全網」是我們接收「對我們有積欠」的地方。那確實假設生命或宇宙可能積欠我們一些東

西。倘若你們認爲或許眞的是如此，那麼南交點就可能是會接收到它的地方。我當然同意這一點，但是從互惠、禮尙往來的角度，而不是從「債務」而論。當然了，如果你們看月交點的符號，它就像是一個水桶或容器，可以接受雨水，也或許能收到來自天上的祝福。他把它說成是「我們必須學會走出自己的路的地方。」

同學：那是指北交點？

梅蘭妮：不，南交點。或者再想一想，也許這兩個都有！記得我們講過釋放的主題？要做到這一點，我們必須走出自己的路。即使是爲了北交點，你無法把精力和承諾投入到你從一開始就忙著否認的事情當中。在南交點，做爲接收者的意思是你可以把自己的潛能奉獻出去，用它在北交點做點什麼。但你若拒絕的話，說著：「哦，不，不，我沒有那個能力，那不是我！」這樣能量會被卡住，也無法用它來做任何事。

他說北交點是我們將生活更新成爲當下經驗的地方。從這個意義上說，南交點是我們輕易地享有榮譽，或沐浴在昔日的輝煌裡，它可能是從祖先傳承的榮耀。不過北交點則是我們來到現在，並開始有意識地決定我們的未來，所以，這裡隱約有一個有趣的時間軸，建議你不要拘謹地看待它。

星盤中的月亮交點

當我們專注探索星盤中的月交點時，我會讓你們看一些星盤案例，有幾位是知名人士，我還會多次以同一位的星盤爲例，示範不同探索月交點的方法。

當你們開始探索一張星盤的月交點時，首先要注意太陽、月亮和地球的位置。然後考慮南、北交點落入的宮位和星座，以及所形成的相位。如果你們採用較爲緊密的容許度，就可以分辨出兩端的差異。例如，當一顆行星與某一交點形成三分相，但它未必會與另一交點形成六分相。三分相是一個重要的相位，你們可以接受 7° 或 8° 的容許度，但 60° 的六分相只屬於次要相位，所以我六分相容許度的「默認設置」最大值約爲 4°。我知道有些人使用較爲寬鬆的容許度，但我傾向根據相位涵蓋的範圍來縮小容許度。當你們實際在解說一張星盤時，不論事前的準備多充足，還是要根據客戶跟你們訴說的眞實故事，相互印證來微調容許度的設定值。很顯然的，四分相一定會涉及交點軸線的兩端，而其他的困難相位，如：135°（八分之三相）和 45°（半四分相），則建議你們採用緊密的容許度。

支配關係的軌跡

追蹤行星的支配關係（dispositorship）很有趣，而且可以看出其中一些重要的連結。如果你們打算追蹤交點軸線，那麼就分別計算南、北交點的支配關係，找出它們的守護行星（ruling planet），接著細看它們各自落入的星座、宮位之類的相關資訊，這樣就能更深入的理解南、北交點蘊含的意義，也可以這麼說，發現這組交點軸線產生共鳴的行星主題。讓我們以丹恩‧魯依爾的本命盤舉例說明。

我知道坊間流傳著魯依爾幾種不同生時版本的本命盤，但慶幸的是，我所看過的那些版本，都是北交點雙魚座在第三宮，南交點

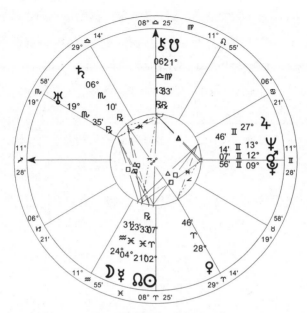

丹恩·魯依爾（Dane Rudhyar）
1895 年 3 月 23 日；00:20:40 UT +0:00；巴黎，法國。

處女座在第九宮。從他的北交點雙魚座開始追蹤，我們先找到他的
海王星，位在雙子座第七宮。雙子座由水星守護，而水星位於雙
魚座。所以魯依爾的案例，他的水星與守護北交點的海王星形成互
容。接著再來追蹤他的南交點，我們看到它在處女座，也是由水星
統治，光瞧這一點就好，不論從南北交點那一端追蹤支配關係，我
們會得到相同的水星與海王星互容。由於他的交點軸線橫跨三宮和
九宮，在我看來有描繪了他命運的本質以及他此生的貢獻。成為占
星家之前，他是一位成就卓越的音樂家，同時也是位有成就的藝術
家，一位有遠見卓識的演說家，身後留下了大量的書寫作品。

　　魯依爾被認為是當代心理占星學的「鼻祖」，他是非常早期接

受現代心理學概念和架構的一群人之一，並將占星學與心理學的解釋過程結合起來。他在二十世紀的前半葉直到 1985 年過世，一直活躍於此，他同時也以比他還早期的艾倫・里奧（Alan Leo）和查爾斯・卡特（Charles Carter）等人的作品爲基礎，發展他的研究。他的確是把人文主義觀念和以人爲本的態度帶入星盤之人。這是魯依爾貢獻給占星學的禮物，還有他那富有遠見和詩意的措辭，就像我們在討論太陽時，分享給大家的〈光明之歌〉一樣。

我剛才意識到，我假設你們都有讀過魯依爾的一些書，但這可能是我那年代的事！曾有一段時間，好像每個人都在讀他的研究。

同學：你可以推薦一本他值得閱讀的書嗎？

梅蘭妮：可以，他的書全都推薦！正是閱讀了《生命的脈搏》（*The Pulse of Life*）》，激發我對占星學的承諾，儘管在讀它之前我對占星已有多年的興趣。於是我努力看完他寫的所有內容。我想《人格占星學》（*The Astrology of Personality*）可能會被認爲是他的代表巨作，而《太陽也是一顆恆星》（*The Sun is Also a Star*）是我最喜歡的作品之一。任何有水星／海王星相位的人或許會立即欣賞他的寫作風格，但並不是每個人都會喜歡。你們也可以瀏覽 www.khaldea.com，這網站上有很多他的資料存檔。

我們再回來看他的本命盤。注意在三宮的北交點，象徵著所有他從事的概念化、溝通、寫作和發表他所得到的靈感。在雙魚座的北交點，由海王星雙子座守護，而海王星與交點軸線形成寬鬆的四分相，象徵他的多才多藝，以及他數量可觀的寫作、音樂和繪畫作品。南交點位於九宮的處女座，象徵著他以嚴謹奉獻的精神，將

各種才華創作出大量的產值，還擁有老師、哲學家、智者和旅行者的身分。雖然他在法國出生，但在美國安家，沉浸在東方和西方的許多宗教傳統與影響之中。他作品中的核心主題之一，即在闡述我們身處的時代對於新思想與新信念的播種至關重要，這些新思想與新信念將使未來的社會煥然一新──這些都屬於九宮的主題。他以整體觀（holistic view）看待星盤的態度也反映在他的北交點雙魚座上。而位於九宮的南交點處女座則將大量詳細的知識，綜合成爲一種具有包容性和整體性、但又具備可靠的技巧和見解的方法，這也是處女座在九宮的特質。

同學：南、北交點兩端是否都會像這樣，濃縮爲一個主題呢？

梅蘭妮：很可惜並不是！如果星盤有一個最終支配星，那麼它也會同時守護南、北交點。有時候，如果使用的是傳統的守護星，你們會得到不同的支配關係。讓我舉一個例子。有個人他的南交點在獅子座，北交點在水瓶座。若我們先從傳統的守護星來看，就意味他的北交點是由落入天秤座的土星守護。而他的金星在獅子座，太陽在處女座，水星在天秤座。在這裡它縮小成這個金星、水星和太陽的迴圈。若你追蹤南交點的話，得出的結果一樣會進入相同的迴圈。

但是，若你們採用現代的守護星，以剛才所舉的例子，與傳統守護星之間會有非常有意思的差別。北交點將由天王星守護，並與落入水瓶座的月亮互容。由此得出南、北交點的支配關係完全不同。這個人在教授演講和戲劇，也會表演。對一個太陽和水星在第九宮，金星在第八宮的人而言，熱愛來自世界各地不同文化的故

事。這些行星也讓人聯想到文雅與藝術。這個人非常關心哲學和靈
性生活，月交點在水瓶座／獅子座，也表示他與一個過著群體生活
的特定哲學體系之間有連結。這組月交點的高空表演，代表此人
無論是在帶領團體，還是在表演時，有著要獨自一人，還是歸屬於
一個團體的兩難處境，以及對於歸屬感有著矛盾心理。請注意，
南、北交點兩端的支配關係未必相襯。北交點這端月亮／天王星的
互容，有時會讓這個人變得超然，這與金星／水星／太陽迴圈所闡
述的個人特質形成鮮明的對比。如果我們比較北交點在不同的守護
星所闡述的故事，不論是與團隊還是和單獨的個人，土星在人際關
係中要求進行深思熟慮、負責與平衡的互動，而天王星則要求自
由、超然和理解。不必說，它們之間未必總是和諧相襯。

幫助者與阻撓者

回到我們英雄之旅的隱喻，你們可以把南、北交點的守護星當
作是幫助者或阻撓者，而追蹤支配關係的軌跡，會讓你們知道他們
住在哪裡、他們會從森林的哪一部分出現。以魯依爾為例，他的海
王星在雙子座位於七宮，他很顯然的閱讀並吸收了大量他人的作
品，並將其轉化成為他自己獨特的見解。

你也可以用這種方式來思考與月交點形成的相位。讓我再舉個
星盤案例，來說明南、北交點兩者的支配星與產生的相位。我挑了
一位類似，但相較之下差距甚大的案例。這是占星家吉姆・路易斯
（Jim Lewis）的本命盤，他是占星地圖（AstroCartography）的創始
人，他的月交點落入了與魯依爾相同的宮位軸線，但是在相反的星
座。

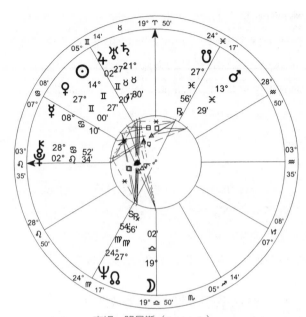

吉姆‧路易斯（Jim Lewis）
1941 年 6 月 5 日；09:30 EDT；紐約，美國紐約州。

　　他的海王星除了守護月交點的某一端點，也和魯依爾的命盤一樣，與南北交點產生相位，不過他的海王星，實際上是與北交點在三宮形成合相。他們兩人之間最大的相似之處，即是他是另一位具有遠見卓識的人，傳承給占星家們大量的研究工作。然而，不同的是，吉姆‧路易斯主要被占星家們所銘記的是他占星地圖的**技術**，而魯依爾主要是由於他**有遠見的特質**。技術是處女座的事情，正如吉姆的北交點，而遠見更像是魯依爾位於第九宮的北交點雙魚座的領域。

　　有意思的是，他們的木星都在雙子座，而且各自都與北交點產生相位。他們的命盤還有三顆或以上的行星落入雙子座，而且兩人

的水星都在水相星座。吉姆・路易斯的願景在於理解人類在地球上的物理位置，因爲它參與並反映了我們生活之中更大格局的宇宙樣貌。占星地圖是一種在地球表面繪製星盤的方法，以顯示這些特殊的共振。如果沒有非常強大遠見的支持，就不可能製定出像這樣複雜的繪圖——這是他在第九宮南交點雙魚座的遠見。我可以想像吉姆漫步在地球之上，看到一個人的生活模式眞的是圍繞著地球來體現。吉姆去世前正在進一步整理他龐大的構想，他死後由肯尼斯・歐文（Kenneth Irving）、艾琳・沙利文（Erin Sullivan）等人繼續進行研究 [34]。來自朋友們的參與，幫助他完成了他一生努力的成果，請注意，他的天王星金牛座在第十宮，和金星雙子座在與朋友相關的第十一宮。它們的度數與交點軸線的度數完全一樣。

讓我們來追蹤支配關係的軌跡。北交點由位於十二宮的水星巨蟹座守護。巨蟹座的守護星月亮在天秤座，金星在雙子座，水星在巨蟹座，由月亮守護。所以這軌跡形成了一個迴圈，當我們追蹤南交點時，我們會繞進完全相同的迴圈。海王星守護南交點，它落在處女座，在水星的引領下，我們進入同樣的迴圈。

同學：如果這個軌跡的迴圈幾乎包括了整張星盤，會發生什麼情況？

梅蘭妮：這情況有可能發生。不過就像任何占星學的事情，若因爲有太多分散的資訊而猶豫不前，它就變得毫無意義。當你嘗試追蹤支配關係的軌跡，有時它會帶進一個死胡同或一座迷宮！那麼就專注在比較明確的東西，比如有什麼行星與月交點產生相位，

---

34 吉姆・路易斯與肯尼斯・歐文（Jim Lewis with Kenneth Irving）：*The Psychology of AstroCartography*, Arkana, London, 1997.

以及它們的星座和宮位等等。在占星學，當你嘗試不同的技術和觀點，來幫助你管理和整理出你可以從星盤中汲取的資訊量時，不要害怕放棄那些看起來毫無意義的東西。

同學：那個繞不出結果的部分會不會也很重要呢？

梅蘭妮：是的，有可能。挺有趣的想法。具有最終支配星，或將所有行星的支配關係都包含在一個微小迴圈之中的星盤，往往表現高度集中的生活，也可能是強迫的或片面的生活。或許在一張星盤中，支配星未形成任何明確的模式，這可能表明一個人對他們的生活有在原地打轉的感覺，漫無目標。然而，我不願意單憑這些資訊就驟下結論。你可以透過與客戶之間的對話來探索這類的事情，不過，是要詢問一個「正派」的問題——這問題並不是為了證明你的占星理論而問！

讓我們再來細看吉姆命盤中的迴圈。首先，這個迴圈包含了他位於天秤座的月亮，精準地與天底合軸，這巧妙地符合他對人們找尋換置地點過程的興趣！天底是關於根、家、你們住的地方或你們來自哪裡。占星地圖的願景是，通過了解你對於某個特定地點所產生宇宙和地理性的共鳴，可能讓你更容易地選擇一個可以提高生活品質與個人幸福的地點。或者，更確切地清楚理解為什麼你住在現在居住的地方。他的月亮由位於十一宮金星雙子座所支配，而金星的度數又與月交點的度數完全相同。朋友對吉姆來說就像家人一樣，他非常重視他的友誼。他的金星，連同太陽和木星都落在雙子座，由位於十二宮的水星巨蟹座所支配。這象徵了他的感覺自我，以及他與社會的弱勢群體與不太幸運的人打交道的由來。關於吉姆，人們或許不太清楚，他在各方面都帶有一種革命精神——天

王星與月交點的度數相同——還曾經參與一些具有爭議而且大多是隱蔽的政治問題。他有強烈的社會意識，並參與少數族群的人權團體、監獄工作等等——這是他水星在十二宮的代表。就像魯依爾一樣，我們所知道的吉姆・路易斯在占星領域的研究只佔了他生命中努力的一小部分。

同學：月交點的度數是不是與宿命有關？ 這概念是從哪裡來的？

梅蘭妮：在卜卦占星中，據說任何與月交點度數（命定度數）相同的行星都有一種「命中註定」的品質。它代表著你無法掌控的東西，必須按其本身的意願展開，然而它將會對當前事件的卜卦結果造成重大的影響。我認為它在本命盤中也有點類似的意涵。你可以從吉姆・路易斯的命盤，以他參與朋友、想法、團體和社會關注事務上，看到非常精確的例子。而他位於十一宮的金星雙子座，也同樣表現了他善於在不同的交際圈之間遊走。這裡有人有這樣的命定度數嗎？

同學：你的意思是在完全精準的度數，而不是像比如說，在幾度以內的合相或三分相？

梅蘭妮：是的，它必須是完全精準的度數。例如，吉姆的凱龍星與他的北交點形成精準六分相的出相位，僅有 56 分之差，但仍不算是命定度數。

同學：我的冥王星在九宮落入獅子座的最後一度，還有火星在雙魚座的最後一度，而我的北交點在十二宮，天秤座的最後一度。我所面臨的艱難挑戰是我不得不在生孩子和上大學之間做出選

擇。那時候，天王星正逐漸與我的月交點形成四分相。我選擇去上大學，但我一直很痛苦，不斷地自我破壞。那真的感覺像是一種犧牲，我甚至連到現在都還在哀悼。我知道是我做了這個選擇，可我也覺得那是我唯一有的選項。我理智地知道那不是真的，但我感覺卻是如此。

梅蘭妮：或許到了海王星與你的交點軸線形成四分相時，你會對自己所做的抉擇感到更加平靜。

平衡點

吉姆的本命盤還說明了一個重要的觀點，即與月交點形成四分相的度數軸線，我稱之為「平衡點（balance points）」。正如我們所看到，吉姆的金星位於這條度數軸線上的一端。若聯想到「高空鋼索」的象徵，我覺得我們可以把任何位於這條軸線上本命的或行運的行星，想像成在走高空鋼索的人手中把持的平衡桿！換句話說，與月交點形成 T 型三角圖形相位的任一端點行星，都可以促進平衡。吉姆的金星雙子以消弭與接受彼此之間的差異來運作，雙子座代表著未必能夠同化合成的對手。他們之間是截然不同的，然而他們需要保持在這種狀態，以巧妙的手腕來彌補彼此之間的差異。

同學：位於第十一宮雙子座的平衡點，也與在一個格局架構之內創造心理模式有關。你可以創造一個世俗的模式，或從混亂之中理出樸實的模式，總之你能夠把模式給創造出來。

梅蘭妮：是的！ 像吉姆就把天空星體的圖案反射在地球的表

面上。

這些「平衡點」在傳統占星中被稱爲「彎曲（the bendings）」。這令人回味的詞彙也是航海術語，好一段時間，我以爲它指的是一艘船的迴旋裝置。遺憾的是，我從網路上得知事實不是這樣！這麼貼切的象徵，實在太可惜了！不過它的確是個航海術語，但指的是一個繩結或花結。傳統占星有許多關於「彎曲」象徵意涵的討論，其中最常被普遍應用在卜卦占星上，它被認爲是一種阻礙、障礙，或是一個「轉折點（turning point）」。然而，在本命盤上則清楚地證明，如果有一顆行星位於「彎曲處（on the bending）」，並與交點軸線形成四分相，這顆行星的重要性就會大幅增加，而且，這顆行星能量的具體呈現會造就人生故事的核心。和往常一樣，當容許度越緊密，它顯化成爲外在事件的可能性就越大。不過，由於四分相的根本特質在促使「事情發生」，也是事物想要被清楚表現的地方，因此特別要注意隨之產生的壓力和動力。至於位於「彎曲處」的行星，是塑造一個人命運的幫助者還是阻礙者，需要被謹慎的評估，我們必須查看是哪顆行星，以及它在星盤中的整體狀態。而且端看我們是否將交點軸線視爲一個動態的、而非一直線的過程，不過，在不同的時期，它有可能兩者都是。

與交點軸線合相的行星

當一顆行星與交點軸線的任一交點形成合相，都帶有一種迫切、勢在必行的氛圍，不可避免地，得要考量容許度設定鬆緊的疑慮。很顯然的，容許度越緊密，意義就越精確。但這就像是問了

「一根繩子有多長？」之類的問題。就主題而論，當行星與任一交點形成距離高達 12° 的合相，依然可被認為是合相，但你們必須根據星盤的總體情況，以及傾聽你們客戶分享的訊息來評估。再來看吉姆的本命盤，他的海王星與北交點在三宮合相，這大概反映在吉姆預計出版一本名為《人到中年的彼得潘》（*Peter Pan in Midlife*）的書時所面臨的難關。雖然此書出版的願望在吉姆還在世時被犧牲，但在他去世後得以實現。這組合相也表現在他對於人道主義與弱勢群體的參與。另外，當他過世，行運凱龍星在處女座 24°49' 逆行，在那之前，行運凱龍星在吉姆海王星／月交點的中點上停滯了幾個星期。

採用南交點釋放的象徵，與南交點合相的行星，像是耗損物一般要被釋放排掉，是某種過熟透爛、無用、消耗殆盡的東西。或者，它預示在人生的某個特定時刻，像這行星受行運觸碰時，會釋放一股非常強而有力的創造能力與能量。從這說法來看魯依爾奉獻的象徵，似乎確實有它的道理，他的凱龍星大概會以帶有傳奇色彩，而且需要被奉獻出來，致力於更大的整體的方式運作。儘管它可以代表你與生俱來非常擅長的天賦或才華，但它說不定會以一條極需被馴服或壓制的龍之姿態呈現，強烈地表現消極的陰暗面，得投入大量的努力讓它轉化。而與北交點合相的行星，帶有強烈的迫切感，想要以某種方式受到注目，因此成為巨大壓力的來源，可也具有多樣化的創造潛能。當月交點與一顆行星產生合相，不論是在南或北交點，通常會為一個人塑造顯而易見的生活模式，無論是內在的還是外在的。

月交點旅程

我想提一下行運的月交點。我對此很感興趣，由於交點軸線本身的倒退而行，每 18.618 天會以 1 度的速度在星盤上逆行。當一顆行星處於逆行階段，會蘊含一些更直觀、更右腦的東西。它沿著朝向內在的弧線進入心靈的活動，激活我們內在的本質，身處於逆行期間正是在消化經驗和清除殘骸的階段。我忽然想到，整個交點軸線的行運必然具有這樣的含義：它就像一條整合的軸線，除非它們也在逆行，不然它們大致上會靜悄悄的朝往行星移動的另外一個方向移動。這讓我想起蛇，或者說龍，隱身在黑暗地底之中移動，這條意識之軸退隱在我們人生舞台的幕後運作，隨著它慢慢地不停歇的轉動、回顧、處理和消化我們的整張星盤，以一體兩面的看待我們整個人生經歷當中的吸收和釋放，或許能跟著相應地得到豐厚的收穫。我也從蚯蚓的身上得到一些靈感，它們在土壤中蜿蜒而行會細化土壤的質地，而進入它們體內的土壤會沉積成為養份……如果星盤猶如我們人生的土壤，那麼交點軸線大概就如同蚯蚓一般！

所以我開始著手研究實際產生行運的次序，先從我的本命盤，然後從我家人、朋友和挑選了一些客戶的本命盤，我對我所發現的結果感到神奇和高興。為了簡單起見，我單純針對行運月交點的合相和對分相。從我計算四次完整的交點循環，得到一個長期的人生概覽。讓我們以星盤案例來說明。

說穿了，我想知道我得到的結果是否有任何意義，我相信是有的。讓我們在顯微鏡下觀察這個月交點的主題。我所做的方式就是

在一張紙的一側，按照順序逐一列出任何有與行運交點軸線形成相位的行星。但我只限定合相和對分相。你們可以拿張 A4 大小的紙，橫向使用，若有需要你們可以畫線區隔，效果會非常好，一張紙大約可以紀錄你們到七十二歲左右的一生。

　　例如，在這張本命盤，南交點會先觸碰到逆行的水星，然後金星，接著凱龍星、太陽、天頂／天底，然後是海王星。再下一次的觸碰是北交點與月亮的合相，之後行運月交點會與本身的交點軸線形成四分相。隨後又有南交點依次與土星、火星、冥王星、天王星、下降／上升、北交點，天底／天頂、月亮、上升／下降，最後是木星的合相。接下來會發生交點回歸。為了方便起見，可以拿一支鉛筆，把它放在星盤上，順時針慢慢轉動，記下被行運南、北交

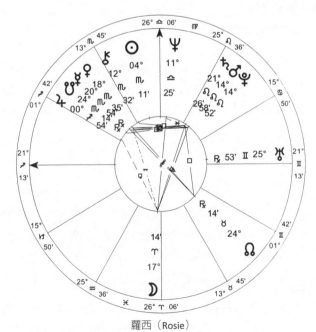

蘿西（Rosie）
1947 年 10 月 28 日；12:10 BST；索利赫爾，英國。

點碰觸的行星次序。

　　在這張星盤上，你們立刻就看到，在交點循環的前半部，一直到剛過九歲，所有與行運月交點的相位都是經由行運的南交點產生，只有月亮除外。那麼當然，在後半部，一直到 18.618 天的交點回歸，南北交點觸及行星的次序就會相反。這情況對此人的一生確實有它的重要性，我們稍後會說明。如果你們研究自己幾次的交點循環，就會發現每次前半部的次序是相同的，而後半部是它反映的鏡像。如果你們接著在旁邊一欄寫下這些所有行運的日期，就可以看到它們重複的地方，我向你們保證會出現一些有趣的主題。而且，這循環有絕對的規律性，比任何一個行運的行星循環都更有規律，以致於每個人都會在幾乎完全相同的年齡體驗到行運月交點與本命月交點形成的相位。大約每隔四年零八個月，行運的月交點就會與本命的交點軸線形成四分相。

　　若以英雄之旅的比喻討論月交點，由於它倒退而行，大約會被描繪成英雄的潛意識，隱藏在底下，仰賴著有意識的意圖，至於是在提供支持還是在破壞，取決於一個人內在平衡的狀態，以及在他人生旅途中所遇到特定的人生課題。隨著旅程的開始，你們遇到的第一件事是什麼？是遇到敵人呢？還是幫手呢？第一個任務是什麼？第一個障礙又是什麼？你們主要是獨自旅行還是和別人一起旅行？在我稍後發給你們的講義上，你們會看到我建議你們以「很久很久以前……」的寓言故事形式來寫個故事，按照行運月交點的次序陸續加入行星。這麼做的目的是檢視你們的人生，是否存在一個主導你們展開人生之旅的隱喻。在 NLP 神經語言程式學的術語中，這類似「後設程式」（meta-program）的概念，如同一個傘形結構，囊括你們人生當中所有會發生或不發生的事情。開始能覺察

這個後設程序的存在，將賦予個人非常大的自主力量。

當我研究自己本命盤行運月交點的次序，馬上就辨識出一些情節。第一組相位是由南交點觸碰我十二宮的海王星天秤座，這是我唯一位於開創星座的行星，接下來觸碰我的土星獅子座。這反映了為什麼在我的人生中任何新階段的開始，事情總會顯得非常混亂，有點沒有策略，以及為什麼我沒有特別的動力去啟動新事物，或做些符合北交點開拓新領域的事。除非，我得到某種海王星般的靈感，不過它非得經過等待才會出現，可是到那時候，我又要花時間從虛構情節中分清事實。這清晰度往往來自十二宮特質的獨處，或者夢境。如果要講我的女英雄之旅，它會像這樣的起頭……就在我剛出發時，霧重重的落下來，一切都隱沒在白茫茫的霧裡，混亂籠罩著我。我迷失了，很害怕，肯定為自己的境遇感到難過。然後，感覺似乎過了很長的一段時間，從霧中冒出一個瘦小的身影，原來他是個智者。他是接下來出現的幫手，也就是土星獅子，但是在行星過運的時間，那已經過了兩年多。或許他只是來說聲：「再等個五分鐘，霧就會散了。」正如你所期望土星會有的樣子，他富有經驗、時間感和讓人啼笑皆非的幽默感。他也可能是來教我如何讓這場霧像精靈一樣縮進一個瓶子裡，如果我夠細心的話，它還會透過玻璃瓶身，閃耀出美麗的色彩。我想你們懂我的意思了！

同學：你的意思是說，每次當行運月交點與你的海王星形成相位，你就會呆在霧中兩年？

梅蘭妮：有點像這樣……但以「童話風格」探索行運月交點的次序，可以發掘存在它當中的隱喻，並把它帶入不受時間影響，

可以自由伸長、縮減的地方。雖然主觀的會覺得有無盡迷霧的存在，但實際被籠罩的時間會因情況而異，當然還有其他行運的考量。

同學：這似乎是個回顧自己人生的有趣方法，或者也可以用在客戶身上。

梅蘭妮：對，沒錯。在許多宗教傳統和心理治療中，打從一開始就回顧個人的一生是進行內在淨化過程的重要步驟。這並非要全神貫注的找尋不健康的病態，而是一種強而有力造就真實自我的方式，幫助它從纏繞著過往、尚未被處理的糾結情感的隱形鎖鏈中解脫。這會讓你更全然地來到現在。仔細推敲行運月交點的次序，當你記錄這些行運發生的所有日期和生活事件，我想你會感到驚訝。童話故事是個有趣的練習，可以揭示你人生旅程隱喻的情節，不過記錄行運的時間點會讓你細想回味豐富的生活體驗。月交點的行運就像圍繞星盤的聚光燈，突顯了它們所觸及行星的狀況，並讓事物能被你覺察。

當行運的北交點與本命行星形成相位時，似乎會突顯出可能性和令人振奮的事，激起向前進的感覺。而在南交點的行運下，你可能會被要求為你的行為善後，刪除那些不再有用的東西。你可以根據行星落入的宮位和星座，看到在某個特定的生活領域處於墮落、衰退的狀態，而你可能不願意看到這一點。我也認為行運的交點軸線是一面鏡子，而且是一面雙面鏡。北交點會向你展示它的未來潛力，或它要朝往的方向，不論它代表著什麼；而南交點則可以告訴你它過去的情況，於是會產生要釋放排除掉某些東西，或者接納它以便能夠重新修正的壓力。當然，這之間沒有確切的公式，而

且南北交點總會相互牽扯。行運北交點可能會說：「這就是可能的情況；這裡可能是你想要嘗試和前往的地方。但為了讓它發生，你得要完成這個或那個。」換句話說，它也是指南交點。還記得之前提到月交點的木星／土星的守護關係嗎？我曾經聽麗茲‧格林（Liz Greene）講過一個怎樣讓驢子走動的絕妙比喻來描述木星和土星的關係。木星就像懸掛在驢子鼻前的胡蘿蔔，而土星就像從後面打過來的棍子！

月交點的四分相

　　讓我們專門從與交點軸線形成四分相、對分相與合相等相位來看月交點。南北交點往往與個人或團體的人際關係主題有關。當行運的交點軸線來到「平衡點」的所在──也就是與本命的交點軸線形成四分相──大約是進入交點循環的四年半左右。這是一個平衡的時期，雖然有時製造了危機，但也是潛在整合的機會。一切都很好，你得到一些足以平衡走在高空鋼索上的幫助。以我的例子，行運的交點軸線橫跨三宮和九宮形成四分相，而它過去四次形成這組相位時，我都專心在教某個特定的課程，或在跟一個老師學習。它們都有一種強烈的人際關係的成分，也是非常具有挑戰性的哲學、心理或靈性道路的追尋，同時也伴隨著內心深處幸福感，帶來整合。

月交點的半回歸與回歸

　　月交點的半回歸在進入交點循環剛過九年時發生，而交點回歸

則是在每 18.618 年時發生，它們感覺都有轉折點的特質。通常半回歸主導的議題與放下過去、完成未竟事宜，或解決潛伏的衝突有關。如果我們是迫不得已而採取行動的話，便不可避免地陷在過去，通常等在前方的會是一條死胡同。或許必須得做些艱難的決定，又讓人覺得別無選擇。我們在半回歸前沒有實現或無法更進一步表現的殘留物，會被提醒將它們釋放清除。使這段日子可能變得非常的不穩定，甚至可能從高空鋼索上跌落，因而測試與考驗你們設置在南交點安全網的能耐。你們與過去的關係、你們的月亮自我，你們靈魂滋養的感受，多多少少會成為這段期間的焦點。你們會覺得被吞噬了，還是在吞食來自前半部的果實呢？端看你們需要整合與平衡的地方，可能會有重要的交會，或遇到一個具有典範象徵的人，或者喚起你們的內在。有些事情可能試圖把你們拉回到過去，你們必須處理這種壓力。就像俗話說的驢子，給你們胡蘿蔔的同時還要挨棍子！

在交點半回歸期間，當行運的北交點與本命的南交點合相，如果你們的生活偏向北交點，並且一直在強烈地向太陽滅火，那麼你們的身體可能會因反抗而出現症狀，或者你們可能愛上某個人，陷入一種非常情緒化、感性和身體的層面，家庭關係可能需要注意。涉及月交點的行運往往很容易賦予人性，可能是因為它們基本上與人際關係有關。這些重要的交會未必是在你們的生活中認識新的人。一位舊識可能轉換了新的角色，或者一段關係可能有了改變。你們可能會突然意識到，自己一直在與朋友自憐自艾的傾向勾結，於是認為「我不想再重覆聽到相同的老故事了。」無論是什麼情況，在這些月交點的行運，你們可以期待會有重要的個人交會的發生。然而，如果你的生活偏向於南交點，可能需要下點工夫才能

擺脫糾纏，有時甚至是以前都沒有被辨識到的。

　　交點回歸是新開始的時候，它將啟動一連串的事件，並會在九年之後，也就是下一次的交點半回歸時到達頂點。通常會有巨大的能量湧向未來，在那之前可能需要花幾個月的時間進行心理或身體「大掃除」，就像在為分娩做準備。前進的動力強而有力，可能會有幫手的出現，有幸運的同步性以及遇到重要的關鍵人物。如果你們是頭驢子，現在是好好端詳掛在面前胡蘿蔔的時候，因為它可能很靠近嘴邊，足以讓你們咬它一大口。倘若你們只忙著擔心身後的棍子，說不定會錯過品嚐它的機會！這時候往往也有種脆弱的感覺，帶著十足的衝動，和面對一個嶄新的循環、未知的未來的興奮。而這個轉向未來的時期也可能意味著損失、離開和分離，因為在這個時候，我們都極於渴望的想要精簡人生以追隨我們的命運。

　　同學：當月交點與四軸點形成相位時會怎麼樣？

　　梅蘭妮：它們會非常明確地突顯這特定軸點的意義，而且該軸點所掌管的生活領域的重要性也會跟著增強。此外，這也表示行運月交點變換宮位的時間點，記錄追蹤這些時間點也會挺有趣的。倘若我們把宮位視為人生體驗的舞台，當行運月交點觸碰特定的軸線時，「蚯蚓」也會潛入這個領域，細化它的土壤。

與月交點形成的行運

　　現在讓我們來討論與交點軸線形成的相位。綜觀一個人的本命盤時，先查看這人是否有產生這類的行運會很有用，也就是在這人

的一生中，他本命的交點軸線的任一端點是否有與行運的外行星
形成相位，或者他的平衡點是否有受到劇烈的刺激。自 20 世紀 60
年代中期，天王星與冥王星在處女座合相以來，所有外行星行經的
星座相當集中，從處女座到水瓶座，然後逐漸進入雙魚座。這就意
味著外行星會與有些人的交點軸線的南交點或北交點產生一連串的
合相，而會與其他人平衡點的某一端產生相位。我們用來解說行運
月交點次序的本命盤就是一個例子，在這人的一生中，所有外行星
都曾與她的南交點產生合相。

　　由外行星與月交點產生的行運將持續數年，在此期間，行運行
星的特質會十分突顯。觀察記錄一下那些移動快速的行星與你們的
月交點產生相位的時候也會很有意思。由於水星和金星距離太陽很
近，所以在一年之中，它們大約有幾次會在新月期間聚在一起，如
果這時候又有一顆外行星加進來，這將意味著原有的能量會晉升成
爲你們生活當中最首要的議題。當行運觸碰的是北交點時，你們會
受到強烈的挑戰。你們的逃避、慣性和排斥可能會被發現，自我欺
騙會被戳破，而且你們當下可能會覺得自己好像在坐雲霄飛車，不
知道要去往哪裡，或者不知道該怎麼下車！人生當中的這些時期極
有可能發生重大的突破，並在生活中做出巨大的轉變。事實上，它
們無論如何都可能會出現，而你的任務是要適應他們。

　　當行運觸碰的是南交點時，我已經描述過有哪類的主題會被強
調。採用南交點安全網的象徵，這些行運的期間，就像是漁夫在不
能外出補魚的時候，待在家裡修補漁網。這意味著要處理未完成的
事物、清理過去、釋放糾結，對未來的準備有種模糊的感覺，只能
等待著浪頭再次對你們有利。這些的發生都很好，之後將會爲北交
點帶來巨大的推動力。

由於我們總在面對兩端的相對性，因此與交點軸線某一端產生的行運，有可能會在看似與另一端相關的事情上表現得更為明顯，像是一種反彈。同時，我們可能會被迫要去補償。舉例來說，如果你們的南交點形成一長串的行運，會讓你們感覺自己被拉回到過去，或者會擁有重新審視自己未完成事物的動力，你們可能還得與北交點建立強而有力的密切關係，以維持平衡感。還有另一種可能發生在兩端之間的動力關係。或許它也是關於如何從北交點忙碌的活動中沉潛進入某種休息階段的方式。

同學：哪一種比較重要？是與月交點形成的行運，還是行運的交點軸線觸碰所形成的相位？

梅蘭妮：它們的用途不同。正如我們所看到的，交點循環本身能提供你一個很有幫助的綜觀，讓你瞭解本命盤中的重要主題，而且，倘若你打算充分地探索它，大概會花很長的一段時間，因為在你的一生當中，月交點會持續繞著你的本命盤運行。然而，與月交點形成的行運將定義較短的時間，因為即使像冥王星移動那樣緩慢的行運也終有逐漸結束的時候。除非你活超過八十四歲，才會經歷到天王星回歸，否則所有外行星在人的一生之中都不會繞完本命盤一整圈。因此當我們實際解讀星盤時，將兩者都納入考量會挺有幫助。舉例來說，如果你看到客戶正接近他們的交點回歸，請往前查看之前幾次發生交點半回歸和交點回歸的日期，以及記錄在這些期間之內產生最有關連性的行運。一個完整的循環正在結束和將邁入新開始，這會構成一個很有幫助的架構，而在這架構之內，提供有關於其他當前正在經歷的行運更進一步的資訊。

同學：所以其中一種的是循環，另一種的不是？

梅蘭妮：他們其實都是循環。沒有行運是一個孤立的事件，都是隸屬於循環的一部分，即使這循環在你出生之前就開始運行。每顆行星在任何時間點的位置，都可以用許多不同的循環來定義，這取決於哪一個會與當前的目標最為相關。

同學：我一年之中有一個星期很特別，有些重要的事情通常會發生在那個時候。那是四月的第一個星期。我能明白你所說的，因為我本命的木星在牡羊座 11° 精準四分我的月交點。

梅蘭妮：所以每一年太陽都會觸動那個度數。

同學：是的，我剛才意識到，我童年的某些經歷與那個星期有關，比如我弟弟的出生。還有，當太陽對分那個度數時，我遇到了我的前夫。我第一次離開自己國家的日期是在 4 月 6 日，在此之前，我從我母親的家離家出走，也在四月的第一個星期。

梅蘭妮：那你明年打算要做什麼？

同學：我不知道！

梅蘭妮：這之間明顯的關聯性是在於木星與月交點的度數，有可能透過你生命中早年發生的事件而變得更加敏感 35。當你的人生若有我所謂的「決定性時刻」——有可能是一種創傷性的經歷——使得原有的連續性被打破或切斷，或做出了關鍵的無意識的決定。為了彌補這一點，你可能需要做一點回溯、一些重新修補或者釋懷。

35　請參閱本書第一部〈敏感度數區〉，110 頁。

星盤案例

我想進一步的以之前解說月交點次序的星盤為案例，更詳細地討論這個人的月交點。再次來看這張星盤：

這個人，我稱她為「蘿西」，她的北交點在第五宮金牛座，南交點在第十一宮天蠍座。一如我們所預料，以一個有天蠍星群的人，她的一生極為艱辛，而且無疑的，在上次的交點循環發生時，她全心專注於個人的蛻變之旅。蘿西持續接受心理治療，為她的人生帶來巨大的轉變，因而深深地投入於她內在的旅程。並不是說她以前沒這樣做過，但身為一位天蠍座，她的南交點參雜了更多的情感牽扯，涉入一些非常緊張、有時甚至是複雜的關係之

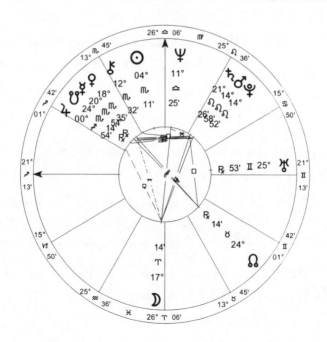

中，連與她的家人和同事之間也是如此。她曾在各式各樣的合作機構任職，非常符合十一宮的主題，同時也透過強烈的政治理想來表現被強調的十一宮，而且算是偶然地，參與相當引人注目的政治運動。由於是南交點，她並沒有刻意要成為一位革命者。此外，蘿西的南交點天蠍曾與每個外行星合相，而她的女英雄任務在於如何讓這些天蠍能量為她所用，而不是與之抵抗。

當我們條列她行運月交點形成相位的次序，你們還記得它是從南交點與水星合相開始，而且在循環的前半部，唯一與北交點形成合相是月亮嗎？這人最大的特徵就是她是雙胞胎之一。出生時碰到嚴重的難產，她的孿生雙胞胎比她先誕生。由於產程不順，蘿西的手臂在過程中被弄斷，又在出生後幾個月，她的孿生姊姊被診斷出患有癲癇。你們可以從月交點次序的符號象徵中發現 —— 南交點最先合相的水星，掌管了手臂與手足。請注意，她的水星也是位於第七宮的天王星雙子座的支配星，而天王星是除海王星之外，唯一在風相的行星，像是有什麼東西不如預期般的失靈了。像是比她早誕生的孿生姊姊，她的天蠍星群落入了第十二宮。使得蘿西是孿生雙胞胎中負責處理所有問題的一方。

看看她位於第三宮的月亮牡羊。大約在她十歲左右，行運交點軸線與本命月亮產生唯一的合相，這象徵著兄弟姊妹 —— 第三宮 —— 事實上，全家人都因為她孿生姊姊嚴重的病況而面臨巨大的分裂與混亂，全家籠罩在極度的痛苦情緒中。蘿西在家裡主要扮演積極的調解人與維持和平的角色，試圖幫母親應付她的雙胞胎，同時也嘗試與她外出工作的父親建立聯繫，而他常常不知道白天家裡中發生的事情。還記得我把月亮牡羊座描述成「動物母親」嗎？蘿西從很早就扮演這樣的角色。

　　月交點的次序由水星開始，並在木星射手座結束。這展現在蘿西從人生經驗汲取意義的能力上，她深入了爭鬥最激烈的地方，最後在尾聲得到某種幸運地釋放，一種幸運的突破。某些東西轉移了或浮現出一個新的觀點。這張星盤有非常深厚的冥王星特質，不過她整個人生旅程的隱喻，卻是從黑暗和騷動中走向希望、信仰和意義，這與她的上升射手座相吻合。蘿西還撰寫了一份個人日誌，幫助她在內在的世界找到自己的方向，也成為她適切的表現水星天蠍座與南交點合相的方法。

　　還有值得注意的是，她的北交點金牛座是唯一土相星座的端點──其它既沒有行星、也沒有軸點落在土元素。這單一元素確實會被非常強調，而且一會兒我會告訴你們這如何表現在她的生活中。首先，我們來看一下支配關係的軌跡。金星守護北交點，火星守護南交點，同時還要注意她月交點的守護星火星和金星，分別守護天底和天頂。金星在天蠍座，由冥王星獅子座守護，而她的太陽在天蠍座，形成互容。火星在獅子座，守護南交點，因此也會與同一組互容產生關連。從這個星盤案例，無論我們使用舊的還是新的守護星，得出的結果都一樣。找尋讓事物成形與變得具體的方法，並表達她與其之間的連結，冥王星特質的蛻變過程始終是她人生當中一個重要的主題，到現在依然如此。她的太陽位於象徵職業、事業和在世界中位置的第十宮。你們覺得蘿西可能從事什麼樣的工作？

　　同學：她和孩子們一起工作嗎？

　　梅蘭妮：並非專門如此。

　　同學：我有看到孩子，不過不是實際和他們一起在家工作。

梅蘭妮：是的，雖然在某種程度上，那是她童年時期在家裡做的事。由於她孿生姊姊的狀況，她從還很小的時候就在照顧他人。

同學：一位心理治療師？

梅蘭妮：她有接受過深入的心理治療，但她不是一個心理治療師。算是猜得還不錯！

同學：她有在身體層面上創造什麼嗎？

梅蘭妮：繼續猜……

同學：運用環境做……

梅蘭妮：答對了！在她第一次交點回歸時，她正要從培訓建築師的學校畢業。她逐漸變得非常成功，也設法完成與她所堅信理念相一致的工作。例如，她為殘疾人士提供專屬訂製的空間設計。她母親在 1982 年的一場車禍中意外喪生，當時行運的冥王星與她本命的天頂合相，僅有 30 分之差，同時也與行運的土星天秤座合相。在那一天，行運月交點的度數也來到幾星期前月食發生的度數，並且以 2°5′ 入相位的距離，四分蘿西本命的月亮。

當蘿西第二次交點回歸時，她意識到她從事建築的動機是為了得到父親的認可。由於她母親經常只顧著她患有癲癇的孿生姊姊，她的父親很明顯的便是她童年時期主要獲得支持的來源。也或許更準確地說，她抱著一線希望能從父親身上得到一些支持，但他不見得真的樂於幫助，所以她覺得她得贏得他的支持。這反映她太陽與冥王的互容，會在她經歷交點回歸時受到高度的關注，因為到

那時冥王星合相她的太陽，進入一段爲期很長的冥王星行運，近來才剛要結束冥王星與她本命木星合相的行運。所以她希望藉著成爲一名建築師來取悅她的父親，從事一份受人尊重的工作來「取悅社會」，並藉由它做出貢獻。同時，請記住當星盤中沒有土元素時，土星就變得更加重要。在她經歷第二次交點回歸的階段，她想要改變自己的工作情況，於是加入了一個合作組織——十一宮的南交點——因而造就了頗大的差異。她大約也是在交點回歸時開始接受治療，採取這行動需要跨出很大一步，才能克服瀰漫在她的朋友人脈網絡間，對接受心理治療的某種偏見。注意南交點位於與朋友和理想有關的第十一宮。這也是與信仰系統有關的水瓶座宮位，其中可能包括了偏見。

當行運冥王星與她本命凱龍星天蠍座合相時，她正在接受治療，當時治療的重點專注於榮耀童年時期諸多受傷的感受。當她哀悼著驟然離世的母親，她回到人生最早期的階段，甚至回到她的出生過程，揭露了很多的痛苦。她開始在她自己身上，發現那個憤怒，不受控制的「罹患癲癇」孿生雙胞胎。由於她個人的需要經常被排擠到一邊，好讓家人全心照料她那身染不幸病症的孿生姊姊，所有的痛苦和憤慨在這個行運中傾瀉而出，接著她卸下擔任安撫和調解者的需要，一個她始終都很擅長的角色。有趣的是，在她療癒著她與內在雙胞胎之間的關係，也就是另一半的她自己，行運凱龍星正好來到雙子座。這讓她與真的雙胞胎姊姊的關係有了重大轉變，並釋放自己對她的不幸負有責任的感覺。

當她經歷中年的冥王星四分相時，行運冥王星也同時四分了南交點的守護星火星，接著與北交點的守護星金星合相。一個想法跟著產生，一股衝動開始醞釀，到了行運冥王星合相她的金星，便進

一步具體成形。後來當冥王星與她的南交點合相，她辭去了的工作，租了間公寓，在非洲進行一項合作建房的專案，實際採用太陽光製磚。在那之前的幾年，她持續為這個變化做準備，還獲得了按摩和多種整體物理治療的資格。所以當她到了非洲也去拜訪傳統的治療師，並與他們共事，過著一種非常樸實的生活，實際與村民一起建造磚瓦和房屋。

為了讓自己平衡，她深深地投入這個土元素的北交點金牛座，而且確實獲得相當可觀的回報。運用這些樸實、粗獷的特質，讓她有足夠的實質感，因而能更妥善地處理與家人之間複雜的情緒問題。

莎比恩符號

你們都知道莎比恩符號（Sabian symbols）是什麼嗎？不知道？好吧。在占星學中，有幾組不同的符號，它們與黃道十二宮的每一度數有關。我個人最喜歡的是丹恩‧魯依爾對這些符號的詮釋，這些符號是靈通者埃爾西‧惠勒（Elsie Wheeler）傳導而來，最早受到馬克‧埃德蒙‧瓊斯（Marc Edmund Jones）注意而提出 [36]。這本書非常能啟發靈感，有助於激發人們想像力和直覺的跳板。

解讀南、北交點的兩個莎比恩符號通常非常有意思，可以相當簡潔地總結交點軸線的象徵。讓我們繼續用同一張星盤說明。北交

36　丹恩‧魯依爾（Dane Rudhyar），*An Astrological Mandala*, Vintage Books, New York, 1973.

點的莎比恩符號是「一個廣闊的公園。」這裡有一些詮釋：「為集體使用和娛樂而培養的自然能量。」還記得蘿西是一名建築師，專注於社區相關的項目。「人類為了和平生活而集體努力，獲得正面和令人印象深刻的成果。公共公園的設計和設置是為了讓全體市民都能享受。這個符號象徵集體享受。[37]」這點非常有趣，說起來她在一間合作的建築企業任職，然後剛提到她去了非洲的社區，與村民建造磚瓦和房屋。

　　她的一個平衡點在獅子座 25°，位於第九宮的宮頭，並與她八宮的土星合相……透過長途旅行而蛻變。這個符號解釋是：「一頭巨大的駱駝穿過一片遼闊而荒涼的沙漠……在面對一趟漫長而令人疲憊的冒險中，自給自足……一個生物有機體獨立地支應自己，自力更生，自給自足。[38]」這一直是她一個重要的動機。蘿西本命盤有很豐沛的水元素，她之所以能贏得自由，不是靠著斷絕所有困難的關係，包括她的孿生雙胞胎，而是堅韌不拔的堅持到最後。

　　她另一個平衡點更令人驚訝。也就是在第三宮水瓶座的 25°。「蝴蝶右翼翅膀的外形更加完美。」記得我有說過，她出生時是雙胞胎之一，還斷了一隻手臂！這裡的詮釋是「在正常狀態之前，發展顯意識各個方面的能力。[39]」蘿西的個人行星沒有風元素，但她的天王星在雙子座，海王星在天秤座。或許是補償作用，她取得了建築學的學位。她非常聰明，但她個人若有所思的承認是「靠著自己摸索而來的。」我想這是對「超個人風元素」相當貼切的描述！

37　同前揭書，p.85ff.
38　同前揭書，p.145ff.
39　同前揭書，p.264ff.

同學：我不太明白，應該是 24°14′ 才對，不是 25°……

梅蘭妮：當計算莎比恩符號的度數時，慣例是將它們四捨五入進位到下一個度數。所以 24° 加上任何分數，即使是 01′，也是 25°。如果你記得 00°00′ 到 00°59′ 的牡羊座，是黃道十二宮中的第一度，就能明白。

合盤

　　從我們探索過的所有內容來看，月交點在合盤扮演的重要性應該顯而易見，因為它們是關於內在和外在的關係。當交點軸線被行運啟動，或者行運的交點軸線確實的刺激了一顆行星，那麼與他人的重要相遇很可能會發生。兩張星盤之間最有影響力的連結之一，是當一個人的交點軸線與另一人的某個軸點連成一線。這樣的連結很可能充滿強大的張力，姑且不論舒適與否，彼此之間產生的深刻共鳴，會維持很長一段時間。無論喜歡與否，你的生活都融入了這個人的生活。即使這段關係失敗與告終，它的影響也將持續下去。這種連結經常出現在夫妻的星盤中，我看過很多這樣的連結都是雙向的存在於彼此之間。有交點／軸點合相的人們往往發現分開是件難事，如同他們的生活註定要以某種方式交融在一起，可能會與較為表淺的相容性表現一致，也可能不會。

　　舉例來說，如果一個人的北交點與你的天頂合相，你可以期望這份關係會與你們的職業生涯有關。隨著你得到協助和支持，你的雄心壯志將被激發。不過，北交點人也可能想要接管一切！這同時也代表他們的南交點會與你的天底合相，以致於你大約會發現，這

類接觸在親密的個人層面上，充滿了來自過去的殘留。如果你們彼此變換，這個人的存在激發了你對安全感、舒適和家庭親密感的渴望，他們甚至會讓你在第一次見面時，有種莫名的熟悉感。然而，當他們的南交點位於你的天頂，你們可能會發現他們也希望你能成為權威、做出決定，或者他們是靠著你的專業得到成功。你必須同時考慮交點軸線的兩端，還有，天頂／天底軸線也是雙親軸線，這類的主題幾乎肯定也會浮現。至於另外一組的軸點，上升／下降，重點會在於個人定位的議題、以及你與他人連結的風格。如果兩個人的交點軸線彼此交錯形成四分相，就會有如同字面意義上「南轅北轍」（at cross-purposes）的誤解。一方想要的比另一方能給的還多，或者，對於什麼樣的形式適合彼此的關係，並不容易達成共識。由於彼此的軸線也觸碰了對方的平衡點，彼此星盤交互形成的月交點四分相，可以變得非常珍貴，因為它加速了雙方心理成熟的過程。

當一張星盤中的北交點與另一張星盤的行星產生合相，如果我們聯想到龍的象徵，牠彷彿會吞噬掉那顆星球，啃得一乾二淨後並消化它。如果我們打個比方，這被吞掉的是你的行星，你可能需要花點功夫把它拿回來！矛盾的是，這也可能代表經由另一個人的交點的觸碰，會為你帶來了能量，加強與改善你的這顆行星原有的功能。然而，如果這一切是在無意識之中，而你也沒有整合這顆行星的特質，那麼最終可能會感受到它的失去。舉一個這類情況的例子，有一個女人，她伴侶的北交點與她的水星合相，當他們在一起的時候，他總是非常的健談，儘管朋友們說他平時並不像是這樣。與此同時，我的客戶發現自己變得不太會說話，思緒緩慢，而且感到很困惑，因為這完全不是她原本的個性。如果有個人他的北

交點合相你的金星，你可能會突然提高自我意識、注意到你的不完美之處，或者，很有可能的，覺得自己受人賞識、重視，或者強烈感覺非得要去買些新的裝扮。意識加倍集中在那顆行星上，如果你與它的聯繫良好，你會立即從中受益。但若不是的話，困難的挑戰就會被突顯，不過它促使我們去處理恐懼和消極模式，到頭來還是能讓人受益其中。

另一方面，與南交點形成的合相具有釋放能量的效果。如果我的南交點與某個人的行星合相，他們可能因為受到我的刺激，而釋放出大量的能量，有可能非常有創意，或也可能製造一點混亂。反過來說，我自己南交點原有與過往、慣性和排斥有關的議題可能再度被強調，發現自己從蛇梯棋盤遊戲中的梯子上滑了下來。倒退、再次展現過去的模式。我想你們懂我的意思了。

同學：如果兩張星盤之間產生月交點與凱龍星的相位呢？

梅蘭妮：凱龍星的主題也許會被強烈的啟動，讓人接觸到深層的創傷，以及療癒的內在資源、拓寬視野等等的可能性。我相信榮格曾經說過，我們無法真正治癒我們的神經官能症，但我們可以超越它們。在一段關係中有月交點／凱龍星的連結，往往意味著有機會以這樣的方式去超越它。不過，要能成功的從某個特定受苦的領域中出走，也許包括要針對我們從中所獲得的「繼發性獲益」，進行一趟令人不適的探索，正由於我們面臨了成長的挑戰，起初可能會引起反抗，讓我們覺得這份關係正在傷害我們。凱龍星這一方的人可以擔任教師或導師，但這並不意味著這趟旅程一路順暢！

同學：你能再多談點有關某人的南交點與另一人行星產生的合相嗎？我的意思是，這被合相行星的人感覺會如何？

梅蘭妮：這無疑的得看是與那顆行星合相。但若是你星盤中的某個重要領域被其他人的南交點給強調，那麼你就可以成為接收很多來自於他們過去東西的一方，而這些東西會經由你們彼此的連結而產生能量。讓我們再用水星舉例……你在那裡無傷大雅地說著話，他人的詮釋或誤解，是經由他們過往經驗的濾鏡而來，這樣的濾鏡例如像是另一個人以前是怎麼和他們的兄弟爭吵，或者他們覺得自己在家裡怎樣都插不上嘴，之類的情況。舉個月亮與另一個人南交點合相的實例，由於月交點的這一方相當排斥去滋養他人或受人照顧，使得月亮的這一方覺得，每當她做出關心或支持的舉措時，都在冒著被誤解的風險。而月交點的這一方覺得他們被接管、被操控或被削弱。然而他們不可避免地會與人建立各種關係，彼此雙方的過往模式都會隱微的涉入其中，只是在他們這一組的情況，這個部分會被明顯的強調。另一方面，積極的版本就是，形成合相的行星的一方也可以見證某種有創意的東西被真正的發表釋出。釋放（Release）這個詞，在南交點可以用來代表排毒或釋出創造性的能力。

同學：如果我們舉例當某人的南交點合相另一人的北交點，情況又會如何呢？行運是否會與平衡有關？

梅蘭妮：是的，行運的交點循環與取得平衡有關，進入循環只需要九年就會發生半回歸。也代表依你所問交點間形成的相位，將發生在彼此年齡相距九歲左右的人身上，或相差大約二十七歲或四十五歲。這些年齡差距很有意思，因為這兩個人的星盤會因外行星所形成集體意識背景，而有顯著不同的模式；他們會從不同的視野、理解和成見中得到啟發。另外記得，任何對分相、任何半回歸，通常都帶有透過衝突或無疑的欣賞彼此的差異而獲得覺察與覺

悟。如果這是透過月交點的觸碰而體現在合盤之中，有可能形成非常有活力的關聯，帶來了不同以往的感覺，理想的情況是希望能理解和接納新的觀點和存在的方式。人與人之間重大的誤解和所謂的不相容性，往往會清楚地反映在交點軸線上。畢竟，如果這是你人生的高空表演，而你發現某人的交點主題過於吵鬧而與你的不協調，你會覺得自己就像要掉下去了！

此外，這個人的南、北交點與你的正好完全相反，將會重新啓動你在之前交點回歸或半回歸發生時所面對的過往經驗。南交點釋放和清理的主題，以及北交點的挑戰，將會成爲這份關係中重要的組成要素。兩個人在南交點的記憶、歷史和慣性將會被對方的北交點攪動和動搖，所以你可以理解這樣的組合能帶來多麼豐富的成效。另一方面，這組合感覺像是關係中的兩人有著截然不同的生活方向，以致於有時這會導致衝突和最終的分離。

龍頭圖

同學：你覺得龍形占星學（Draconic astrology）有用嗎？

梅蘭妮：這是另一個我們可以稍微討論的叉路，然後再退回主題！關於這個領域，你們可以閱讀潘蜜拉‧克蘭恩（Pamela Crane）[40] 對它的研究，但我試著從我對它有限的理解來回答你。首先，爲了計算龍頭圖（Draconic chart），你要把北交點視爲牡羊座 0°，依此設定重新計算整張星盤的行星和各個軸點的位置。讓我們舉一個簡單的例子。如果你本命的北交點在牡羊座 5°，請把

40　潘蜜拉‧克蘭恩（Pamela Crane）：前揭書。

它置換成龍頭圖的北交點，也就是牡羊座 0°，因此就要倒退 5°。接著，你把整張星盤其他行星的原有度數各精確地減去 5°。就可以得出一張龍頭圖。幸運的是，現在有許多占星軟體可以幫忙做這種星盤的計算！

請記住，龍頭圖是根據北交點在牡羊座 0° 而設定，它是開始的起點，最初的衝動，因此我們或許能夠透過它看到反映我們在生命的背後、隱藏在這化身之下的衝動。通常它還能以這種方式支持我們以回歸黃道所繪製的本命盤——去滿足、滋養和支撐它。龍頭圖反映出的品質就像我們可以汲取的資源庫，是我們到目前為止所做的一切的精髓。有鑑於月交點本身的象徵意義，也就是太陽、月亮和地球之間的相互作用，龍頭圖可被當成是我們從精微層上傳承而來的宇宙遺產。

我把這形而上學的概念留給你們決定，不過這裡有些來自不同觀點的「大雜燴」。從心理學的角度，你們可以說龍頭圖顯示了超個人層面父母的**理想形象**（imagos），可以說是你們的靈性父母。根據魯道夫·史代納（Rudolph Steiner）的研究，據說我們的精微體，實際上是由行星的以太物質編織而成，我們說不定可以擴展這一觀點的看待攜帶這種資訊的交點軸線。「靈魂」（astral）一詞指的是星星，它是從拉丁文的 stella 和 astrum 而來，因此會構成**星靈體**（astral body）這個名詞也絕非偶然。星靈體這一層精微體的作用在處理情緒，不光侷限於個人的情緒，而是與我們所謂的集體無意識聯繫在一起。此外，透過電波天文學（radio-astronomy），我們得知真實存在我們的身體之內的化學元素，也同時在遙遠的太空深處發現。你們也許會傾向於業力角度的詮釋，即採納龍頭圖顯示了來自於我們前世的傳承，無論是好是

壞，都會對我們此生帶來衝擊。然而，如果你們願意繼續採用天文學的象徵意義，讓星盤本身爲自己發聲的話，我想你們仍可以發現一些非常有趣和有幫助的見解。

　　龍頭圖和本命盤之間的關係也很有趣，因爲兩者之間有時候會有一種明顯支持的關連，或者浮現出某個主題，補充或平衡了本命盤。兩者之間也可能會出現衝突，這也是個很重要的現象，就好比這個人必須非常努力的工作，才能讓不同層面的人彼此保持一致，或者他們感到缺乏內在資源，又或是他們總在妨礙自己，經常感到自己無法與別人相提並論。當然，在龍頭圖上所有的圖形相位會維持不變，行星也位於相同的宮位之中，可是星座將會有所轉變。這意味著原本在本命盤裡被非常強調的部分，會因爲這個改變而特別值得玩味。一個固定大十字可能會轉換成變動大十字。巨蟹座星群可能換成落入水瓶座，或者具有摩羯座星群的人，置換成龍頭圖後可能變成了雙魚座星群！我發現研究這兩種星盤之間，與交點形成的合相特別能揭露些啓發性，因爲它們似乎串連著這個生命的不同層面，而且當被行運激活時肯定更強而有力。

　　有趣的是，倘若你們是爲熟悉的人繪製龍頭圖，你們立刻就能看出它們是如此的「貼切」！我邀請你們也試著替自己繪製龍頭圖，可以跟你們保證絕對會有強烈地共鳴。你們可以把它當作是一種資源，像是一口可以汲取的生命之井，至少對我來說是有意義的。你們知道，我們西方占星經常使用的回歸黃道（Tropical Zodiac）的起始坐標是牡羊座0°，或者從太陽穿過赤道，開始向北移動的時間點算起因而這是一個充滿太陽能、甚至火星最原始的衝動，促使英雄踏上穿越偉大黃道十二宮「動物圈」（circle of animals）的旅程。因此，對這趟旅程進行心理評估的準確性是

個人發展的一面鏡子，投影描繪出我們的成長過程。

　　龍形黃道（Draconic Zodiac）也是關於位於牡羊座 0° 的起始點，但是以另一種方式，顯示月交點與它連成一線。因此，從有關太陽、月亮和地球交互關係的事物中，龍形黃道可以非常妥善的展現出我們此生之前整體的總結，以及它如何隱形地支持回歸黃道本命盤的模式。我們展現自我的種子在回歸黃道中被清楚地描繪出來，但是或許龍頭盤顯示的是它生長的地方，像一株植物，朝向由回歸黃道所象徵的太陽光生長。

　　讓我舉一個龍頭圖的例子來激起你們的好奇。

　　這張是蘿西的龍頭圖，看看那些土元素！其中三個處女座的行星實際上與黃道盤的北交點金牛座形成三分相，如果你們還記得，那是她整張本命盤中唯一有的土元素。一些沒有土元素的人還

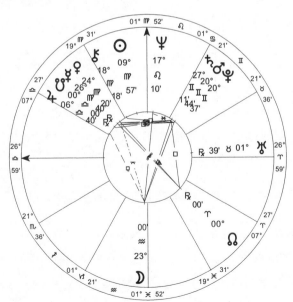

真的會表現這樣的特質，因為他們不紮根，無法錨定，需要從朋友那裡汲取大量的東西，或者透過工作或職業來灌注能量。他們可能很難在這個世界上有所為，儘管他們說不定會非常努力，以致於過度補償，看起來表現得很成功，或者變得很富有，賺很多的錢，如果你可以感覺到他們的能量，就能感受到他們的壓力與竭盡所能。這對他們來說並不容易也違反自然。不過以蘿西的生活模式，甚至她的精力，以及她後來在藝術治療中學到的身體療癒技術，構成了一幅與一般狀況不同的畫面。有時候一個強勢的土星會彌補缺乏的土元素，但在蘿西的情況下，她的土星是弱勢，還有冥王星和火星在側，而且它還與交點軸線形成四分相，以致於這一點變得重要，不過肯定沒有顯現在身體層面的舒適度上。這顆土星確實妥善的象徵了她內在的探索，她與伴侶和家人之間關係的強度和深度，以及她童年時期的動盪。龍頭盤中，被強調的處女座反映在她身為建築師的工作——處理細節、事實、精確的繪製設計圖——也反映她現在身為一名治療師上。

在蘿西的案例中，兩種星盤之間有相當大的一致性，因而有種和諧且有豐富成效的交流，有很多的六分相。請注意，龍頭圖的上升點在天秤座 26°，這代表在最近發生的日食（1996 年 10 月 12 日）比它晚幾度，落在她的十二宮，目前她正考慮要從非洲返國。

同學：你會不會將行運的龍頭圖對應龍頭圖？

梅蘭妮：我想你可以二擇一，或兩者兼用。許多占星軟體，包括 Solar Fire 在內，都可以操作行運的龍頭圖與龍頭圖的繪製。以我有限的經驗來看，這些都非常有趣而且展現了隱藏在表面下進

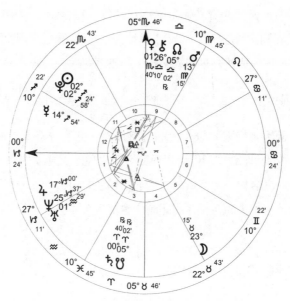

研討會，1996 年 11 月 24 日；10.00 GMT；倫敦，英國。

研討會——龍頭圖，1996 年 11 月 24 日；10.00 GMT；倫敦，英國。

展的事物，但那的確是能量的內在運作，或揭示了命中註定的情況。以剛剛所舉的案例，若以回歸黃道的行運盤對應到龍頭圖，可能會顯示更多與外界相關的事物。我不確定。

同學：我不太明白，你說的龍頭圖的行運是什麼意思？

梅蘭妮：好吧，以今天的星盤爲例。北交點在天秤座 5°，與牡羊座 0° 距離 175°。你可以看到今天星盤，太陽／冥王星在射手座的十一宮合相，並與這張盤的北交點產生短暫的六分相，這意味著太陽／冥王星的合相在龍頭圖中會落入金牛座。

胡柏學派的北交點星盤

我這裡還有一種與月交點有關的星盤想介紹給大家，這是另一個我們今天只能稍微淺嚐的線索。這裡是以胡柏學派的方法，繪制蘿西的北交點星盤（Moon Node chart）。由於胡柏學派本身是個完整的系統，我不確定把它當成今天研討會額外附加討論的技術或觀點是否公平，也許我們應該將整張星盤都用該系統的方法解釋一遍才是。不過，既然水星在我的八宮逆行，並且守護我自己交點的兩端，大概可以容忍我不擇手段的把它用在今天的研討會裡。以防你們沒有注意到，我今天已經做了不少這類的事！

像龍頭圖一樣，北交點星盤也應該與回歸黃道的本命盤一起併用 [41]。在這裡，你們可以看到這張星盤，北交點被用作於上升點，而上升點原本的度數變成了月交點，所以它們彼此做了切換。若

41　感謝位於英國柴郡，胡柏學院的喬伊斯・霍普韋爾（Joyce Hopewell）計算這個星盤。

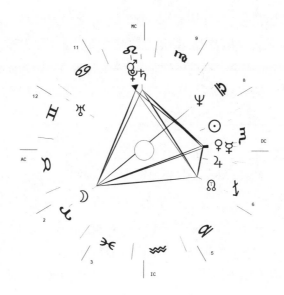

你們想為自己畫一張北交點星盤，請將你的北交點放在上升點的位置，然後等宮的**以順時針方向制定十二宮位**，別忘了也要加入月交點，但要換成上升點的度數。不然，整張星盤所有行星的度數和分數會保持完全不變。所以，你們這樣做就會得出一張因鏡像而翻轉的星盤。你們看到了嗎？

　　在胡柏系統詮釋的北交點星盤，有容納輪迴轉世的概念，因此這種星盤會從他們所謂「轉世原型」的角度來詮釋。於是，這種星盤被視為是一種影像的儲存庫，或許可作為深層記憶的接入點，取自於集體的無意識，在那裡根生蒂固的主題，深深地封存在這些原型的影像之中。這些也有個人的業力共鳴，也反映了心理層面的陰影。舉例來說，倘若你在修道院度過一生，渴望與神聖建立聯繫，這樣的記憶結構將留下非常強烈的印記，像一股潛藏的暗流、無法實現的深層洋流，可能會影響你此生的幸福。有些人則會

堅定地認同其他文化，或其他的歷史時期，而這些原型主題也將與此生有關。如果你看重這種輪迴論，重要的是不要帶著評斷或歸罪，釋放掉因錯誤判斷的內疚而帶起的隱晦感受，這對於清除這些印記相當重要。露易絲‧胡柏（Louise Huber）特別將北交點星盤與我們早先提到的星靈體連接起來。[42]

　　蘿西的北交點星盤很有意思，因為她的第七宮被強調。這個宮位在北交點星盤中被稱為「相遇宮位」，我們從蘿西的故事知道這確實是她人生中一個主要的議題。從這個概念結構，我們可以推測，她與她攣生雙胞胎之間的關係可能遠比這輩子更長，而且她一直致力於釋放和解決這段深繫彼此過往歷史的特殊共鳴。她一生中還有其他激烈的夥伴關係，也隸屬於這一類。獅子座星群出現在第十宮，母親的地位、權威和再創高峰的動力。這在北交點星盤系統中被稱為「個人特色的軸線」。我們在蘿西的人生中也清楚地看到這一點。還記得正是她母親驟然的離世引發了這一連串轉入內在和相當強烈的蛻變過程。雖然她不是家中年紀最長的人，她在家卻以年長者的身分自居。她的父親現已年老體弱，她過往也處理了許多與她攣生雙胞胎有關的複雜情況，而透過她與自己家人間的關係，以及她的專業工作，她重新發掘屬於自己人生的權威，並且知道要與自己必須切割的情況保持距離。

月亮交點軸線的兩端

　　相信我的講述內容已經夠多了！接下來的時間將專注在你們自

42　布魯諾和露易絲‧胡柏（Bruno and Louise Huber）：*Moon Node Astrology, Samuel Weiser*, Inc., York Beach, ME, 1995.

己的月交點上。我準備了一份講義 43，其實是方便你們在研討會後
自行進行探索，因爲按照上面的順序逐一做完，需要相當長的時
間。不過，現在稍微看一下也會有幫助，好提供你們一些線索和提
示。我們將按照十二星座的軸線來分成六組，所以你們整條的交點
軸線都會被納入考量。按照你們的意願，以各種方式來探索這條軸
線，但請試著運用我們討論過的一些基本特性，像是支配星、相
位等等。如果時間足夠的話，還可以查看行運。將你們個人的經
驗與其他人的交換比較，有什麼明顯的特性會強調了彼此之間的
差異。你們可能有機會與那些擁有與自己相反的交點軸線的人交換
意見，這樣就能更深入地理解自己。小組討論之後，我們會花一些
時間把各組的討論內容一起過一遍，這樣就能從彼此的分享中受
益。最後，你們可替自己的交點軸線找尋一個象徵，看你們要一起
或單獨找皆可……這個象徵是一個囊括了你們所發現的一切涵義的
東西。這時可以運用你們個人的直覺，它往往能替你們持續探索的
事物做出總結。

（練習時間）

牡羊／天秤軸線

梅蘭妮：好的……現在需要把大家重新召集回來，花點時間
來討論你們發現的內容。讓我們按照順序地從牡羊座／天秤座開
始，這組看起來相當多人。你們發現了什麼呢？

學生：我們這組似乎在達成協議與意見分歧之間輪流交替，而

---

43 參閱本書附錄二。

且在討論過程中遇到挺多的困難，因為我們總想在要如何進行上包括每個人的意見！

梅蘭妮：北交點在牡羊座的人和北交點在天秤座的人有差別嗎？

學生：是的，這真的很有趣。大多數情況下，北交點在牡羊座的人實際上是那些傾聽、調解，和試圖包容每個人的人，然後會因為沒有進展而感到沮喪！

學生：而我們那些北交點在天秤座的人只想要做就對了！

梅蘭妮：所以你們主要表現出的是南交點的態度。這讓我想起了先前所說的安全網的象徵，使得南交點就像我們最容易採用、轉而依靠的方法。

學生：一旦我們開始，並決定要怎麼做之後，北交點在牡羊座的人往往更明確、更直接的想要談論他們的經歷。

學生：我們確實發現，火星和金星所在的星座和宮位，對於平衡會怎麼體驗的看法有所不同。我的火星在射手座，所以我先起頭說話，然後變得不耐煩。我希望大家盡可能地多探索講義上的內容，然後匯報，但並不是每個人都同意，因為他們認為以我們小組討論的時間這麼做太多了！

學生：她的看法是對的，但那不可能做得完！

梅蘭妮：你們有看到牡羊座／天秤座在這個由來已久的，關於我／你（們）／我們之間的主題嗎？還有行動和反省？有了這條軸線，堅持己見和考量他人做法之間的平衡便是一個主題，也是一種

渴望，讓人在沒有壓制個人衝動的情況下找到平衡。你們有沒有找到一個象徵？

學生：不算是有，不光是剛在權衡輕重的天秤不開心外，我們也不覺得這對牡羊座的正面特質來說是公正的。

梅蘭妮：你們想要公正！也是這條有趣的軸線，目前有些重要的行運發生在摩羯座，它是這條軸線的平衡點之一。所以你們每個人都有天王星，或許還有海王星，與你們的月交點形成四分相——造成平衡或者失敗！

學生：當我意識到這一點時，便明白了我人生中，讓我感到非常激烈、痛苦萬分的那段戀情。感覺就像一個翹翹板，我還沒有仔細研究過與我月交點形成的行運，但這讓我瞭解了當時的整個過程。

梅蘭妮：今天北交點大約在天秤座 5°。有沒有人有交點回歸？

學生：我的北交點在牡羊座 20°23'，所以我在今年二月份有交點半回歸。我一直到今天才注意到這一點。但它讓一些事情變得有道理。我的太陽在雙魚座，三分了月亮巨蟹座。但我的北交點與火星和土星在牡羊座合相。我總是盡量避免衝突，可是在這段期間，我被迫不得不堅持自己的立場。

梅蘭妮：是什麼讓你做到這點？

學生：我不確定。

梅蘭妮：你南交點的資源是什麼？你的金星在哪裡？

學生：在水瓶座，緊密的與水星水瓶座合相，並和冥王星處女座形成十二分之五相（150°）。他們彼此間的差距都不到一度。

梅蘭妮：如果你把南交點想像成一個安全網，或者某種你內建的、與生俱來的東西，那會是什麼呢？

學生：嗯，我想我必須釐清我的原則並把事情想清楚。我通常會依照別人想要的一起流動。我的北交點、火星和土星在第四宮，反映在我家裡，有很多的苛刻、評斷和爭執等等的情況。我說我從來不想要那樣。但是我發現這樣彷彿讓我把自己從根斬斷，變得沒有立場。我必須要找到它！而且盡快！

梅蘭妮：這裡有北交點提升的特質，它在更新、升級某樣的東西。雖然你有火星／土星負面的經驗，並下定決心不這麼做，可是你卻被挑戰得去尋找它正面的抒發方式。這事跟你的工作環境有關嗎？我在想你的南交點位於十宮。

學生：實際情況是這樣，沒錯。但我所經歷的變化，對我的家庭也連帶造成了影響。這要站穩自己立場的概念，到頭來同樣適用於這兩個領域。

梅蘭妮：你很快也會經歷到土星回歸，這次的半回歸是個有趣的前奏，因為土星確實會鞏固先前所取得的成果。

金牛／天蠍軸線

梅蘭妮：那麼金牛座／天蠍座小組呢？

學生：我們似乎專注於資源的主題，以及擁有或沒有資源的感覺。我們只有一位北交點在天蠍座的人，她說她對太複雜的事情有很大的抗拒，雖然在情感上他們不可避免地會變得如此。她一直試圖簡化自己的生活，熱愛天然和感性的事物，可是她因爲會對性生活導致的複雜情緒而小心翼翼，以致於有些困難。然而，北交點在金牛座的人幾乎都會追求這類的強度，並且必須學會欣賞簡單的事物和樸實的價值觀。一位組員說，她必須學會重視工作中的生產力，換句話說就是要對銀行裡的存款，也要如同她對高風險情緒狀態有的高昂興趣！

梅蘭妮：你們看來只有一位發言人？你們是這樣決定的，還是就這麼發生了？

學生：我們大多數人都躲在天蠍座中，其餘的人都在金牛座懶惰！

梅蘭妮：發言人還有要說的嗎？

學生：好，我的火星在牡羊座，三分了金星射手座，也三分了月亮獅子座。但金星和月亮之間大約有 13°，所以它們並沒有形成一個大三角。

梅蘭妮：你的木星在哪裡？

學生：在天秤座的前幾度，實際上我的木星與金星互容，守護著我的北交點金牛座。我喜歡主動，但並不總是這樣。土星也和我的金星合相，儘管我有這麼多火元素，可是我以前真的很膽小，有時甚至害怕說錯話，或讓親友們失望。我想，因冥王星越過我的南交點，讓最近的我變化很大，我開始真正接納我的火星。

學生：我們也花了不少時間交換彼此對這次冥王星合相南交點行運的記錄。對我們大多數人來說它挺有挑戰的。有趣的是，那些幾年前曾經歷過它的組員們回顧並分享了當時的經驗——就像冥王星和南交點合相之後的生活續篇一樣！

梅蘭妮：是的！你們所有人都會經歷相同的這個行運，這是一段非常深刻的調整時期，有時甚至會覺得自己失去了一切。

學生：我的確是失去了一切，至少失去了一切的物質資源。我丈夫的生意破產了，我們不得不將房子再抵押貸款，最終我們也失去了房子。真是令人感到害怕。那些關於金牛座／天蠍座的資源主題，以非常直接的方式呈現。因為我們家從不需要靠我去賺錢，所以我並沒發展過自己的事業。我想我沒有太多的動力，或許是我的懶惰……有時候很懶，有時又很有動力！我從沒想過會發生這種事。

梅蘭妮：那這次有帶來什麼正面的成果嗎？

學生：有的，我想我學會了釋懷吧，我明白了失去是如何為了獲得騰出空間，我也有了自己的職業生涯。這點很有趣，有一段時間我是家中負責養家糊口的人，當我是把錢賺進來的人時，我不得不學會分享！這一切在情緒上造成相當大的混亂，而我有時就像一個惡毒的青少年，然後又充滿了自憐。這是一次很真實的啟蒙，並讓我內心深處一直有的感覺浮現，那是一種被人責難卻不明所以的感受。但不是一個受害者，只是有種生命欠了我一些我沒有得到的東西的感覺。我想，我也學會了給予。

梅蘭妮：你們每個人在接下來幾年內的某個時刻，都會有天王

星四分你們的月交點，然後會輪到海王星。

學生：因為我的月交點在 2°，所以我已經體驗過了。

梅蘭妮：你還會再有一次更緊密的四分相，而且很快就會形成。到目前為止有發生了什麼嗎？

學生：這是一個與某些事物脫離關係的時期。和我十二年前的冥王星行運不太一樣。那一次的很慢，而且有很多關於死亡的事情。但現在的天王星行運令人興奮。我搬了家，拋開了很多過去，結交了新朋友，這一切似乎都發生的很快。我覺得連我都還在努力趕上自己。我意識到，在過去，我需要多長的時間才能改變，現在我感覺非常自由。

梅蘭妮：謝謝。如果你說完了，讓我們繼續換到雙子座／射手座小組。

雙子／射手軸線

學生：我們這組只有兩個人，而且都是北交點在射手座，我們根據講義聊了很多上面的主題，得到很多想法。雖然很難聚焦，但我們還是很享受！我的火星雙子座和南交點在十一宮合相，我沒有說話的問題，特別喜歡參與各式各樣的群體、團隊、討論小組，和讀書會。我的北交點與冥王星獅子座和位於第九宮的金星牡羊座形成一個大三角。所以南交點有點像是風箏的端點，切割了大三角。星盤的重點似乎落在第五宮的北交點，不過木星在第十二宮，雖然我朋友們都熟識我這外向的一面，但我也挺像是個隱

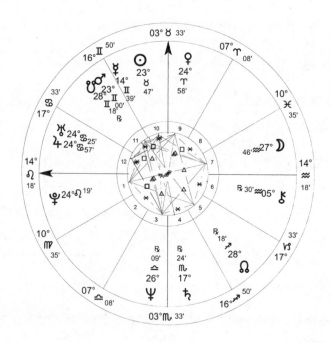

士。掌管南交點的水星在第十宮，使我內向的一面也充滿了「書卷味」。儘管水星並沒有形成任何緊密的主要相位，但落在雙子座，我覺得它還是挺強勢的。

梅蘭妮：那另一位北交點在射手座的人呢？你有沒有發現有相似之處？

學生：有，但也有很多不同之處。我的南交點在第七宮，我喜歡分享想法，但比較喜歡一對一的方式，更為親密。我的第九宮很多行星進駐，還有位於十二宮的土星，和我第一宮的北交點有很寬鬆的合相。有時候，我會自我克制，有時又會大幅躍進。

梅蘭妮：你的木星在哪裡？

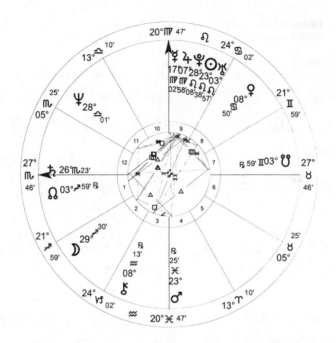

學生：在第九宮的處女座，在它左右兩邊有水星和冥王星，每個大約有 9° 寬。我確實非常關心精神和道德的事情，以及找尋人生的意義，這對我來說是非常眞實的。冥王星也在那裡和我的太陽獅子座合相。我記得在我還小的時候，就覺得很多的事情都沒有道理。即使到現在仍然如此！不過我老是在問東問西的，問一些關於人生和它的意義之類，無法理解的事情。

梅蘭妮：所以你的月交點與木星／土星的主題有關。木星是守護星，但與土星合相。

學生：我一直想爲宗教做點什麼事。我是說加入教會之類的。當我小時候，我想成爲一名修女，但隨著年齡的增長，我意識到那並不適合我！如果有不一樣的可能性，我想，我會願意參加宗

教的修會。

梅蘭妮：那麼你爲你的靈性使命做了什麼？

學生：我認爲我的任務是要磨練它，放手，並將這股熱情的一部分內化。這是我對土星在十二宮的理解，它與我的上升點形成非常緊密的合軸。

梅蘭妮：冥王星在上個月差一點和你的北交點合相，接著它就開始逆行。

學生：是的。到目前爲止，我正經歷一種如釋重負的感覺，因爲它已經在我的土星和上升點天蠍座好幾年了，那確實非同小可。我感到自己的內在情緒彷彿在慢慢地爆發。很長一段時間以來我都很鬱悶，跟這件事並沒有什麼關係。我開始接受榮格的心理分析，這眞的非常重要。

梅蘭妮：有多重要？

學生：首先，這與我的感受有關。我有很多壓抑的感覺，我現在可以明白這會阻礙我對自己的人生意義和目標的理解。我有兩個水相的合軸星，土星合軸上升點，火星雙魚座與天底合軸。然後金星巨蟹座又落入第八宮。不知何故，水沉了下來，潛入地底，如同我生命中其他暗潮洶湧的掙扎。我想我感覺它把我拖入了水中，就像溺水的感覺一樣。

梅蘭妮：你是從什麼時候開始接受分析的？

學生：1992 年，在我的凱龍星形成對分相之後。當行運凱龍星跨越我的天王星時，我變得非常狂躁。然後我就崩潰了，我知道

我必須認真地對待這個過程。

梅蘭妮：你有看到在這裡的上帝的手指嗎？凱龍星就在端點上，各自與木星和金星形成兩個 150°，木星和金星之間有六分相。還要注意這個只有 7°58′ 的木星處女座，它不僅與你的交點軸線形成四分相，而且在接下來的幾年裡，也會被行運的冥王星四分。你也是在隔年，1993 年交點回歸時開始進行的心理分析。

學生：我沒注意到這組圖形相位。我太專注於行運冥王星橫掃我的土星和上升點了！但也是在這樣的時候得以結束各種經驗的循環，還有一些信念。直到現在我才知道那些信念有多麼的強大。我的人生哲學對我來說很重要，否則的話我會沒有動力。我還需要再把這領域的概念理清楚，但我想我現在能更加的信任，相信人生的意義會自行出現，我不需要把它全部搞懂。現在知道行運的冥王星在射手座，而我並不是獨自面對它的這一點，也很有幫助。我的意思是指它也是一個集體的過程。

梅蘭妮：你這麼說非常吻合了北交點射手座在第一宮，以及木星處女座在第九宮四分了月交點的表現。謝謝你。

巨蟹 / 摩羯軸線

梅蘭妮：那麼巨蟹座 / 摩羯座這一組呢？

學生：我們交換了彼此在行運的天王星 / 海王星合相期間所發生事件的記錄（譯註：此合相發生於 1993 年，在摩羯座 19 度），因為我們這組大多數人的月交點某一端點與它們合相，或有

一顆行星在這組合相的附近。而我們幾乎每一位的本命盤，都至少有一顆、有的人有幾顆行星與摩羯座這一端的月交點合相，與安全感相關的主題非常明顯，而且會以不同的方式出現。在天王星／海王星的行運之中，我們大多數的人經歷了與過去失去連結的經驗，有些是透過工作，有些是透過家庭。但對我們大多數人來說，也是一段運用創造力來變革的時期。得以從他人的期望中掙脫，也擺脫了根深蒂固的關係、強烈的欲望等等。

梅蘭妮：讓我們嘗試將這一組分成兩個端點來討論。首先，我們先從北交點在巨蟹座的人開始分享⋯⋯

學生：我們其中有一位的太陽、另一位的月亮靠近月交點。這是否代表我們都是在日食中出生的？

梅蘭妮：不是，除非你們是在新月或滿月時出生。然而，當太陽非常靠近月交點，那代表你們是在食季期間出生的。我們將在下一個單元深入討論這個主題。你的月亮在你的太陽之前還是之後？

學生：月亮在處女座，所以我出生之後不久便會有一次新月。

梅蘭妮：那次新月將會形成日食。查看一下它確切的度數會很有用，因爲它可能是你本命盤中的一個敏感點，對應行運產生強烈地共鳴。粗略估計，它大約會在十天後，來到摩羯座 23° 左右。這意味著行運的天王星／海王星的合相會跨過這個敏感點。

學生：那也是我火星的度數，我的火星在本命盤第十宮。的確與我的母親有關。我想應該是這期間發生的事，我出生之後她就開

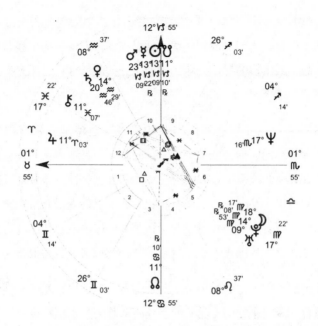

始大出血，除了血流速度緩慢，其它好像還不算太糟。她被緊急送到醫院，我就被留給外婆照顧。我很明顯的從那之後就拒絕吸吮母乳。我的木星牡羊座在第十二宮，與月交點形成精準的四分相。我一直把它認為是一種無形的東西，在我的內在支撐著我，因為我知道我習慣刁難我自己。我有幾顆行星落入摩羯座，在天頂的附近，也與南交點合相。

梅蘭妮：那你北交點巨蟹座的特徵是如何表現的呢？

學生：我老是覺得那是讓我學習如何對自己更好，更關懷、更與自己的需求連結。我經常否認這一點，並試圖達到別人對我的期待。我猜那是摩羯座的緣故。我還得應付對我哥哥的嫉妒。

梅蘭妮：注意你的水星實際上掌管著第三宮，水星和三宮，這

兩者都與兄弟姊妹有關，而你的出生正好在太陽要與內在（或較弱）的水星合相之前，換句話說，就是太陽要與逆行的水星合相之前。我想你與母親的早期分離，播下了一些關於你自己和對於人生堅定信念的種子。

學生：我往往把這些都怪罪於我哥。他總是比我有自信多了，我覺得自己因他而黯然失色（eclipse）。有趣的是，我老是用跟日月食一樣的詞來形容我的感受！他過去總習慣在我做功課或做某些事的時候，站在我的面前看著我，於是我就變得非常憤怒。他認為那樣很好玩，可是我難受的無法言喻。儘管他站在那時從來沒有多說些什麼，我卻覺得自己受到了評判和嘲笑。真的很糟。

梅蘭妮：你人生中的第一次日食吻合了你與母親關係破裂的情況，還有在摩羯座的南交點，使得那些帶著強烈土星特質的期望對你而言卻很自然。你沒有指望事情變得輕鬆，而且你有符合高標要求的特質，比如耐力、紀律和毅力。然而，一旦到了要展現你巨蟹那一面的柔情似水、脆弱和敏感的感受時，你可能難以敞開接納自己的需求，除非你已經有測試過那情況一段時間。

學生：是的。我們這組月交點的人都認同這點，因為我們預期會被拒絕，便經常把我們的感受弄得難以應付。

梅蘭妮：那些北交點在摩羯座的人呢？你們的經歷有什麼樣的區別？你們的人還挺多的。

學生：我們共同的主題似乎圍繞在建構某些事物的需要上，而有時候，因為渴望像螃蟹（crab）呆在殼裡一樣停留在舒適區，使得這需求特別難以實現。如果有太多的責任堆積在我們身上，我們

也會「鬧彆扭（crabby）」，可責任還蠻常落到我們頭上。而這一切是關於如何搞清楚平衡的道理。

梅蘭妮：你們當中有多少人的天王星在巨蟹座？大多數的人。那你們幾位有多少人的天王星合相了南交點？還是佔了大多數！那肯定是會鬧彆扭的，因為天王星的全景視野會對巨蟹座注重內在、親密、感受的那一面非常不自在。天王星在巨蟹座的人，對於親密感應該是什麼樣子及該怎麼做有很高的理想，如果他人達不到這一點，你們就會變得非常執拗！對於他人關懷、滋養你的能耐寄予厚望，如果他們做不到，就會鄙視他們。

學生：我的伴侶曾經告訴我，他認為我學習占星學和其他事物，像是心理學或其他什麼的，以便能夠告訴他應該怎麼做！這讓我很震驚。

梅蘭妮：在 1953 年底和 1954 年大部分時間裡，有一個非常強勢的 T 型三角，包括了行運的北交點和凱龍星在摩羯座，對分了天王星巨蟹座，同時都被海王星天秤座四分。你們當中有多少人有這組相位？你們兩位。這「靈魂團體」在剛剛結束的天王星／海王星循環的下弦四分相時誕生，他們熱切地尋找與他建立關係的新方式。巨蟹座和天秤座由月亮和金星所守護，這團體對於人與人之間的交易彷彿有著額外的敏感度，並迫切希望能夠以不同的方式，去做與他們看待社會其他人的行為以外的事。北交點和凱龍星在摩羯座的人往往象徵著一種表達新原則、新理想的深刻願望。然而，這些人經常發現自己身處於那些顯得非常傳統，或以現狀來看很體面的地方，做著類似「臥底的」工作，覺得自己的理想主義必須隱藏起來。你們能理解這種感受嗎？我看到你們兩位都點頭。

　　當凱龍星在摩羯座與北交點和合相，往往會有一種為其他人提供指導、支持和提升的品質，但可能缺乏為自己構建活動、安排時間和資源的能力，以致於實現個人創造力的感覺會變成要與公司的工作、與系統或與比自己更大格局的事物有關。加上海王星的緣故，經常需要犧牲掉我們對他人的不切實際的期望，而北交點的摩羯座也與採納積極的方式，學習在極限和限制之內工作有關。同時也不要把事情太過於個人化，這是南交點在巨蟹座的主題！對這組中的一些人來說，涉及月交點的 T 型三角除非受到行運的觸動，否則只是一個背景主題。對其他人來說，如果涉及到的是個人行星，它會成為一個核心主題，並與更大的、影響集體的議題相吻合。

　　學生：我有一種使命感，但我不知道那是什麼。

　　梅蘭妮：你的月交點是哪個方向的？

　　學生：我是北交點在巨蟹座的那一組。

　　梅蘭妮：我現在想到的問題是與傳統的守護關係有關，土星守護南交點，而木星守護北交點。你得到的是一種使命的召喚？抑或是一種在背景中犯著嘀咕的一些應該和理當如此的壓力？

　　學生：這正是問題的所在——我想這兩種都是！

　　梅蘭妮：這是一個好兆頭！沒有開玩笑，還記得月交點尋求平衡的主題嗎？有時候摩羯座讓我們變得非常缺乏想像力和死腦筋。它是建築結構的星座，由土星守護。它的模樣和方向是密集的和物質的。我想知道南交點在摩羯座是否會把事情變得過於字面化？就像聖經中關於彼得的著名故事，耶穌對他說：「你是彼

得，我要在這磐石上建造我的教會。」[44] 彼得認為他應該按字面所說的，真的去建造一座由岩石和石頭組成的教堂，但最終他意識到這句話是一座內在「堅石教堂」的隱喻，代表在人心之中屹立不搖的信仰教堂。積極的是，南交點在摩羯座有著務實的觀點，就像一張安全網，但消極的是，有時候它太只看事物的字面行事，不允許自己巨蟹座的一面，那充滿深情細微表情的展現。

獅子 / 水瓶軸線

梅蘭妮：我們可以聽到來自獅子座 / 水瓶座組的分享嗎？

學生：我們有幾位的冥王星與獅子座的月交點合相，不過有的是與北交點，另一些是與南交點。有一個似乎在早年發生重大的失落影響了我們人生形態的模式。當我們檢查與月交點形成的行運時很有趣，因為這種失落，有時是當一個人還在子宮內，還沒有出生，甚至胚胎受孕之前就發生，而有的則是在出生之後才發生。不過它發生的年齡似乎會因應行運的月交點是與本命的冥王星形成入相位，還是離相位有關。對我們所有人來說，就像我們在這一生當中有著不同的人生。重大的結局和起點，劇烈的物換星移。

梅蘭妮：那是可以選擇的還是被強制執行的？

學生：似乎兩者都有可能。很顯然，有些早期經歷的變化是在沒有意識到的情況下發生，但有時到後來的變化也是如此。有種在一條經常是黑暗的道路上前行的感覺，在那裡，你受制於你無法控制的東西。

44　馬太福音 16:18.

梅蘭妮：那你有沒有感覺到冥王星是幫助者，還是阻撓者？

學生：起初，會覺得自己似乎受到了阻撓。可事後看來，有時能夠明白自己其實是得到了幫助。

梅蘭妮：這讓我想起一則寓言故事，關於中國古代的一個人，他的兒子得到一匹駿馬。所有的村民都向這位父親祝賀他兒子的好運，但他無動於衷，只是說：「世事難料，結果還說不定呢。」過了一段時間，兒子騎馬時發生意外受了傷，再也無法到田裡幫他的父親。所有的村民都表示同情，但是這人淡淡地說：「世事難料，結果還說不定呢。」後來，兩個村莊之間爆發了一場戰爭，軍隊來招募士兵參加戰鬥。他兒子因為受傷不必從軍，得以保住他的性命。村民們又再次祝賀這位父親的好運，他淡淡地說：「世事難料，結果還說不定呢。」這個故事繼續下去，又經歷了幾次看似災難臨頭，到頭來卻因禍得福的曲折情況，在每次轉折的橋段中，我們都看到這位父親清醒的反思，他沒有冒然地評斷命運安排的好壞，保持著接受與超然。多麼令人深思的教導。

學生：我們所有人都明確的有關於個人和團體的主題，但是以不同的方式呈現。為了取得平衡而有過一場爭鬥。如何參與其中而沒有壓制我們成為明星的需要，或參與其中而沒有一直接管它——這是北交點在獅子座的考量。至於北交點在水瓶座，則是關於如何透過奉獻自己或提供才能，有意識地致力於一個團體或一系列的理想。

梅蘭妮：不久之後，天王星將與水瓶座的月交點合相，接著是海王星，所以你們即將會有幾年受到強大行運的影響。

學生：我的已經開始了，因為我的北交點在水瓶座 2°47′，天王星已經行經它兩次了。因為是在第十二宮，除了一直在做夢以外，對我來說並不是很清楚。我注意到更多顯化在另一端交點的事情，或許是因為我的金星在獅子座，非常靠近南交點的緣故。現在回想起來，我可以看出一些端倪……在工作上，有一個我非常嫉妒的女人，她得到辦公室裡一些男人的大量關注。我試著告訴自己這沒什麼，合作關係比較重要，但是我真的很煩亂。

梅蘭妮：你能看出獅子座／水瓶座的兩極性參雜其中嗎？理想和「應該」與你的感覺形成對比……

學生：這很有意思。我的金星除了與水星處女座形成半六分相之外，它其實沒有任何其他的主要相位。我對這點一直很好奇。

梅蘭妮：它守護哪個宮位？

學生：第三宮。

梅蘭妮：這與兄弟姊妹，還有其它之類的事物有關。辦公室的這種情況是否多多少少反映了過往的情況，發生在你與兄弟或姊妹之間的事？

學生：我想是間接的情況。我其實是一個獨生女，我小時候經常幻想，希望我有一個弟弟或妹妹。我最想要有個妹妹。我的月亮雙子座在第四宮與木星合相，同時它三分了我在第八宮的土星／海王星合相。我母親在我出生後其實流產了兩三次，我記得她試圖向我解釋發生了什麼事，她為什麼會不舒服。那時我大概十一歲左右，應該是她最後一次的流產。不管怎麼說，這讓我很難過。我一直把這組月亮／木星在雙子座的合相當做是我潛在、卻沒有誕生的

兄弟姊妹，以及我註定是獨自一人的原因。

　　梅蘭妮：那和金星的關係呢？

　　學生：顯然，我覺得與其他孩子們分享很難。我想我只是不習慣。我的意思是，如果我知道自己是個明星，或者是最好的，或者是被關注的焦點，那麼我可以當個甜美、慷慨和迷人的人，但如果不是的話，我就會變得脾氣煩躁和易怒。不過這都是事後的想法。我在某個時刻有點失去了這種「嬌嬌女」的特質。我的太陽在處女座，我覺得多少會減輕自己的重要性，而且自我批評。不過這一切在過去的一年裡又回到我身上。

　　梅蘭妮：這是因為行運天王星逐漸與月交點形成合相。由於是在水瓶座，促使人們轉變觀點，採取不同的看法。

　　學生：是的，事情正是這樣。最重要的是，我不必老是把自己給編輯刪掉。

　　梅蘭妮：謝謝你。你們這組還有其他人想說些什麼嗎？我不知道要怎麼稱呼你們——是要以一個單位，還是各自獨立的人！

　　學生：我月交點的一端與天王星合相，另一端與凱龍星合相，雖然我的月交點是在下一組的處女座和雙魚座。但你能解說一下我的情況嗎？我很困惑，因為有那麼多種主題需要考慮。

　　梅蘭妮：好的。首先，先談一些關於凱龍星／天王星對分相的一般評論。接著再進到最後一組處女座／雙魚座的主題。從 1951 年到 1989 年，凱龍星和天王星之間，透過不同的星座，形成四十次的正對分相。大部分時間他們都在對分相的範圍之內，因而界定

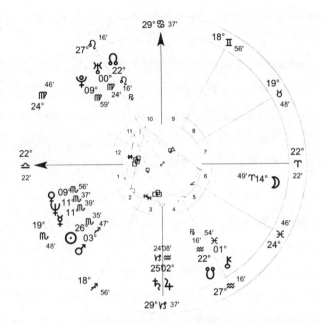

了一群相當大的世代「靈魂團體」。描述這組對分相能量的辭彙之一是「改變或失敗」。正面來說，它意味著願意接受改變、承擔風險、接受挑釁，以便能夠在理解、創新，和新的行事與存在的方法上有所突破。負面來說，它可能是為了改變、反叛和所謂的「進步」，為了做而做，而不顧後果，就像抓癢一樣。有點是箭在弦上被迫推進。醫學界曾經犯過可怕的錯誤，便是以「突破」為名。研發出各式各樣的藥物，如沙利度胺和其他種藥物，非但不能成為治療藥物，反倒造成了人類可怕的痛苦。這或許與凱龍有關。基於改變的衝動導致了創傷的相位。另一方面，凱龍星／天王星也能隨著意識的大幅提升，帶來療癒的可能性。當本命盤中這組對分相若被強調的話，他們通常會積極地嘗試以某種方式「改變制度」，或者嘗試提高對某一特定議題的意識。

學生：這些對我來說都絕對是真的。我的北交點在第十宮，天王星在第十一宮。行運的冥王星現正四分了本命的天王星／凱龍星。它也與我的火星射手座在前幾度的地方合相，我對於世界當前的狀態感到非常憤怒，有時候會情緒暴走。我不知道該怎麼做。我充滿了熱忱，但如果人們質疑我的信仰和這一切，我會不知道該說些什麼。我只是感覺到了這些東西。我一直很惱怒，所以我花了幾年的時間在保護區做義工，或做些關於野生動物，或其他之類的工作。

梅蘭妮：你也有行運天王星與你本命的木星合相，而在明年，1997 年的二月份，當你的木星回歸時，行運天王星也會在水瓶座大約 5° 左右與你的木星合相。此外，它最近越過了你的天底，接下來輪到海王星，將在明年跨越天底。從這角度來看，十二年的木星循環正處於結束的階段，而木星循環的結束通常會伴隨著短暫的失去人生意義、和對未來的動力等等。這次的木星回歸將會非常有意思，因為它正好發生在天王星進入水瓶座的時期，也是天王星即將觸動一些相當強大行運的前奏，它將從你上升點的守護星金星開始，與你本命的天蠍星群形成四分相。因此，一些關於價值領域的動盪和變化即將發生，由於涉及了你的上升點，很可能會產生深遠的影響。也可能如你南交點水瓶座所象徵的，你天生的理想主義，將在你個人的身分認同上發揮更明顯的作用。我的意思是，你可能是一個根據你個人的感覺來認定自己的人，你剛才的分享也說了類似的話。你的木星是唯一的風象行星，還有南交點，所以我在想你目前有的掙扎，是否是為了制定自己的理想，從而將它與集體意識區分開來呢？你很可能會受到別人的信仰和觀點的影響，因為你對於理想會有強烈的反應。

學生：是的。我一直想要離開自己的人生，因為它並不符合我自己內心深處的原則，但問題是我不知道如何解釋是什麼原則，所以我不知道如何將事情改變！

梅蘭妮：或許你不需要解釋它們，而是去感受他們，和有系統的表達他們。隨著那些即將到來的行運，你也許會找到答案。

處女 / 雙魚軸線

梅蘭妮：這帶領我們來到最後一組——雖然是最後但並非最不重要。剛才最後提到的內容也可能與你們的月交點有關，即使他們實際上在獅子座 / 水瓶座那組提出，但也連帶與處女座 / 雙魚座主題有關。

學生：我們所有人，除了一位從事治療專業的人以外，都多少有這個控制和混亂的主題。

梅蘭妮：這會不會根據北交點是在處女座還是在雙魚座而不同？

學生：我認為北交點在處女座的人需要學習如何運用他們的才能來工作，也需要建構他們的思維邏輯和識別能力。但北交點在雙魚座的人需要學習的，更多是關於放手、放鬆和讓事情順其自然的方法。

梅蘭妮：你們都同意嗎？

學生：是的。她的南交點在處女座，擅長明確和定義事物！

學生：有時候我會搞不懂哪種情況是對的，或者當我有點不同步，我就無法專心工作，即使在家也不能放鬆！我的月交點是倒反的，我的意思是，我的北交點雙魚座在第六宮，而南交點在處女座第十二宮。

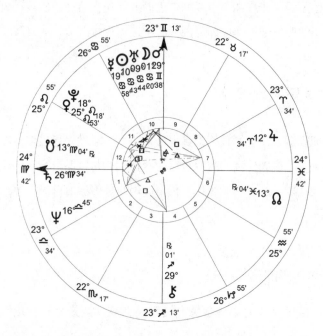

梅蘭妮：那他們的守護星，海王星和水星呢？

學生：我的海王星在天秤座與水星在巨蟹座形成四分相。

梅蘭妮：這兩者行星的象徵，是否有什麼能讓你達成平衡而採取的活動？第六／十二宮的軸線是關於服務和自我淨化，和其他之類的事。你是如何為自己提供服務，並尊重自己的靈性需求？

學生：這是一個很好的問題！我的月亮、天王星、太陽和水星都在第十宮的巨蟹座合相，而土星在處女座與上升點合相。在我養

育自己的家庭之後，我接受了心理治療師的培訓，有時候我感覺
「被掏空」了。

梅蘭妮：那麼你會做什麼？

學生：我會寫東西。我猜那是我的水星／海王星！除了寫日
記，我也寫些勵志的小品，像詩歌、幻想之類的東西。我也喜歡讀
詩，但只會在獨自一人時朗讀。或許這是南交點處女座在第十二宮
的緣故。

梅蘭妮：水星也支配了你的土星處女座，唯一的土元素，還有
你的火星雙子座，唯一的風元素行星，除了海王星天秤座，它更像
霧氣而非空氣！因此，這意味著你水星的活動既能紮根接地，也能
賦予精神力量。這就為你的南交點增添了一個有趣的重點，就是以
一種深思熟慮和有組織的方式來替自己「鬆綁」。那土星肯定會如
諺語所說的，讓你辛勤地工作！

學生：是的，就像我計劃如何以及何時讓自己擺脫困境一
樣，很有成效。但我不能夠隨興而為。除了在我工作時，我知道的
確會有一種隨興而起的感覺，那對我來說很重要。我是在冥王星與
我的北交點和太陽形成大三角時，接受治療師的訓練。

梅蘭妮：你也是誕生在月亮消散的黑暗之中。我總覺得巨蟹座
的螃蟹需要在這個時候安全地呆在牠的殼裡，去沉思、深思，讓靈
魂與生命的潮汐向內在流動，重新建立起如此珍貴的內在連結與滋
養的感覺。做為一個擁有巨蟹星群，第十宮如此被強調的人，我會
認為這麼做非常的重要，因為你的能量如此的被導向外在去照顧他
人。如果你失去了平衡，便可能會有「鬧彆扭」的情況！有一本精

彩的書，是迪米特拉‧喬治（Demetra George）寫的《黑暗之中尋找出路》（*Finding Our Way Through the Dark*），你或許會喜歡閱讀它的內容，因為它深入探討「暗月」的這個主題。[45]

　　這讓我們進入到今天最後的主題⋯⋯

日月食

　　現在我要簡單地介紹一下日月食，試圖從實際的角度來討論它們的意義。正如你們所知，日食的記錄有著非常悠久的歷史，而日食是古代占星家們最早使用的預測工具之一，他們採用一種所謂的「沙羅周期」（Saros cycle）來預測，這是另一條我們可以稍微流連一會兒的路徑。

沙羅週期

　　簡單地說，沙羅周期會描述日食的家族，儘管在理論上，他們有助於修飾每一組日食的解釋，然而在諮詢時你可以考量日食的例行常態，也可以不用它。沙羅周期是日月食重覆在相近位置出現的循環。當北極或南極發生日偏食時，一個新的周期就開始了，然後在地球上由極地往上或往下移動，直到它到達赤道，從星象看來，日食會在非常接近交點的度數發生。一直到此周期的最尾聲，日食會在月交點的任一端頂多距離 18° 的附近發生。

45　迪米特拉‧喬治（Demetra George）：《黑暗之中尋找出路（*Finding Our Way Through the Dark*）》, ACS Publications, San Diego, 1995.

這種可在地球表面看見的日食路徑，會從一極地往另一極地移動，看起來就像蛇或龍，牠的頭部和尾巴位於南、北兩極。當我看到這樣的象徵讓我很興奮。在任何一年發生兩次的日食不一定屬於同一組沙羅周期，也不會立即在相近的地區再次出現。而且，許多周期都在同時間進行。一個沙羅周期長達 1280 年，而它的整體特質是由此周期第一次日食的星象來定義，也就是最接近南、北兩極某一端的日食。現在我們來看看各種不同的日月食。

月食

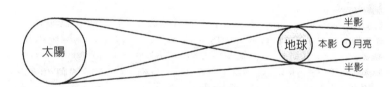

日月食基本上有三種，第一種是**月食**，只會發生在滿月，這時候，月亮和太陽分別在地球的兩側，而地球的影子，不管是部分的還是全部，會落在月亮上，擋住它。隨著我們翻閱這些日月食的內容，以一種直覺的可能性，看看如果你們這樣想，會有什麼結果：太陽是未來，月亮是過去，地球是現在。所以我們在這裡，看到代表過去的月亮，暫時被現在所掩蓋。

日環食

第二種稱為**日環食**，是兩種日食之一。這兩種日食都只在新月時出現，當太陽和月亮在地球的同一側。這兩者之間的區別很簡

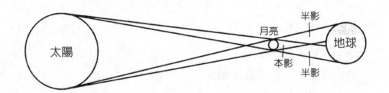

單，當月亮離地球很遠的時候（遠地點）就會發生日環食，而你們只需要記住的是日環食永遠不會是完全的，而是會以日偏食的形式出現。

日全食

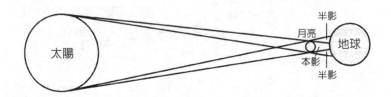

　　當月亮距離地球較近時（近地點），就會發生**日全食**，所以會有一個狹窄的**本影**（umbra）區域，月亮的暗影恰好落在地球上，這意味著在地球上任何位於這中間區域的地方見到的都是日全食。而在全食區之外，所看到的會是偏食，也就是位於所謂的**半影**（penumbra）之中的任何地方，這意味著「幾乎是陰影」，在那裡影子並沒有那麼密集。因此，日偏食可以當月亮在近地點或遠地點時發生，但日全食只有當月亮在近地點時才會發生。以月亮的大小竟然恰巧覆蓋住太陽，真的是非比尋常。如果月亮的距離較遠，就不會發生這種情況，因為太陽會顯現在月亮陰影的邊緣。我們可以用肉眼看到日冕，火焰從太陽竄升，但太陽的圓盤恰好會被

月亮暗影給覆蓋。

資訊的運用

　　回到我們解讀與使用這類的資訊，並採用過去、現在和未來的這個比喻，當發生月食時，代表過去的月亮暫時被現在所抹去。而當發生日食時，不論是那一種，代表未來的太陽，都會暫時被過去所掩蓋，由於我們身處在地球，所以它被登記在現在發生。我希望這些關連能幫助你們好好利用食季，以便釐清你們在日食期間可能會遇到的情況。

　　日食在集體無意識中大多有著邪惡的名聲。即使不贊成占星學的人也都知道，在歷史上，壞事據說會在日食時發生，而且每次都伴隨著食季。作為占星師，我們很可能會遇到擔心日食的客戶，或者遇到人生反映出這樣主題的客戶，即使他們沒有意識到。光提到這個名詞通常會引起客戶恐懼的反應，所以重要的是，要試圖消除那些負面的想法，不過，不是要你們做一個「盲目樂觀」的濫好人。這通常可以透過傳達對它所涉及之心理過程的深入了解，以及提供如何善加利用它來實現。

　　當你們把日食的度數當作行運對應到本命盤，容許度要緊密一點，太陽和月亮最大為 5°，其他的星體則為 4°，而且一開始只使用合相與對分相。倘若四分相觸動到中點的話也可能會很重要。但總括來說，最主要採用合相，然後再考慮對分相。還記得，由於食季每年提前 18.618 天發生，而且每年發生兩次，你們總會有日食觸碰本命行星的可能性。即使沒有形成正相位，星盤上的同一條軸

線在一年之內將被激活兩次。

　　這個關於過去、現在和未來的比喻可以是很有幫助的。先以日食為例，你們的未來受過去的影響變得黯淡無光，可是只有當你們無法處理隨之浮現的問題才會轉變成「有害的」。事實上，日食往往是一個結局，一些事物結束了、停止了，而它很可能是一件被卡住了很長一段時間的事物。終於可以替一個句子劃上句號。當我第一次跟客戶說這句話時，我意識到它雙關語的意涵——sentence 這個詞，除了代表「一個句子」，也和監獄的「宣判」有關，以日食的情況下，如果不是真實事件，採用比喻性的說法較為適當。「調整或破壞」是我會用來描述日食的另一個說法！如果你能調整的話，每一個結局都會為新的開始釋放能量，但確實，在日食期間結束的氛圍往往占據主導地位。如果你們試圖壓制它，龍就會來——還記得我之前引述，關於日月食與內在過程的那段話嗎？[46]

　　日食突顯了星盤中的某一個區域。一些東西被放在顯微鏡下，日食可能是一種夜視力，就像一盞黑暗的聚光燈，直到你們深入那個地區。一年兩次的食季非常有利於進行心理和靈性層面的內在工作。但是，如果一個人剛經歷他們的太陽與日食形成合相，現在談論未來的可能性還為時過早。這時期往往更合適待在暗處，感受被掩蓋的黯然失色，並為了處理過往事物而陷入黑暗之中。如果一個人需要穿越它以進入新的開始，這個需求應被尊重與榮耀。通常日食會在外在世界製造一些事件、挑戰或情況，如同太陽這個發光體，會讓我們在繁忙的白晝世界中閃耀。某些事情結束了，當然會觸發來自過去的感受，或需要踏上一趟內在的沉思和反思之旅來接受它，不過觸發器往往是從外部世界而來。太陽的圓盤變得黯然

46　參閱本書 187 頁，附註 31 的說明。

失色，但這代表有機會褪下扮演的角色和身分，**體驗赤裸裸的存在**。

相比之下，月食往往預示著某些直接攪動在情感層面的狀況，可能會突然引發某些事件或人與人之間的經驗。而且當然，日月食總是成對的出現。如果我們把月亮看作是我們依賴議題的所在，我們有的依戀和習慣，以及我們最有情感認同和自我投資最多的地方，那麼月食發生時，以上的這些都會暫時受地球陰影的影響而擱置。隨著地球的陰影遮蔽月亮，象徵過去會被現在掩蓋。讓我們超越月食已經流傳幾世紀至今的負面形象，它被冠上各種災難性的揣測，我們或許可以將它視為一個重新建構時間的窗口，透過它，我們站在代表現在的地球上，擋住過去，讓它黯然失色。月亮的圓面雖被遮蔽，但我們有機會體驗月亮般的意識或靈魂的品質、預言和詩意的本質。倘若我們能夠看穿黑暗，我們有時候可以透過這雙眼睛，看見暗藏我們自己未來的種子。

我會邀請任何對此感興趣的人，趁下次滿月形成月食時，有意識地花些時間嘗試一下。這是一個很強而有力與宇宙調頻的時間點，特別是當你們如果有需要或打算處理某些涉及結束、分離、改變狀態或人生階段之類的議題。當月亮在月食變得黯淡無光，相當適合進行冥想、舉行個人儀式、進行宗教儀式的好時機，採取某種方式表明你們在此刻進入了現在，也就是地球，並榮耀著那看不見的未來——也就是太陽，雖然它的反射光被擋住。記得，太陽在夜晚時是在地球之下，就像在地面下發光的種子。也正是未知的未來所處的黑暗地底之中。由於月亮移動快速，所以時間相當精確，月偏食或許只能持續很短時間，可是月全食的整個過程將能持續幾個小時。此外，月食的整體氛圍將會持續個幾天。

學生：如果月食看不見的話呢？

梅蘭妮：如果月食是可見的，這類的體驗會最明顯，不過即使是看不見，整體上在食季，特別是在月食或日食正在進行時，將能夠以一種既療癒又有幫助的方式進入你的內心世界，如果你願意嘗試的話。

學生：你說過日月食會成對出現……一直都會是這樣發生嗎？

梅蘭妮：事實上並沒有。在任何一年當中，可能會有一到四次的日食和／或月食，但每一次會成對出現是平均值。每一次發生月食，必然會伴隨著日食的發生，不過可以只單純發生日食，而不會有月食。

學生：關於食季，你的看法如何？

梅蘭妮：每年都有兩次食季，太陽會依次與南、北交點形成合相，它們之間必然相隔六個月左右。如果你們翻開星曆表，先找到某次發生日月食的時間，然後從那個日期往前和往後推算十八天，你就找到了那一次的食季，換句話說，就是會發生日食和／或月食的範圍。所以每年都會有兩個月，就像日食的路徑，一條橫跨黃道的軸線，因此會橫跨你的星盤，它慢慢地向後移動。因此，在這兩個時期，每年都會有一組宮位和星座被強調。無論日月食是否有與你的星盤的任何位置形成相位，你仍然可以在內在層面上有效地運用這段時間。如果你帶著覺察面對這段時間，你會注意到許多事情發生在人們身上——突然引發的情緒和行為、某些情況結束、或許真的發生某些危機。在食季，將你為自己所計劃的那類活

動，做好準備並與宇宙協調一致會讓你日後受益。把它們當作從事內在修煉的機會，你會發現它們挺有助益。若因心煩意亂的分心而迷失自己，你可能會吸引龍的現身！

梅蘭妮：這邊有兩張發生在最近的日食和月食盤，這樣你們就可以大約了解它們會在哪裡以及如何刺激你們的本命盤。

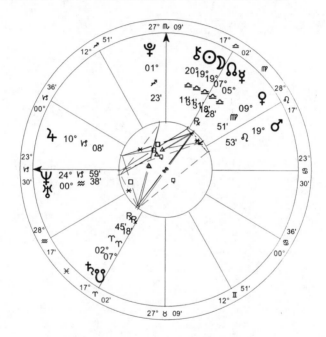

日食，1996 年 10 月 12 日；15:14 BST；倫敦，英國。

學生：日食與凱龍星合相，它與我的本命太陽合相。我感覺到被真實的賦予力量。

梅蘭妮：這一個例子可以說明，在這些時候可以有多麼的積極。

學生：我生活當中某些事已經完成了，我對自己想做的事和想成爲的人感到有十足的把握。

梅蘭妮：當日食與本命太陽合相，經常會呈現與命運和人生目標相關的主題。一個重要的選擇，會隨著某事的結束而被提供。光芒會照亮某件事物。

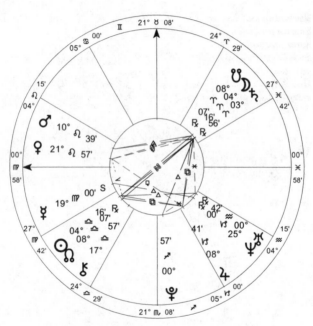

月食，1996 年 9 月 27 日：3:51 BST；倫敦，英國。

上一次的日食是在天秤座 20°，最近我看到一個客戶，她的土星／海王星在一宮的天秤座合相，海王星本身在天秤座 20°。這不是一次舒服的合相，而且是在第一宮，往往有一種對邊界和身分缺乏自信，還有相當多難以名狀的恐懼。對她來說，幾年前就已經達到這樣的程度，當時的天王星和海王星四分了這個組合，她從她長

久居住的倫敦離鄉背井,去到一個非常偏遠的地方,而且四周真的空曠無比。讓我在這裡補充一下她本命盤的支配關係⋯⋯海王星和土星在天秤座由金星守護,金星在處女座位於十二宮,由水星在獅子守護,同樣位於十二宮內,還有她的太陽與她的南交點都在十二宮的獅子座。若採用傳統的守護關係,這個位於十二宮的太陽會支配她月交點的兩端。

她全然接納了十二宮的體驗,開始僻靜退隱、與世隔絕和進行內在心靈工作的時間點。事實上,就在上一次發生的月食,竟然與她的上升點合相,她正在醞釀一個關於是否要搬回倫敦的決定,可是她並不是真的想搬回去,於是她加入了一個短期治療小組,專門處理難以應付的困境。但是,在這個小組裡又出現了一個邊界議題,迫使她為自己的領土、權利等等挺身而出,為她帶來了重大的突破。等到大約兩周後的日食正好與她的海王星合相,她覺得自己不再是一個隱士,並且已經準備好要重返世界。一種海王星日食的驚人表現,還與結束的主題有關,透過在小組中一些非常令人不快的事情而沉澱,也非常有海王星特質。

她實際上是在非常接近日月食時誕生,而且還請注意到她本身的交點主題是如何在最近兩次的日月食前後發生的事件中表達的——一個與邊界有關的議題,那是第十二宮的主題,而發生在小組之間,是她位於水瓶座的北交點,至於將自己定位是個隱士,則是她太陽與南交點在十二宮的合相。

學生:在接近日月食時誕生,是否意味著你每年對食季的能量更加敏感?

梅蘭妮:是的,通常會是如此,雖然我不想讓這件事落入俗

套。不過，透過追蹤月亮的循環，並趁著食季與宇宙調頻，是一項可以實驗的好方法。

學生：感覺當月亮遮住了太陽，就像是播下了一粒種子……

梅蘭妮：是的，我的感覺是在日食播的種，那時候某樣事物受了孕。畢竟，太陽是照在月亮的暗面，也就是我們看不到的那一面，所以它的光線無法反射過來到地球，然而月亮的暗面會被太陽照亮。或許月食就像栽培的種子，或植入的胚胎，因為地球的陰影遮住了反射的光。

學生：如果它們是以錯誤的順序發生呢？

梅蘭妮：因為我們在談的是與靈魂成長有關的過程，我不認為會有「錯誤的順序」存在而影響了比喻的有效性。從物理上來說，胚胎沒有受孕之前不能被植入，然而在靈魂的旅程，你無疑的會被迫做些事情，採取行動，建立聯繫，然後你才能對它有一個清晰地的概念。注意到這裡的雙關語——當我們懷孕時，會「受孕（conceive）」，我們也談到「構思（conceiving）」一個想法或一個新的理解。然而，有趣的是，考慮到太陽和月亮確實是兩個我們所知道的星體，真的會在物理上影響我們地球上的生命。也許一個被另一個擋住的現象對身體和能量上的影響，比我們所知道的更為直接。例如，對我們生物化學的影響。

讓我們仔細來看上次食季的這一對日月食。月食發生在牡羊座的前幾度，與土星合相，而太陽天秤座與一個新的半人馬小行星群合相，佛魯斯（Pholus），因此整個月食都增添／籠罩了土星和佛魯斯象徵的氛圍。也是到了日食之前，我注意到按照這次食季的

順序，清理過去的過程達到了史詩般壯觀的程度。說到佛魯斯，祂最主要的象徵是祂負責掌管的神聖酒瓶一旦開啓，混亂因而爆發[47]。在這食季期間，水星也捲入其中，所以酒瓶蓋就如所言的鬆開了。我不斷聽到一些人說了無法想像的話之類的故事，或者誰終於揭開了謎底，或者誰背叛了某人、或沒有意識到被人出賣，或者第一次說出了眞相，有時還帶來爆炸性的後果。這是關於把事情「說出來」，並透過這麼做打破原有的模式，或者因所說的事情產生了無法想像的後果而打破。

它似乎在爲隨後而來的日食開路，由於落入的星座是天秤座，涉及了與關係、理想和倫理的原則、公平和正義等有關的事情，它是風相星座，也涉及對過去關係的理解。在那兩個星期，幾乎每一次星盤解讀，客戶帶來的都是一貫相同的主題。

這次食季也與整個海王星在天秤座的這一代人有關。其中大約四分之三的人會有一次或兩次的日月食合相他們的海王星。我剛已經說過一個案例，那位女士的第一宮受這次日食影響，正好合相了她的海王星。但這對日月食對這一代人來說，必定有著共同的意義。一些關於幻想的結束，浮出水面的詭計，和需要注意邊界的議題。所以我邀請你們中任何一位有這個影響的人，回想一下那段時間，看看有沒有洩露出了什麼。

學生：我二推的月亮在相同的度數。

梅蘭妮：那是什麼樣的情形？

---

47 若想全面瞭解這個神話人物，請參閱梅蘭妮・瑞哈特（Melanie Reinhart）《土星、凱龍與半人馬》（*Saturn, Chiron and the Centaurs: To the Edge and Beyond*），Starwalker Press, London, 2011）125-34 頁。

學生：我坐起來觀看著月食的陰影，雖然那是早一點的度數，沒有在我的月亮上。那是一個非常非常私人的空間，我看到了很多宇宙的象徵，比如在俯視著海洋，它似乎是心形的，太陽也在那裡，像爆發的火焰。那是一個很棒的過程。

梅蘭妮：真美！我剛想到另一個實用的觀點。關於日食的效果會持續多久是有爭議的，從我透過各種文本的探索，似乎有各式各樣的規則，而它們看起來相當武斷和理論性，雖然我無法說我自己在經驗上已經一一測試過它們。

例如，有一個傳統的原則，顯然可以追溯到托勒密，它說，日食影響持續的時間長達數年，這年數會與日食本身持續的分鐘數一樣長。據我所知，目前還沒有任何對此進行的研究，所以它必須維持在未經證實的「公認智慧」的範疇裡。另一個「規則」是，日食的影響將持續到下一次行運的土星跨過該日食的度數。如果這是真的，你們可能大約會有二十九年的日食影響！按照你們的意思來決定。本著冥王星射手座和天王星水瓶座的精神，我必須說，我發現這些想法充其量沒有多大的幫助，而最壞的情況，這會讓你用自己恐懼的揣測，為自己創造一個負面現實的原因。

學生：在托勒密的時代，等待土星繞完一圈的三十年，你說不定已經死了！

梅蘭妮：說得好！或許這正是它的意思——一旦有個日食，終生便是日食或其他東西！然而，即使對心理過程只有基本的認識，日月食也可能是一個內在工作的最佳機會。要做到這一點，你們必須願意進入黑暗，學會在黑暗中看見，否則一切都可能發生在你之外、在某個地方，而你沒有參與其中，也與它無關，它因此變

得非常可怕。在參與模式中，情況並非如此。它可能依然令人不愉快和痛苦，但你們會有一些象徵性的方法來處理它。我認爲這類的工作也可以幫助你們清楚知道界限在哪裡。如果你們知道自己在參與什麼，你們會有一個更好的立場，採取創造性的行動，而不是僅僅做出反應。

學生：我本命的月亮其實在幾年前曾經有過與月食的合相，還挺戲劇化的。我會說那感覺更像是一個開關被打開。那天實際上發生的事情並不多，但它是一個全新過程的開始。

梅蘭妮：有多少人眞的從上一次的日食，留下像這麼強烈的印象？至少我們一半的人有。日月食確實以非常直接的方式闡述了月交點的主要象徵意涵——太陽，月亮和地球之間的相互關係。日月食是非常有意思的時間，來與這些內在的兩面性連接。交點的要素是眞實的，它們發生在生活之中，它們想要表現出來。事實上，無論你們喜歡與否，它們**確實**會表現出來。就能量的協調而言，日月食是很珍貴的時間，因爲在這兩個食季裡，某些事物或許能眞正的敞開，讓你們從中學到很多東西。

多年來，我一直習慣於保持著清醒觀看月食。但上一次，我很疲倦，回到家又晚又沒有我的星曆表，所以我就上床睡覺，心想：「哦，我錯過這次月食了。」然後我半夜醒過來，發現月食才剛要開始。我覺得在我之內的某些東西與它的頻率一致，說著：「管你累不累，你都得醒過來看看月食。」我看了它好幾個小時。我所看到的景象像一枚鑽石戒指，因爲它的頂端有著耀眼的光芒——你們有看到嗎？眞的是太神奇了。所以，記得日月食是能量可以強而有力運行的時候，而有時候循環會來到轉折點。若能有意

識地參與其中，會是令人敬畏驚嘆的體驗。

學生：梅蘭妮，我剛想到 1999 年會在獅子座發生的重要日食，而且它會觸動到我們很多人的冥王星。

梅蘭妮：是的，它的確會。而且它在英國有清楚的能見度，尤其是在康沃爾，那裡的每一家酒店都幾乎已經被訂滿了！

學生：它也會經過歐洲。

梅蘭妮：是的，這次的路徑真的是值得一看。它從紐約開始，穿越大西洋，正好橫跨英格蘭南部，穿過中歐、中東，一直到達印度中部的東岸結束。

學生：它會是我們所知的西方文明的終結嗎？

梅蘭妮：不僅是西方文明會陷入困境！我不知道日食在那個層面會帶來什麼影響。然而，日食盤本身也很有意思——有一個固定星座的大十字。天王星水瓶座與太陽、月亮和北交點形成對分相，並且四分了火星天蠍座和土星金牛座。你們當中若有任何行星落入固定星座的人，都要留意那個領域！（譯註：該日食時間為 1999 年 8 月 11 日；12:08 BST；倫敦，英國。）

出生前日食

學生：那麼出生前日食呢？

梅蘭妮：是的，我有打算提到這一點。 因為我們會在子宮裡待上四十週，大約九個月，而食季每六個月會發生一次，這意味著

每個人還在子宮時都會經歷一次食季。這是星盤上一個非常有用的敏感點，因而肯定會強而有力地回應觸動到它的行運，特別是在日後若有月食或日食觸碰到這個敏感點時。它似乎有某種特質，把我們帶回「以前」、起源，我們投生來此的意義，或者我們必須釋放的東西，一旦這日食的敏感點受到行運所觸碰，可以代表來到非常關鍵的時刻，出生前的資訊得以釋放，或者我們得以躍升進入新的人生階段。瞭解這一點或許會有幫助，因為這領域當中完全是非語言式、非常身體的資訊，有可能突然引發某些事件、症狀和其他徵兆，說不定需要經過一些解釋，才能了解正在釋放的感受。在這個階段，我們情緒的體驗幾乎完全與我們的母親融合在一起，以至於當這敏感點受到觸動，即可以說是一個進行分離和變得清晰的重要時刻。

我有一個很戲劇化的案例。

這位女士的出生前日食位於金牛座 9°，落入她本命盤第六宮，緊靠著下降點，她的人生到目前為止，有過兩次接近這個敏感點的日食。第一次發生時，她和丈夫一起出國旅行，但他們無法搭乘同一架飛機返國。這趟旅行發生了各式各樣的事，讓她覺得婚姻已經告終，儘管她很沮喪和悲痛，但她還沒有帶著覺知地真正面對。當飛機起飛時，她注意到在夕陽時分發生的日食，充滿了不祥的預感。航行因飛機需要加油而中斷，這意味著得過夜停靠。那天晚上，她在市集上散步，遭到一名男子的襲擊和搶劫，他從一輛停著的計程車搖下車窗探出身向她撲了過來，搶走她的肩背包。接著，那輛計程車在馬路上疾馳而行，由於她之前為了安全起見，把肩包背帶纏在手臂上，所以被拖行很長一段路後才設法掙脫。令人難以置信的是，她所搭乘的航班正好沿著日食實際行經的路線飛

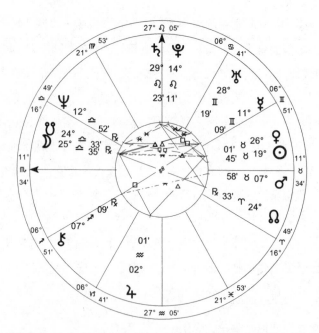

行，而那次的日食與她出生前日食合相，落入六宮接近她的下降
點。

　　將近二十年之後，又有一次日食觸碰了這個敏感點，她非常詳
細地記起了當年的整個經歷。她說那時候這場意外的衝擊，讓她接
受了失去婚姻的事實，用她自己的話說：「這就好像我可以選擇是
生還是死。我本可能被計程車的車輪輾過。我記得我從車輪輪蓋上
看到自己的臉，好像從遙遠的地方反射回來，我知道我必須做個決
定。我已經離開了我的身體，不知怎麼的，又突然回到身體裡。
接下來我所記得的是我站在馬路上，渾身是血，衣衫破爛，我的
錢、護照和其他東西都不見了。但我還活著，我還有意識。」

　　她在出生前的關連在後來的回憶中變得鮮明，她透過夢境，
明白了她的母親在懷著她時的日食期間，擔心自己的婚姻即將結

束，並爲此深感悲痛。可是她沒有和任何人提起，內心十分絕
望，卻從來沒有形色於外。從這個意義上來說，旅途中的經歷可以
被看作是解除了當她還在母親的子宮裡，所感受到婚姻的悲痛與失
落。

學生：你怎麼能提前知道日食路徑會行經哪裡？

梅蘭妮：我不知道有哪本書可以提供日食能見度的地理區
域，不過 Solar Maps 和其他一些地圖的電腦軟體，會在世界地圖上
以圖形方式顯示這些日食的路徑。你當然也可透過網絡找到相關訊
息。此外，我的網站有一個名爲「月亮談話」（Moon Talk）的單
元，也能在其中找到一些網路連結。

學生：我有兩次日食與我本命的金星天蠍座合相，分別在
1994 年和 1995 年。在經過第一次的危機，它轉變了影響層面，在
某程度上它變得與人際關係無關，雖然我陸續遇到了一個接一個
的男人和女人。不是每段關係都與性有關，可都帶著天蠍座的特
質，有時情色，有時充滿了敵對和不愉快的感覺。但我不得不開始
觀察男性和女性之間的關係，從集體的角度，以及要觀察發生了什
麼樣的演變。到了第二次發生時，我實際去了一個眞實可見的地
方，像進行了一趟朝聖之旅。

結語與引導式冥想練習

來到今天的這時候，我只能說，菲奧娜・格里菲斯說的絕對沒
錯，她說你至少需要一周的時間才足以好好的介紹月交點！我對她
說：「但是我們只有一天！」而這一天已經來到尾聲。我想留點時

間回答最後的一些問題、說點趣事或評論。然後，我會引導一個冥想來結尾，但恐怕沒有足夠的時間深度進入。所以，到冥想的最後，你們可以安靜地花點時間內觀，紀錄、消化自己的經歷，或者你們也可以和其他學生們相約碰面，分享你們的經驗。

引導式冥想練習

梅蘭妮：我們現在得要進入今天最後的尾聲，請調整好你們的狀態，準備進行引導冥想。[48]

學生：我們可以把窗簾拉上嗎？

梅蘭妮：當然可以。我剛以爲會太暗了。

學生：我們可以製造成自己的日食……

梅蘭妮：讓我們開始吧……

我現在邀請你開始把注意力轉入內在。往內觀照，讓自己盡可能舒服地坐在自己的位置上……

將你的雙腳平放在地板上，雙腿不要交叉，雙臂也不要交叉……不過，如果你想要將雙手交握的話，是可以的。讓坐在椅子上的身體有良好的空間，這樣能量就可以在你的身體裡循環流通……

48　想要進行此冥想練習的讀者，建議可以事先將引導語錄音，或在朋友的幫助下進行練習。開車或從事其它活動時，請不要聆聽本練習的錄音。

當你這麼做的時候，覺察你的呼吸……你不需要改變任何狀態，但讓你的注意力平靜，好能夠覺察到自己的呼吸。

讓自己逐漸地放鬆，更加安定，隨著你的呼吸，吸氣、吐氣，讓呼吸更深入，更穩定。

我想請你現在想像你正沿著一條筆直的道路前進……

只要注意道路兩旁的環境，讓畫面變得清晰。這是一條從某個地方到另一個地方的直行路，在這條路上，你其實看不到它的起點或終點，但你踏上了這個旅途，正在行走……

當你沿著這條路行走，很快就會來到一個可供休息的地方……或許是在路旁的一把椅子、一塊石頭或一塊空地……一個可以暫停的地方……

讓你自己去到這個休息的地方……

在你的想像裡，讓自己在這裡安頓下來……

從這個有利的位置，檢視這條筆直的道路……往左邊看看……再往右邊看看……儘管你看不到路的盡頭，或路的起點，那也沒有關係……讓自己就在中間路段安頓下來。

休息過了一會兒，開始把你的注意力轉向道路的起點……是你看不到的那個部分……然後你邀請一個畫面向你呈現，它是屬於這條道路，也是你看不見起點的一部分。

讓這個畫面變得清晰，確認關於你自己、你和你自己的起點、和你自己繼承而來的，以及你攜帶而來的，和你在那裡之

間，有沒有需要進行任何的溝通。

無論出現什麼，就接受什麼……

讓這個過程在你的想像之中變得專注和清晰……

你甚至可以探索一下在這畫面之前有過什麼，或者還要在那之前，有什麼東西存在，或者這畫面存在有多長的時間了。你有辨認出什麼了嗎？你對它熟悉嗎？它帶來了什麼東西？

接著，將你與這個畫面之間的溝通結束，再把注意力轉往道路的另一端，你朝往那方向行走、你的旅程、並專注於你要去的地方……

專注於那個目標……那個目的地……

在你「要去哪裡？」的旅程中……

讓一個畫面從你要去的、那個你看不到的地方浮現……探索一下這個畫面……

注意你是怎麼回應的？

這對你來說是熟悉的嗎？

當你把注意力放在這個問題上時，有發生了什麼嗎？

當你與旅程的這一端建立融洽的關係時，觀察一下你的感受。

有沒有不一樣的感覺？

現在，將你與旅程終點的溝通結束，並回到剛開始可供休息的地方，再一次的安頓下來。

現在想像你能不能在你的意識中，囊括這兩個端點。你的起點和你的終點。

當你在同一時間顧及了這兩個畫面、兩個端點時，發生了什麼嗎？

你是否有一種，有什麼需要發生的感覺？

有沒有可能，其中一個畫面希望能與另一個畫面保持聯繫？

觀察一下，假設你真的同時囊括了這兩個畫面，有什麼情況發生……

他們改變了嗎？還是沒有改變？有什麼其他的情況發生了嗎？

追蹤現在正在發生的事情……

再一次的，回到路旁休息的地方，安頓下來，開始釋放這些畫面，只要注意到目前為止所發生過的事，允許它非常清楚地留存在你的記憶之中，然後感謝自己的內在，讓你擁有這段內在的過程。

再次回到路旁休息的地方，現在的此刻與剛才的道路、旅途無關，只要開始回到當下，和回到這個空間……

再次覺察自己的呼吸，感覺你的身體坐在支撐自己的椅子上，開始注意到來自這個房間裡的聲音，然後，帶著任何需要留給你記住或理解此行體驗的訊息，回到現在。

當你準備好之後，慢慢地回到房間裡，做好你需要做的任何記錄，來錨定這段經歷。

（個人記錄的時間。）[49]

好了，我們已經來到這一天的尾聲，我要感謝大家的參與，以及留下一些非常精髓的分享。我今天過得很愉快，希望你們也一樣。如果你們會做我所說的練習，祝你們有個愉快的童話故事體驗！

49　本次研討會結語前的學生分享並未收錄在文字記錄中。

附錄一
月亮交點的奇妙定律

交點日與交點年

本繪圖承蒙於羅賓・希思（Robin Heath）的圖表與靈感。

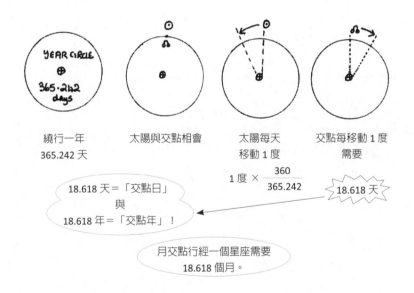

繞行一年 365.242 天	太陽與交點相會	太陽每天 移動 1 度	交點每移動 1 度 需要

$$1 \text{ 度} \times \frac{360}{365.242}$$

18.618 天

18.618 天＝「交點日」
與
18.618 年＝「交點年」！

月交點行經一個星座需要
18.618 個月。

食年

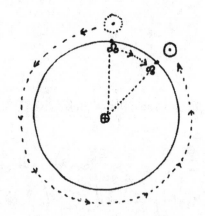

交點周期的公轉＝
食年＝　365.242
　　　 −18.62

＝ 346.618 天

附註：346.618 ＝ 18.618×18.618
　　　　　　 或（18.618）² !!

- 太陽年有 19.618 個「交點日」
- 太陽年＝ 18.618×19.618
- 19.618 − 18.618 ＝ 1（單位）

「月球的軌道直接影響了一年的長度。
月交點是另一個宇宙學的關鍵。」

附錄二
檢視人生的過程

　　透過研究月交點來加深你對自己的人生過程的理解，並透過關注療癒的意圖來釋放能量。

參考書目

　　安特奧‧艾里（Antero Alli）：*Astrologik,* Vigilantero Press, 1990 年。

　　艾格妮塔‧柏斯汀（Agneta Borstein）：*The Moon's Nodes*, Crescentia Publications, 2010 年。

　　布魯諾和露易絲‧胡柏（Bruno and Louise Huber）：*Moon Node Astrology*, Weiser, 1995 年。

　　卡蜜拉‧薩頓（Komilla Sutton）：*The Lunar Nodes - Crisis and Redemption*, Wessex Astrologer, 2001 年。

　　唐娜‧范‧托溫（Donna VAN TOEN）：*The Astrologer's Node Book*, Weiser, 1981 年。

1. 行運的交點軸線

　　列一張清單，列出從出生到目前為止，由繞著你本命盤倒退移動的行運月交點產生的所有合相和對分相。只記錄北交點。

i) 回顧這些時間點上的重要事件。

ii) 把這個次序當作你自己「英雄之旅」的隱喻來研究。你看到什麼樣的模式？想到了什麼？

iii) 以寓言的形式寫一個故事，很久很久以前……

2. 與月交點形成主要的行運

列一張清單，列出由行星過運（外行星＋凱龍星）與本命的北交點和南交點形成的所有合相。

i) 回顧這些時間點上的重要事件。

ii) 有沒有存在某種模式？（例如，某一端較受重視？發生了什麼？）

3. 轉折點 —— 維持平衡

A. 列出外行星與交點軸線形成四分相的所有行運和推運。

i) 發生了什麼事件？

ii) 你學到了什麼？

iii) 查看弓箭的象徵。它要去往哪裡？

B. 在（本命盤中）這些平衡點上還有些什麼？

i) 恆星

ii) 哪個度數的莎比恩符號

iii) 中點的結構

iv) 半人馬小行星群 (Centaurs)、海王星外天體 (TNOs)，或其它你有興趣的研究！

C. 注意在未來，移動快速的行星何時會定位在平衡點，並追蹤這一點。

4. 進一步探索

i) 南交點

什麼最能深厚地支撐你的生活動力？

你在這裡發現了什麼困難的模式？

什麼事來得容易？你是怎麼隱藏的？你如何面對失落？

你想要釋放什麼？或與什麼斷絕關係？是什麼阻止了你？

ii) 北交點

你需要釋放什麼才能感覺到被支持？

你在這裡發現了什麼困難的模式？

獲得了什麼獎勵／成功？你的夢想？你的優勢？

你如何前進？是什麼阻止了你？

是什麼驅使了你，並朝向什麼？

國家圖書館出版品預行編目資料

尋找生命的定位：星盤四軸點與月亮南北交點／梅蘭妮‧
瑞哈特（Melanie Reinhart）著／陳燕慧、蔣琳譯 . -- 初版 .--
臺北市：春光出版：家庭傳媒城邦分公司發行, 民107.04
　　面；　　公分
譯自：Incarnation : The Four Angles and The Moon's Nodes

ISBN 978-957-9439-35-0（平裝）
1. 占星術

292.22　　　　　　　　　　　　　　　107003902

尋找生命的定位：
星盤四軸點與月亮南北交點

原 書 名 ／ Incarnation : The Four Angles and The Moon's Nodes
作　　者 ／ 梅蘭妮‧瑞哈特（Melanie Reinhart）
譯　　者 ／ 陳燕慧、蔣琳
企劃選書人 ／ 劉毓玫
責 任 編 輯 ／ 何寧
內 文 編 輯 ／ 劉毓玫

版權行政暨數位業務專員 ／ 陳玉鈴
資深版權專員 ／ 許儀盈
資深行銷企劃 ／ 周丹蘋
業 務 主 任 ／ 范光杰
行銷業務經理 ／ 李振東
副 總 編 輯 ／ 王雪莉
發 行 人 ／ 何飛鵬
法 律 顧 問 ／ 元禾法律事務所　王子文律師
出　　版 ／ 春光出版
　　　　　台北市104中山區民生東路二段 141 號 8 樓
　　　　　電話：(02) 2500-7008　傳真：(02) 2502-7676
　　　　　部落格：http://stareast.pixnet.net/blog
　　　　　E-mail：stareast_service@cite.com.tw
發　　行 ／ 英屬蓋曼群島商家庭傳媒股份有限公司城邦分公司
　　　　　台北市中山區民生東路二段 141 號11 樓
　　　　　書虫客服服務專線：(02) 2500-7718 / (02) 2500-7719
　　　　　24小時傳真服務：(02) 2500-1990 / (02) 2500-1991
　　　　　讀者服務信箱E-mail: service@readingclub.com.tw
　　　　　服務時間：週一至週五上午9:30～12:00，下午13:30～17:00
　　　　　劃撥帳號：19863813　戶名：書虫股份有限公司
　　　　　城邦讀書花園網址：www.cite.com.tw
香港發行所 ／ 城邦（香港）出版集團有限公司
　　　　　香港灣仔駱克道 193 號東超商業中心 1 樓
　　　　　電話: (852) 2508-6231　傳真: (852) 2578-9337
　　　　　E-mail : hkcite@biznetvigator.com
馬新發行所 ／ 城邦（馬新）出版集團　Cité (M) Sdn. Bhd.
　　　　　41, Jalan Radin Anum, Bandar Baru Sri Petaling,
　　　　　57000 Kuala Lumpur, Malaysia.
　　　　　電話：(603) 90578822　傳真：(603)90576622
　　　　　E-mail：cite@cite.com.my.

封 面 設 計 ／ 黃聖文
內 頁 排 版 ／ 游淑萍
印　　刷 ／ 高典印刷有限公司

■ 2018 年（民 107）4 月 3 日初版　　　　　Printed in Taiwan
■ 2021 年（民 110）1 月 15 日初版2.5刷

售價／550元

ISBN　978-957-9439-35-0

城邦讀書花園
www.cite.com.tw

104台北市民生東路二段141號11樓

英屬蓋曼群島商家庭傳媒股份有限公司

城邦分公司

請沿虛線對折，謝謝！

遇見春光‧生命從此神采飛揚

春光出版

書號：　OC0078　　書名：尋找生命的定位：星盤四軸點與月亮南北交點

讀者回函卡

謝謝您購買我們出版的書籍！請費心填寫此回函卡，我們將不定期寄上城邦集團最新的出版訊息。

姓名：＿＿＿＿＿＿＿＿＿＿＿＿＿＿＿＿

性別：□男　□女

生日：西元＿＿＿＿＿＿年＿＿＿＿＿＿月＿＿＿＿＿＿日

地址：＿＿＿＿＿＿＿＿＿＿＿＿＿＿＿＿＿

聯絡電話：＿＿＿＿＿＿＿＿　傳真：＿＿＿＿＿＿＿＿

E-mail：＿＿＿＿＿＿＿＿＿＿＿＿＿＿＿＿

職業：□1.學生 □2.軍公教 □3.服務 □4.金融 □5.製造 □6.資訊

　　　□7.傳播 □8.自由業 □9.農漁牧 □10.家管 □11.退休

　　　□12.其他＿＿＿＿＿＿＿＿＿＿＿＿＿＿＿

您從何種方式得知本書消息？

　　　□1.書店 □2.網路 □3.報紙 □4.雜誌 □5.廣播 □6.電視

　　　□7.親友推薦 □8.其他＿＿＿＿＿＿＿＿＿＿

您通常以何種方式購書？

　　　□1.書店 □2.網路 □3.傳真訂購 □4.郵局劃撥 □5.其他＿＿＿＿

您喜歡閱讀哪些類別的書籍？

　　　□1.財經商業 □2.自然科學 □3.歷史 □4.法律 □5.文學

　　　□6.休閒旅遊 □7.小說 □8.人物傳記 □9.生活、勵志

　　　□10.其他＿＿＿＿＿＿＿＿＿＿＿＿＿＿＿